志願服務與志工管理

Volunteer Service and Administration

彭懷真◎著

序

不僅「助」，更要「協」

老祖宗造字，已經把志願服務的精神放在兩個字裡——協與助。這兩個字裡都有「力」，志願服務不是為了「有利」而是要「有力」。助字的左邊是「且」，原來的意思是「根」，例如「祖先、祖宗」。如果不出力幫人，反而用耳朵來傳話，就形成「阻力」，動口不動手容易產生「咒詛」。助人者的身分大致分為「專業」與「業餘」，社會工作最簡單的定義是「助人的專業」，志願服務則可以定義為「業餘的助人」。

「協」字更好，右邊不僅一個力，而是三個力，左邊則如同「加號（＋）」，把三股力量加在一起。例如把志工、志工督導、志工管理者的力量相加，又把政府、民間、志工的力量相加，更把政治力、經濟力、社會力相加……。用本書的三大架構來看，就是將「學、帶、做」三方面相加。在本書中把理論、實務、案例加在一起，完成一本好看、好懂、好用的書。

我寫書有一個原則：「寫自己日後想要看，而且會反覆看的。」寫這本書，以後我會常常看，因為其中有很多值得效法的志工、值得學習的團隊、值得參考的做法，讀這些能激勵自己。書中既有理論又有方法，任何人想帶領志工，想做志願服務的專案，都可以看著就著手進行。想到許多人將會因為本書獲益，我就非常開心！

學服務、帶志工、進行專案，「開心」很重要。志願服務者不為名不為利，只為了對別人好，自己就開心。我常常從早忙到晚，但總是記得要開心地完成每一個任務。從國中開始到處幫忙，一直靠著「喜樂的心」。

這本書醞釀只有三年，但它源自於三十多年前即開始的實踐歷程。民國68年，我第一份正式的工讀是在行政院青年輔導委員會，為期一年多，從此和青輔會持續互動。在李紀珠教授擔任該會主委時曾錄製一季介紹青輔會的專輯，頭幾集邀請我主持。如今，行政院青輔會已經走入歷

史，併入教育部了。但是由這個行政院直屬委員會所推動的志願服務在台灣各地已經有很好的成效，無數年輕人都做志工，也在志願服務的過程中成長。

「施比受更為有福」，我自己愛做志工，因為從事各種服務而收穫無窮。我的家人有時開玩笑說我笨、命苦、不懂得旅遊，的確，把大量的時間、精神、力氣去做沒有報酬的志工似乎很笨、很辛苦、沒時間去玩。不過，收穫比旅遊更豐富。我為了撰寫這本書，先看了很多書籍論文報導紀錄片影片，整理了六十多萬字，然後精挑細選，重新撰寫成十八萬字。目的是號召更多人「把旅遊的時間省下來」，好好做志工，而且帶領志工，更積極推動志工專案。

個人的力量有限，能夠鼓勵很多人都投入自己有興趣的社會服務，實在很棒！許多人都形容「台灣最美的風景，是人」，因為有許多志工的付出，使台灣成為真正的福爾摩沙——美麗之島。即使多少次天災人禍，都因為無數志工的投入，而使災害減輕、災民得到幫助。例如九二一大地震、莫拉克水災，我正巧都擔任東海社工系主任，也都與系上的師生投入志工服務。這些時候，我扮演了一部分志工管理者的角色，動員更多人力加入，有效服務災民。因此不斷思考研擬「眾志成城」的志工人力方案。

在東海大學五十歲生日時，我擔任學生事務長，動員全校教職員生、校友、眷屬持續了一個月的七十多項活動，幾乎都是靠大家的志願投入。我所學所研究的「專案管理」派上用場，因此對「大型專案」更有興趣。高雄要舉行「2009世運」，負責的社會局從局長到專員有很多是我的學生，他們常打電話問我一些志工動員及管理的問題。緊接著，2010台北花博登場，我去了四次，對志工的付出非常佩服，但對志工的管理覺得還有改進的空間。

我下定決心寫此書是2012年暑假，看到充滿民間活力的倫敦奧運與北京2008奧運的志工體系以國家機器為主有很大的不同，更善用來自世

界各地志工的力量，十分感動。我一面看奧運比賽，一面閱讀各種大型賽會的志工管理資料，研究該如何進行志工專案，在報紙上投書、在學術期刊上發表論文。2017年世大運召開志工規劃的籌備會邀請我，我多次北上提供具體做法。我期盼在世大運招募志工的高峰期之前，出版此書，號召更多人投入有史以來台灣舉辦最大型的活動。深深感謝揚智的每一位朋友對促成此書的付出。

2015年春天，我在東海開授「志願服務與志工管理」的課，將此書的初稿逐次對新生講解。因為他們在2017年暑假升大四，正是最適合投入世大運擔任志工的時段，也有許多同學真的去報名受訓。深信這些同學會因為在世大運擔任志工而有更難忘、更珍貴、更有意義的大學生涯。期盼本書的讀者能夠因為這本書而「準備好去做世大運及其他活動的志工」。

本書的出版，要感謝東海社工系的多位研究生，有些以志願服務為研究主題、有些協助我蒐集資料，有些與我討論，都豐富了本書。要感謝東海大學給我機會擔任多個主管，使我能帶領數以千計的學生實踐志願服務的精神。要感謝中華民國幸福家庭促進協會的理事、監事、工作夥伴，我們一起推動一個又一個的服務方案。

任何教科書都少不了「編、寫、譯」三種技巧。在編輯方面，我廣泛蒐集資料加以編輯，努力撰寫成容易懂的內容，又將許多歐美日等國的資料翻譯改寫。如今交稿，只完成三分之一。為什麼？如同「協」這個字，我的努力只占了大約三分之一，揚智同仁的付出占了三分之一。更重要的，讀者能透過此書願意「學服務、帶志工、做專案」，還有三分之一是讀者您要身體力行的。志工不能僅僅「坐而言」，更要「起而行」。一起「助」人，如此是最開心又有意義的。

彭懷真
於2015狂風暴雨中的父親節

目　錄

表目錄

志願服務與志工管理

x

Part
1
學服務

Chapter 1

總　論

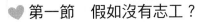

第一節　假如沒有志工？

　　有本名著《寂靜的春天》，描述環境慘遭破壞之後，春天將是安靜但絕望的。假如沒有志工，所有的星期日都將是寂靜而且絕望的，因為各宗教活動大多數都靠志工的參與來運作。沒有志工，全職的神職人員孤掌難鳴。更重要的，少了宗教活動，人們心靈焦躁不安，社會因而動盪。

　　假如沒有志工，多數的非營利組織都將亂成一團，各種關懷、行政、募款、整理，都難以進行。專職的社工疲憊不堪也做不完各種工作，各項案主參加的活動也辦不了。倘若沒有志工，很多機構因為無法辦暑期活動，造成「寂靜的夏天」，原本熱鬧的日子變得沉寂。更重要的，很多福利組織將無法運作，被迫結束一些對各種弱勢者的協助。

　　假如沒有醫療志工，各大醫院的接待掛號、病房送書、探望鼓舞等，都得停擺。病人及家屬無法得到好的服務，專職醫療行政人員必然加倍辛勞。更重要的，專職人員的薪資、福利開銷等增加，必然使病患付出更多的費用。

　　假如沒有志工，各中小學生上下學時，少了導護的協助，家長接送子女的場景紊亂。中小學生的課後輔導，全部都商業化，一定很貴，許多孩子都得不到輔導志工的教導。更重要的，學校不再是活潑多元的教育場所，只剩下課堂裡的知識。

　　假如沒有志工，政府所主管的博物館、美術館、文化中心等都難以運作。這些文化寶藏都靠志工幫忙，民眾才好探究。少了他們，來洽公、參觀、聽演講的民眾不知如何詢問。更重要的，這些公共的資產因為缺乏人力使其活化，可能得鎖起來，淪為蚊子館。

　　假如沒有國際志工，各國人民的互動只剩下政府與商業的，少了民間的。較為貧困的地區也因此少了外界的資源挹注，問題愈積愈多，沒辦法改善。更重要的，人們難以接觸到不同文化背景的「外國人」，少了親

身認識其他族群的機會。

　　假如沒有志工制度，退休的長輩要去哪裡服務？家庭主婦要到哪裡去表達關懷？上班族下班後如何扮演另一種社會角色？年輕人如何學習對社會表達關懷？學生如何累積對人群的經驗，又如何探索自己的興趣呢？學生寒暑假無法投入志工行列，變得更「宅」。更重要的，無數人因此無法與社會連結，無法表現對其他人的愛心。

　　但是，因為有志工，也出現很多問題。例如宗教等系統裡，神職人員與志工之間的摩擦甚至衝突。例如因為找了志工，減少聘用專職人員以致失業率上升而服務水準下降。例如志工的能力不足、意願不強導致案主的權益受損，又如因為聘用各種志工所導致的種種管理問題。例如某些志工氣勢凌人，計較自己的利益，以致傷害了服務的對象、專職人員甚至機構的形象。例如為了節省經費而聘用志工，卻發現相關的人事費用更高。

　　所以，可以有個簡單的觀點：「一定要有志工，最好是好志工；對志工，一定要有好的管理，否則副作用很大。」

一、相關名詞定義

　　因為有志工，從事了志願服務，一切都不同了。那麼，什麼是志工？什麼是志願服務？先對相關名詞有所界定：

1. 志願：德文為freiwilling，法文為volontaire，英文為voluntary，意思都是志願的，同義字還有volitional、volitive、intentional、intended，意思是「因自由意志而行事」。
2. 志工：英文為volunteer，也可翻譯為自願參加者、志願者。
3. 義工：陳武雄（2015）說明了「志工」與「義工」之別，「志工」顧名思義是「志願工作」，而「義工」則為「義務工作」，兩者不同。志願工作是所「願為」，義務工作是所「當為」。「願為」是

屬於道德之範疇，無任何拘束力，只要不在法令許可範圍之外，凡是心之所願，性之所趨，愛怎麼做有很大自主；「當為」是屬於法的體系，縱使做得相當無奈，也必然非做不可，如有違背，應受懲罰。其次，志願工作是「服務」，界線約束少；義務工作是「責任」，應有限定。志願工作是個人本「助人最樂，服務最榮」的意念，為所願為，其本質是積極，予和取兩方關係不必對等，應無權利、義務之爭執。義務工作是法令規定人民應負的責任，非為不可，本質是消極的，予和取兩方的關係是交換之行為，既是義務，則亦應享有權利。

4.志工旅行者：volunteer vacationer，也可翻譯為志工度假者，指在度假期間充當志工去支援某項計畫或活動的人。

5.志願主義（volunteerism）：指由個人或團體，依其自由意願與興趣，本著協助他人、改善社會的意旨，而不求私人財利與報酬的行動。

二、從法律及組織的角度來定義

「志願服務法」第3條如此規範：「民眾出於自由意志，非基於個人義務或法律責任，秉誠心以知識、體能、勞力、經驗、技術、時間等貢獻社會，不以獲取報酬為目的，以提高公共事務效能及增進社會公益所為之各項輔助性服務。」按照這一段，呈現了三個定義：

1.志願服務：指自願、無義務或法律責任、不為報酬的輔助性服務。

2.志工：對社會提出志願服務者。

3.志願服務運用單位：運用志工的公私立、非營利機關、機構、團體等。

聯合國認定志願服務者，是一群有組織、有目的、有方法，在調整與增進個人對環境的適應方面，志趣相近，不計酬勞的人。美國社會工作

協會則界定：「一群人追求公共利益，不計酬勞，本著自我意願與選擇而結合，稱之為志願團體，參與這類團體工作者，稱為志願服務人員。」

三、國內外學者之論述

茲舉四個解釋，首先，曾華源、曾騰光（2003）認為，是本著自由意志，以助人、利他、不受酬的精神，採個別或集體組織的行動方式提供服務，以表達對社會的積極關懷；而志願服務者是以對社會負責任的態度，本著個人的自由意願，奉獻自己的時間、精力，而不是以對金錢利益的為目的，主動參與社會服務活動，遠超過國家對個人的基本義務之規定。

周閔惠（2011）解釋，是一項為參與公共服務、不計任何回報及利益，願意犧牲個人時間及精力，採個人自由意志，來輔助專業人員提高公共事務效能以及增進社會公益，使得志願服務者不僅透過服務過程中學習成長，期望將社會資源做有效運用。

何慧卿（2013）認為，是屬於個人出於自己的自由意願，以其可以達到的方式來服務他人。是出於自願、不為名利、利他、奉獻，且以自己閒暇餘力所進行的有組織、規劃及社會公益的服務活動。

陳武雄（2015）強調，是個人不計名利，不求回饋，志願貢獻自己之有餘，藉以幫助他人之不足，進而致力改造或促進；其目的在促使群己關係更融洽，社會福祉更增進。

陳武雄提出志願服務的特性有六點：(1)出自奉獻的誠心，服務的意願，自動自發，毫無外力強迫的服務工作；(2)是不計酬勞、不求名利、利他而利己的行為；(3)必須由組織的團隊來推動，才可獲致預期的目標；(4)必須講求助人的技巧、服務的方法，才可達到事半功倍的績效；(5)雖是一種「施仁慎勿念」的奉獻，但仍以和諧群己關係、增進社會福祉為目的；(6)所追求的是社會大眾的公共利益。

　　曾華源、曾騰光（2003）所整理的志願服務特質有七點：(1)並非謀求個人經濟利益為主的行為；(2)非外力強迫性的利他行為；(3)含有濃厚的社會公益色彩；(4)不是個人義務性行為；(5)可以滿足個人心理需求；(6)是以組織型態提供服務；(7)是貢獻餘時餘力的活動過程。

　　林秀英（2003）認為志願服務之特性有九項：(1)自發性：是自動自發精神的反應，而非外力干預的行為；(2)利他性：服務的目的不在於獲取金錢或物質的報償；(3)互助性：以有組織、有計畫的設計，達到互助共濟的目的；(4)互惠性：服務本身有助於服務者的個人成長與發展；(5)整合性：經由人際、團體關係的建立，資源的獲取及組織功能的發揮，才可有效達成助人的目的；(6)目標性：透過個人意願和團體宗旨，使得志願工作得以在目標導向的規則下，執行服務功能；(7)非專職性：是一種行有餘力則以助人的行為，是利用業餘、部分時間所從事的工作；(8)兼具非專業與專業性：並不以專業上的訓練為要件，但應藉著專業的協助；(9)責任有限性：志工是基於熱心公益才投入工作，因此對責任有其限制。

　　何慧卿（2013）提出多角度的看法，進一步歸納為三點：(1)強調自由意願：不論是哪一種的志願服務或志工，都是強調自由意志行事。人會去做志願服務乃是由其本身所決定的行為，是有選擇性，並非受強迫；(2)不為金錢或報酬的付出與貢獻：服務的目的不在於獲得報酬，而是出於利他，超越個人物質需求。服務的方式也不再局限於救濟或捐贈，而是有更多元的發展，可在各服務領域中，奉獻自己的時間、能力、知識、經驗、技術、專業等，直接或間接的服務他人；(3)有組織的活動：志願服務已經從過去個人或少數人所進行的活動，轉變為組織性的活動。將有意願從事志願服務的人集結成團體，並且強調有計畫性的進行服務，使志願服務能創造更大的效益。

　　美國學者Cnaan等人（1996）指出，民眾在自由意志下，於立案組織中，所從事之有益他人或社會的無酬行為。將志願服務的意涵歸納

成四大面向：自由選擇（free choice）、報酬（remuneration）、結構
（structure）、預期受益對象（intended beneficiaries），各自包含一些相
對的指標。

　　總之，志工是基於志願服務的精神，不計有形的報酬而實際付出時
間、財物、勞力和知能來協助他人者。志工因為瞭解社會的需求，進而實
際付出行動以善盡社會責任。在一個民主社會中，投入志願服務工作是公
民參與的具體表現，不僅是一種國民參與公共事務的權利，也是一種社會
責任。此定義有四個重要特質（Ellis, Weisbord & Noyes, 1991）：

　　1.選擇：強調志願服務的自由意志。
　　2.社會責任：志願服務是有利於他人的。
　　3.不計較金錢報酬：不是為了經濟上的報酬而從事的利他活動。
　　4.不是義務：志願服務不是依法必然要做的事。

 # 第二節　各角度認識志願服務

一、志工，做什麼工？

　　在志願服務的分類方面，以廣義的定義來詮釋志願服務行為，則不
應局限於擔任志工才算數，可包含物力或各項資源的投入與付出，如捐
血、捐書、捐救濟品等。但此定義範圍過廣，有待商權。現行「志願服務
法」的激勵措施也難適用於「顯性志工」以外的類型。

(一)志願服務之分類

　　曾華源、曾騰光（2003）將志願服務用兩大角度區分，首先是以職
責功能性質劃分，有三種：政策制訂功能之志願服務、直接服務類志願服
務、庶務類志願服務。其次是以時間性質劃分，有兩類：固定提供服務時

間的及臨時性的，後者又分為參與單一方案的或不定期參與的，視需要和個人時間允許下，臨時接受任務。

林勝義（2006）將其區分為廣義與狹義，前者也稱非正式的志願服務（informal volunteering），是指個人在面對需要服務的人口群，能依自己的認知，自動助人，而不考慮任何報酬的行為。狹義的也稱正式的志願服務（formal volunteering），是指經由非營利組織或其他公共組織的志願服務人員，為其服務對象所提供的各種志願服務工作。

何慧卿（2013）認為，志願式的服務是指提供服務的人，在沒有遭受脅迫，與服務對象、工作、議題並沒有權利義務及利益的關係，也沒有法定的責任之下，出自個人意願提供或進行的服務。非志願式的服務則是提供服務的人，基於義務、責任、被強迫、權力或利益等，而並非發自內心意願的進行服務。她認為以下五類都應歸類為非自願式：(1)子女幫忙做家事或協助父親處理生意等，是基於子女的角色；(2)因為擔任老師的教學助理為學弟妹輔導功課；(3)參與課程中規定需進行的服務；(4)因為擔任幹部的關係而為同學服務；(5)服務是包含在訓練後能獲得結業的資格。

以服務類型來區分，內政部（2001）「中華民國台閩地區國民生活狀況調查報告」，將志願服務活動分為十六類：(1)社會福利服務（包括身心障礙者、老人、婦女、少年、兒童、低收入戶、單親家庭、綜合福利等服務）；(2)環保及社會服務（含巷道清潔）；(3)教育服務（含學校義務服務）；(4)醫療衛生保健服務（含醫院服務）；(5)文化休閒體育服務；(6)諮詢性及輔導性服務（如張老師、生命線）；(7)消防急救難服務（含義消、民防隊）；(8)交通服務（含義警）；(9)科學服務；(10)合作發展；(11)經濟服務；(12)研究服務；(13)志工人力之開發；(14)聯合活動之發展；(15)志願服務活動之提升；(16)其他。

(二)服務領域之劃分

依服務領域劃分，可分為下列幾項：

1.綜合類：如愛心服務隊、政策宣導服務、社區發展協會等。

2.康樂類：如救國團、青年會等。

3.福利類：如就業諮詢、老人照護、婦女服務等。

4.教育類：如親職諮詢專線、寄養家庭等。

5.輔導類：如張老師、生命線等。

6.文化類：如文化導覽員、鄉土解說員等。

7.交通類：如義交、旅遊服務、公車路線諮詢等。

8.醫療衛生類：如急救訓練、醫療諮詢、紅十字會等。

9.環保類：如生態保育服務、綠化服務、道路環保等。

10.權益類：如消費者保護服務、勞工權益陣線、婦女促進會等。

11.救援類：如義消、山難救援等。

12.司法類：如法律諮詢顧問、榮譽觀護人等。

13.警政類：如義警等。

14.其他類：包括宗教的、戶政的、財稅的、營建的、政治的、社區行動等。

(三)服務內容之性質

以服務內容的性質，又可分為下列幾項：

1.行政性服務：協助行政工作的進行，以運用單位內的員工為主要服務對象。

2.專業性服務：依原有的專業或職業而定，由具備專業知識與能力的志工進行，尤其是該工作規定需要執照者。愈來愈多的專業人士提供自己的專業知識與技能於志願服務工作，例如律師為非營利組織的案主提供免費的法律諮詢；會計師為非營利組織提供免費的稽核、簽證服務；醫師從事義診；社工師提供社會服務；程式設計師為非營利組織建構資訊化等。

3.利他性服務：以社會福利工作的助手角色協助他人。

何慧卿（2013）另外用了三個指標加以分類：

1.直接或間接：直接服務指志工的工作內容以服務對象為主，志工於
　服務中與服務對象有許多的互動。相較於直接服務，在間接服務的
　過程中的志工，並不會與服務對象有所互動。

2.服務工作內容：

　(1)活動：主要是協助運用單位內部活動的規劃、舉辦，服務對象可
　　　能是運用單位的服務對象，也可能是其員工。

　(2)輔導：以運用單位的服務對象為主，協助及陪伴其生活、心理、
　　　課業等方面，需具備有一定的知識與能力或完成法律規定以外的
　　　志工訓練。

　(3)倡導：協助運用單位倡導與其成立宗旨、服務願景相關的議題，
　　　使社會大眾瞭解並支持，或是促使政府重視該項議題。

　(4)募集資源：協助運用單位募款、募集相關的資源。

　(5)支持性：志工本身與服務對象可能有類似的經驗或經歷，因此能
　　　陪伴服務對象面對目前的人生經歷，並且給予支持與鼓勵。

3.服務時間是否固定：

　(1)定期服務：指的是志工進行志願服務的時間、頻率皆固定。運用
　　　單位較多採取此種形式，要求志工必須至少在一年內能夠每週固
　　　定提供服務。

　(2)臨時或短期服務：臨時性服務是指志工並沒有在固定的服務時
　　　間，而是以臨時性或單一性的服務為主。如非營利機構或公部門
　　　辦理大型活動時，可能需要大量的志工協助活動舉行，然而活動
　　　結束後，志工也隨之結束其服務。

(四)志工組織之分類

以參與的志工組織（voluntary organization, VO）來分，主要有四類：

1. 由政府機關成立的志工團隊。在地位上附屬於政府機關，是政府機關的內部組織之一環，並非獨立的團隊。
2. 由非營利組織支援成立的志工團隊。地位上是附屬的團隊，為非營利組織的內部組織之一，不是獨立的團隊。
3. 由熱心公益人士組成的志工團隊。具有獨立的地位，任務依團隊的成立宗旨而定，由團隊會議決議而辦理，享有充分的自主性。
4. 由志工團隊聯合組成的組織。由各相關的志工團隊所組成，是志工隊的志工隊，除了從事本身既有的服務之外，並為組織內部的各個志工團隊提供服務，包括辦理志工訓練、聯誼、獎勵、出版等。

二、為何參與？

(一)參與動機

志願服務的參與往往是由數種內外在的動力交互作用而成。

◆Hodfkinson（1992）提出動機三驅力

1. 自我驅力：由個人的感覺、價值和興趣來決定。
2. 人際驅力：強調外在因素導向，參與志願服務受他人或所屬的團體所影響。
3. 情境驅力：針對政策或社會情境因素所表現的反應，包括參與組織的特質因素、個人參與服務的因素等。

◆Schindler與Lippit（1995）認為有五種取向

1. 自我實現或服務：以自我實現為動機取向者，認為擔任志工是一種學習、刺激和個人成長的機會。至於以服務取向為動機者，視擔任志工是一種特殊的貢獻，可以滿足社會性的行動。

2. 內在取向或他人取向：內在取向者重視情境中「自我內在力量」，即個人感受、感覺和價值為決定參與志工的方針。他人取向者較重視團體的規範、志工活動中可見的地位、服務工作與社會關係連結的結果。

3. 直接互動或間接決策的影響力：直接互動者重視直接與案主接觸、從看到事情的變化上得到回饋、和長者或兒童之間的互動、有分享的機會、喜歡和他人在團隊中一起工作。決策影響力重視間接層面進入具影響性、決策和活動規劃的地位。

4. 更多社會的福祉或人際的意義：更多社會的福祉指透過服務滿足社區的需求，社會的意義和社區的關聯性是志工做選擇的標準。至於人際和團體成員間的意義指參與的決定是由於共事者有良好的形象，參與可得到人際支持，並且會對於其家庭、朋友及所屬團體帶來某些意義。

5. 自主、互賴或支持取向：自主取向強調有充分的自由做想做的事、可以免除例行及令人厭倦的事、可以冒險和有新的刺激。互賴取向重視同儕之間的關係、和同事之間的相互支持、工作關係是否積極。支持取向強調明確適宜的工作內容、訓練、工作上有沒有督導及協助，重視工作方針，遵循已發展完成的規範和程序。

◆曾華源、曾騰光（2003）歸納七類動機

曾華源、曾騰光（2003）發現參與志願服務並非犧牲奉獻的一種完全利他行為。志工參與動機以社會性取向及個人成長的需求為主，可歸納為七類：(1)學習和自我的成長；(2)可以增進和擴大人際關係；(3)個人

對社會的責任，可改善社會；(4)充實生活；(5)受到社區、重要他人的影響；(6)做善事，積陰德；(7)對個人有幫助。

(二)積極的功能

陳武雄（1996）認為志願服務有下列積極的功能：

◆輔助性功能──彌補業務不足

政府機關或是民間機構及團體所負責的公共事務，經常錯綜複雜，疲於應付。如果能透過政策的指引，推展志願服務，結合熱心公益、樂善好施的志工來響應，則能彌補業務不足，而收輔助之功效。

◆補充性功能──提升工作品質

各公、私立機關、機構或團體由於業務繁雜、人力不足，加上有些工作大多是例行性、機械性、刻板性的一成不變，如能將一些未牽涉公權力行使的例行性工作，運用志工協助支援，非但可使志工實踐理想與目標，尤可彰顯服務與溫情兼具的工作品質。

◆實用性功能──擴大服務範疇

參與志願服務的志工夥伴，散布在社會各個階層，所展開的各項服務，或由耳之所聞，或經目之所見，或從心之所感；漸由救助、福利、輔導等服務，進而擴大至關心交通、環保、教育、文化、區政、戶政、藝文活動、衛生保健、緊急救護、水土保持等，不論其參與的服務項目為何，相信樣樣都是發自內心、推己及人的善行義舉。如果能夠激發更多對志願服務有所體認的民眾踴躍參與，則必更能顯現志願服務的實用效果。

◆效益性功能──均衡社會供需

從供需的觀點來看，社會上有許多既具愛心又富熱忱的民眾同胞，時有服務有心而奉獻無處之苦；有些真正需要付出關懷幫助的受困民

眾，每有急待救援，卻有呼援無門之嘆。志願服務就是希望透過各種不同的措施，讓有心服務者貢獻有處。因此，志願服務的有效發展，不但能使施與受相互呼應，尤可讓助人與被助者有好的交流。

◆學術性功能——進行科際整合

志願服務是一種人性極致發揮的崇高志業，因為它的基本精神是人人可參與，響應者必形形色色，無所不包；而因每個人均有其不同的教育背景與專業素養，當在服務的過程中，發揮不同的專長，致力一種問題的解決，或一項服務的展開時，必各有其獨特的觀點、構想與方法，如果運用單位能將其不同意見妥與溝通，並凝聚共識，化分歧為一致，融己見為整體，則是成功的科際整合，也必使志願服務發展更高的境界。

從社工的角度，志願服務與社會工作息息相關，密切結合，共同推動社會福利各項服務措施。林勝義（2006）就分析社工與志工相同之處：在性質上，都是幫助他人的工作；在過程上，都是透過實際的服務，幫助他人解決問題；在目的上，都在使人獲得滿意的結果。兩者間亦有互補的功用，志工對社會工作的作用有：(1)增加社會工作介入的機會；(2)提醒社工注意人性化的服務；(3)避免科層體制所帶來的官僚作風；(4)彌補社會工作的不足。社工對志願服務的功能則有：(1)協助志工找到服務機會；(2)協助志工提高服務品質；(3)協助志工建立服務團隊；(4)協助志工有效提供服務；(5)協助志工改善服務績效。

第三節　全書架構

一、各篇各章概述

本書分成三篇，第壹篇重點是「學服務」，這三個字代表幾個意

義，也是本書的第一個特色。我認為志願服務為「服務」的一種，是重視服務時代裡不可少的一種形式，因此需要「好好學」。進一步歸納出必須學的幾個基石，也就是前四章的主題：

第一章〈總論〉，整體介紹。

第二章〈理論倫理〉，透過眾多大師的論述、觀念及分析，說明志願服務已經具有專門知識領域的特質，如同許多成熟的知識逐步發展，「志工學」已初具規模。接著分析志工對社會的意義，顯示志工日益受重視的社會基礎。第三方面解釋倫理的重要性及內涵，任何應用性高的知識領域都需有「堅實的倫理」做基礎。例如社工倫理、諮商倫理，志願服務如果少了倫理，就會出現各種亂象。

第三章〈軌跡法令〉，志工在各國都蓬勃發展，我國一方面見賢思齊，一方面參考各國的經驗發展出自己的。在政府推動的部分，最重要的是「祥和計畫」，另外需瞭解考核、表揚等，本章第二節都加以介紹。最重要的，當然是「志願服務法」，第三節扼要說明，並且從實證研究及論述探討該法的不足之處。

第四章〈前人榜樣〉，無數人都投入志願服務的領域，他們的榜樣激勵更多人投入。在台灣數以百萬計的志工當然是多元而複雜的，已經有許多論文專門探討，也有許多專書、報章雜誌報導，在第四章扼要介紹。第一節是透過官方數據，說明台灣志工的整體情形，尤其是在政府裡的志工。第二節針對從事志願服務最重要的兩個人口群——高齡及學生，進一步說明。第三節介紹近年成長快速、服務特別有創意的兩種類型——醫療志工及社區志工。

第貳篇重點是「帶志工」，也就是志工管理。如何站在管理者的立場去帶領眾多的志工呢？要好好運用「人力資源管理」及「社會工作管理」兩方面的方法。這部分也整理為四章：

第五章〈工作分析〉，志工是多元的，絕不能一概而論，也不能用一套標準適用於不同志工身上。先介紹各種對志工的分類，列出十幾種不

同背景的志工。接著說明要邀請志工的幾項基本考慮，尤其是「志工與社工間的關係」，許多社工要帶領志工，如果社工無法充分接納志工或不樂意照顧志工，都使志工計畫難以推動。然後就要進行「工作分析」，撰寫工作說明書。

第六章〈招募甄選〉，按照對志工人力的工作分析，展開招募作業。聘用正式人力有很多種招募方法，某些要花大錢找人的未必適用於邀請志工，反而是透過人際連帶往往會有好效果。如何確認對方適合加入本機構的某些服務方案呢？要透過甄選，最好的甄選方式為「面試」，雙方可以釐清彼此的期待。最後一節說明如何確認志工的動機，並持續鼓舞志工投入的熱誠。

第七章〈訓練評鑑〉，訓練是「志願服務法」中關於人力管理部分特別加以強調的，也是使日後服務能順利進行的關鍵。如同新生訓練，志工加入機構或方案，需有「引導」。第三節說明如何帶領及評鑑。

第八章〈管理督導〉，志工有不同類型，志工的問題與問題的志工也有不同類型，如果不夠瞭解，帶領志工不可能成功。接著解釋如何透過督導來引導，督導是社工及諮商領域最重要的技巧，是資深帶領新人最主要的方法，在本章詳加說明。

第參篇重點是「做專案」，多數的志願服務或志工管理的書籍只提到「服務方案」很少提到「專案」，本書則特別多加整理、歸納、說明。因為要做大事要靠專案，要在有限的時間創造出更好的績效，也要靠專案。

第九章〈做專案管理〉，先介紹已經相當成熟的專案管理概念，分析專案的生命週期，接著探討如何進行排程，使志工的專案有效進行。最後一節則說明如何向衛生福利部或各縣市政府爭取經費來執行志願服務專案。

第十章〈服務學習專案〉，在台灣各大學推動多年的服務學習是最主要、最普遍、最持續的志工專案，成千上萬的大學生透過此專案成

長。在本章中解釋服務學習的定義、範圍、理由、功能、模式、領域、步驟、階段等。最後一節也說明如何向教育部爭取相關的經費。

　　第十一章〈台灣特色專案〉，先介紹持續擴張、發展、愈來愈普遍的企業志工，接著簡介由花蓮起家如今全球知名的慈濟，以慈濟青年及幾項醫療服務為重點，也探討幾項以慈濟志工為主題的研究。接著說明台灣主辦的幾項大型國際活動的志工管理情況，包括花博、聽奧、世運，也透過幾篇碩士論文或專題研究加以解釋。

　　第十二章〈奧運世大運專案〉，先介紹國際大型運動競技的殿堂——奧運的志工情況。接著說明近年各國主辦世大運的志工管理情形，最後針對我國主辦的2017世大運志工規劃籌辦，詳加說明。

二、全書特色

　　二十多年來，我致力使社會工作「知識化」、「系統化」、「趣味化」，增強應用性，力求運用管理來豐富此一專業。我寫了很多教科書，都是基於這個原則。近年，我希望也把志願服務發展成有知識、有系統又有趣的學門，本書的撰寫就在這個大方向下進行，具有以下特色：

(一)見賢思齊

　　「我們既有這許多的見證人，如同雲彩圍著我們，就當放下各樣的重擔，脫去容易纏累我們的罪，存心忍耐，奔那擺在我們前頭的路程」這是《聖經‧希伯來書》的一段話，接著就有很多信心偉人的實際例子，讓讀者看了，激發效法的心。

　　在志願服務領域，有許多榜樣，這些榜樣使無數人更願意投入志工的行列。投身志願服務領域的，基本上不是為了名也不是為了利，本書介紹一些人物，他們原本也不是為了出名而志願付出。但透過這些榜樣的親身經歷及人生故事，有助於認識如何做志工。

　　除了本章及第十一、十二章都是案例之外，在第二至第十章陸續介紹各種案例。第二章是作者以本書三個重點「學服務、帶志工、做專案」為架構，分享自己的志工經歷。我讀了三十幾本介紹志工人物或團隊的書籍，從中挑選一些案例。第三章介紹李家同、王建煊，他們兩位鼓舞我及無數人投身志工行列，持續付出。第四章介紹「認輔志工／偏鄉教育／北歐難民」的很多榜樣。

　　我在「志願服務」的課程中，介紹了很多代表性人物，在期中考時詢問學生哪一位讓自己印象最深刻？結果，選2014年獲得諾貝爾和平獎的馬拉拉的最多，其次是尤努斯。第五章簡述馬拉拉及凱蒂這兩位年輕的女孩如何改變世界。以我在大學擔任教職來看，有很多榜樣。在「以專業進行服務」方面，我特別佩服尤努斯教授、若瑟神父、法默斯醫師，先介紹也獲得諾貝爾獎的尤努斯，他以金融服務改變世界，另外若瑟神父推動的第四世界運動，影響深遠。身為哈佛大學教授，卻持續在最窮困國家推動公益的法默醫師，的確是「愛無國界」，關於他們的報導及書籍整理在第七章。

　　大學畢業後，是否考慮以幾年的時光專門做個志工呢？彭書睿、賴樹盛、呂亭詠的故事在第六章。獲選的志工都有值得效法之處，無法在本書中一一說明。本書所介紹都是已經出版書籍的，經由各出版社的挑選、編輯、美編，介紹較為完整、介紹值得效法的志工人物。

　　第八、第九、第十章都是一個個志願服務團隊的故事及報導，包括清華、中原、北醫及青輔會獎勵的實例。結合生命教育的國際志工，以創意推動服務的例子，最具啟發性。另外，針對報紙裡上百篇與志工有關的報導，挑選具有特色的。

(二)廣泛取材

　　「做志工有如炸醬麵與洋蔥」；年輕的生命正像炸醬麵，什麼材料都有，好吃又不貴。很多人喜歡吃炸醬麵的原因是希望自己是多采多

姿，什麼都有，又不會自抬身價！大學的時光像「洋蔥」，要一層一層地剝開，不斷在辛辣之中感受青春的強烈。年輕生命需要的元素有很多，好比挫折、歡樂、悲傷、溫暖的親情、酸澀的愛情等等，這些元素缺少了任何一項都會讓自己在年輕的歲月中留下遺憾！所以把握當下，走出舒適圈，創造屬於自己的人生意義。

　　人生的履歷，就是「志願服務」的歷程。領薪水的職位少，屬於「一專」，類似「方塊族」。志願服務的工作，則需要「多技」，類似「變形蟲」。職場裡的職位加入時多半已經成年，到了一定年齡又得退休。從事志願服務可以持續到晚年，高齡志工依然活躍。大學階段最適合從事志願服務，因為時間比較彈性、專長尚未明確、對人際互動需求高，也有較多機會和體力去參與。學校裡，班上、系上、學會、社團、宿舍等，都缺幹部。偏遠地區、非營利組織、社工機構、醫院、政府局處公所等，都需要志工。

　　生命中的朋友，大多數來自「志願服務」過程中。在領薪水的組織裡，權力運作、績效管理等使同事難以成為好友。志願服務，少些計較，多些互助，比較能成為好友（我年底寫的聖誕卡、農曆年前寫的問候信，大多數是給志願服務領域裡認識的）。

(三)重視研究成果

　　這些年國內外在志願服務領域裡的研究快速增加，政府委託、學者自行投入、博士論文、碩士論文都很豐富，我儘量找到、閱讀、整理，將這些代表台灣志工情況的資訊整理出來。志工很辛苦，研究志工的人也很辛苦，各種辛苦的成果應該被記錄、被傳遞。

(四)實用簡單

　　「綱舉目張、清楚明瞭、避免贅述、易學易用」是我寫每一本教科書的原則。本書三大篇，每一篇都是四章，每一章都是三節，每一節各有

二至四小項。全書有二十八個表格，很多表格都整理自不同資料，讀者參考後，可進一步上網找到更多訊息。更重要的，可以實際演練，從第五到第十章，有各種演練的主題及內容。

三、適合閱讀對象

我擔任過非營利組織負責人、政府基金會董事、大學的學生事務長，很希望有好的志願服務書籍來推動工作，因此我寫給相近背景的朋友看。

第一章最後說說本書適合誰看。首先是各志願服務團體、運用志工的政府或非營利組織，無論是志工督導、志工管理者、專職主管，本書都可以幫助你順利推展志願服務。

其次是各級學校推動「課外活動」、「服務學習」、「生命教育」的教職員，尤其是學生事務處、體育室的夥伴，有了此書，可以找到各種具體的方法執行相關的工作。

如果要用在課堂上為教科書，特別適合「專門助人職業」的學生及工作者，例如社工、諮商、輔導、護理、長期照顧等。以社工為例，志願服務近年在台灣蓬勃發展，服務於公私部門社會福利機構的社會工作者，不可避免要以各種不同的形式結合與運用志工，在人力吃緊的社會福利機構中，志願工作者可以說是「不支薪的員工」，也成為專業社會工作者的重要夥伴。希望協助社會工作學生瞭解非營利組織的志願服務與志工管理的理論與實務，日後成為專業社會工作者後，能讓機構中的志工充分發揮效能，成為推動社會福利服務的助力，擴大社會工作專業服務的能量。

如果有志講授此課程，建議兩學分。每次授課，第一堂課配合作者整體的PPT說明各章的重點，第二堂課前半段講解案例或播放案例人物（如馬拉拉、尤努斯）或團體等的影片，後半段討論及學生回饋。在作業方面，如果在社工或相關科系，應鼓勵學生去社會福利機構擔任志工，建議機構如**表1-1**。如果不是社工相關科系，學生日後帶領志工、做志工督

表1-1 適合學生擔任志工的社會工作機構

類型	機構		
老人	老盟	弘道	曉明
	樂齡光年	老五老	信義
	松柏園		
兒童	兒盟	家扶	世展
	向上	張秀菊	慈馨
偏重社會教育	博幼	永齡	
早療	家扶發展學園	光音育幼院	衛福部兒童之家
青少年	張老師	YMCA	YWCA
	群園		
婦女／司法保護	現代	婦女新知	勵馨
	善牧	婦女救援	
身障	愛盲	心路	喜憨兒
	伊甸	肯納	瑪利亞
佛教	法鼓山	佛光山	慈濟
基督教	救助協會	賽珍珠	救世會

資料來源：作者整理

導的機會較小，則第貳篇可以濃縮在兩週講授，多些專案及案例分享。如果是在通識課程，建議修課者優先在學校擔任志工，例如東海大學就有服務學習志工團、思沙龍志工、表演藝術志工、學生諮商中心志工團、宿舍志工團、職涯志工團、國際學友及服務性社團等。在學期的最後幾週，可以請同學報告。

以下呈現了一份期中作業的形式：

1.我到哪個機關的哪個單位從事志願服務？（含時間、地點）

2我提供了什麼服務？看到什麼？聽到什麼？接觸到什麼？（What）

3.我從這些服務中學習到什麼？對我有什麼意義？我對所見所聞有什麼感想？（So What）

　(1)我在服務活動過程中產生什麼新的問題或想法？

(2)從事的活動中，有哪些事情是我平常就在做的呢？

(3)哪些是比較少做到的呢？

(4)對比較少做到的地方，我可以用什麼辦法多做到呢？

4.這些經驗對我看事情、看世界、看自己有什麼改變？我將來能為誰做什麼？（Now What）

(1)我可以用什麼方法、哪些管道把我學到的東西，傳達給家人跟朋友呢？

(2)未來我將如何運用課堂及實際經驗所學到的？

5.在「服務即學習」的理念下，我要如何解決當下所面對的困難？

6.這次服務中，對我來說收穫最大的地方是什麼呢？（整體心得感想）

7請提供你這次服務中之活動照片（最有感動的）？為什麼？

8.我夥伴的志願服務心得（訪問一位非學生的志工）。

9.如果我為志工管理者，我將如何改善機構的志工管理？

到了「期末報告」，重點如下：

1.志工服務總計畫簡報及書面檔（500～1,000字）。

2.志工服務子計畫簡報及書面檔（500～1,000字）。主題：志工需求評估、工作說明書、招募、訓練、差勤管理、獎懲考核、志工聯誼、志工績效管理、志工專案活動等。

3.志工課程個人心得簡報檔（3頁）。學到什麼？對我的未來有何幫助？我要如何對待自己、他人、環境？

總之，有心「學服務、帶志工、做專案」的朋友，請依序閱讀，希望你受益無窮。

Chapter 2

理論倫理

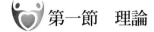第一節　理論

一、大師談志工

(一)杜拉克與波特

　　如果問管理學界的老師：「我只想認識一位大師，是誰？」多數老師的答案大概會建議「彼得‧杜拉克」。如果想認識最有影響力的十位大師，答案就比較多了，不過，麥可‧波特、吉姆‧柯林斯、查爾斯‧韓第都應該榜上有名。他們有一個共通點，都認為非營利組織很重要，都認為志工扮演重要的角色。

　　杜拉克致力推動非營利組織的發展與創新，為非營利組織所提供的顧問諮詢服務多半是免費的。在1974年出版的《管理學的使命、責任、實務》一書中，杜拉克主張，管理決定了所有現代組織的功能，因此無論是政府機關、軍隊、學校、醫院、工會等公共服務機構，都是現代社會中眾多組織的一種，因而都是可以管理的。許多服務機構即使意圖良善，但所提供的服務成效不佳，好心腸並不足以成為組織績效不彰的藉口。到了1989年，杜拉克在《哈佛商業評論》發表了一篇名為〈以非營利組織為師〉，指出：女童子軍、紅十字會及教會等非營利組織，已經成為美國的管理榜樣了。許多非營利組織之所以成效卓著，關鍵便在於採納了管理，包括研擬組織的使命、功能健全的董事會，尤其須要求志工接受訓練與承擔責任。

　　如何管理知識工作者的生產力，是企業必須面對的重大挑戰。杜拉克觀察到，有些倚靠不支薪志工運作的非營利組織，能用明確的使命凝聚向心力，以一再地訓練奠定專業技能，並引導志工自訂工作目標、參與決策，最終落實高標準的責任制，值得企業學習效法。

除了肯定非營利組織在管理上的成效卓著之外，眼見政府的效能低落又作風官僚，加上許多企業的高階主管自私自利、唯利是圖時，杜拉克也主張建立強大的社會部門，認為非營利組織比政府更有能力解決社會問題。

在《彼得・杜拉克：使命與領導》中，這位大師分析：非營利組織因為沒有傳統的商業底線，管理不是靠「利潤動機」驅使，而是藉由「使命」的凝聚力和引導，依然需要透過管理的理念架構和技巧，制定具體可行的目標、計畫和策略，促使造福人群的使命能順利達成。無論有多神聖的使命感、多崇高的理想、多熱血的奉獻心，都必須具備「機會」、「能力」、「認同與投入感」等要件才可落實。因此，杜拉克在《非營利組織的經營管理》提出了五大課題，包括「領袖的角色」、「行銷和發展的有效策略」、「經營績效與評估」、「人力資源與人際關係」、「自我發展」，並收錄他與美國九大非營利組織管理者的訪談，引導已投入非營利組織和社會企業的人，包括各種志工，具體落實使命與自我發展。

20世紀末，最具影響力、演講費最高的管理策略大師——麥可・波特（Michael Porter）提出「共享價值」的觀念，他強調：社會責任與經營策略的結合，將是企業未來新競爭力的來源，社會責任就是企業核心事業策略的一部分。

(二)柏恩斯丁與柯林斯

杜拉克說：「志工企業家改變了社會的表現能力（performance capacity）。」深入探究志願服務並撰寫專書的柏恩斯丁（David Bornstein）第一本書《夢想的代價：孟加拉鄉村銀行的故事》就贏得紐約年度「哈利查平獎」媒體獎。他接著寫《志工企業家》（2005），分析全球各地都面臨類似問題：教育與醫療系統不足、環境汙染、對執政公權力缺乏信心、貧窮、高犯罪率。在發展相對落後的國家，志工企業家只能

利用有限資源盡可能造福人群，因此他們必須發揮創意。

　　在該書中提出許多的案例，說明志工企業家如何推動系統性變革，如何改變人們的認知與行為模式，又如何利用有限的資源為大規模的「市場」服務。他也說明了：慈善家與基金會的募款人員如何發展行銷的構想，決策者如何發現解決問題的模式，也有許多激勵年輕人的故事。

　　《志工企業家》描述了許多非營利組織以類似營利企業的經營手法，發揮了極大的影響力，某些非營利組織的規模之大、影響力之深遠，比起許多營利企業都有過之而無不及。但正由於人們常常把非營利組織和營利企業相比較，所以常造成誤解，認為非營利組織要達成其使命、發揮其影響力，就必須往企業經營的模式前進，且愈像企業愈好。

　　但《基業長青》作者柯林斯（Jim Collins）在《從A到A$^+$》書中提醒：非營利組織要模仿、學習的對象不應該是「企業」，而是「卓越的企業」。他從三方面探討這個重要問題。

　　首先，志工的投入為非營利組織的第一個特性，但缺乏量化的指標來衡量其成效。在企業界，錢是投入（資源）也是產出（衡量績效的指標），而在非營利部門，錢只是投入，而非產出。如果說衡量企業績效的標準是「每投入一塊資金能賺回多少錢」，則衡量非營利部門績效的標準就應該是「每投入一定的資源能多有效地達成使命並產生影響力」。非營利組織的產出必須與組織的使命緊密關聯。績效標準的界定，會直接影響組織的策略，進而影響成果。一旦界定出正確的衡量指標，不論是否可以量化，都要找到一個方式評估成果，以嚴謹的態度追蹤進度，才能確定組織是朝著正確的方向邁進。

　　非營利組織的第二個特性，在於其收入來源與一般企業不同。企業的投入和產出通常都以錢來作為指標，而非營利組織的投入和產出都不同，考慮發展組織核心業務時，除了「熱情」和「擅長」兩個重點外，也需考量核心業務是否能同時帶來資源（投入）和績效（產出）。例如若只是向政府申請補助雖然能增加資源收入，卻無助於增加績效。相對地，如

果他們將核心業務的重點，改放在每年捐款並認同該組織使命的捐款人身上，讓志工及捐款人與服務對象建立更緊密的關係，如此不但可以增加資源的投入，也有助於增加績效的產出。

　　非營利組織的第三個特性，在於人才的任用較一般企業困難。卓越的企業非常重視人才的選用，先找對人加入，並讓不適任的人退出。擁有適當的人才在非營利組織中比在企業中顯得更重要。在企業中，只要領導者夠堅定，不論招攬人才或開除不適任者都不困難，但在非營利組織中，無法提供豐厚報酬來吸引人才，面對不取分文的志工，要開除不適任者更是難上加難。

　　一開始找對人，有助於在組織中形成有紀律的文化，擁有有紀律的文化，可使組織成員去蕪存菁。這種「找對人」的歷程，在非營利組織中比在企業中要花費更多時間，需要更多的耐心與堅持。要激發人才的熱情與奉獻，需要單純、有意義的使命即可。「有理性的樂觀」是關鍵，一方面抱持信心，相信終有排除萬難、達成使命的一天，另一方保持紀律，面對殘酷的現實。

　　卓越的組織絕對不是時勢造英雄，而是有意識的選擇和展現紀律的結果。柯林斯強調，只要是卓越的組織，不論是營利或非營利，其相同之處多於相異之處，所以非營利組織想要「從優秀到卓越」，除了要特別注意上述特性之外，必須和企業一樣遵守「有紀律的員工」→「有紀律的思考」→「有紀律的行動」的過程。

　　許多人認為「從優秀到卓越」的領導人上任之初，一定先提出新願景、新策略。其實，志願服務是「人的組合」，柯林斯在《從A到A⁺的社會》書中提醒：先找對人，再決定要做什麼，並且把對的人放在對的位子上。

(三)韓第與溫伯格

英國最知名的企管大師韓第（Charles Handy）多次呼籲「每週捐出半天生命當義工」，他提出「慈善資本主義」的觀念，稱為「新布施主義」，影響深遠。在《當韓第遇見新慈善家》書中，記錄他登門拜訪23個社會創業家，側記他們的人生與服務創業之心，因而提出、「填補弱者缺憾的資本主義」等說法。這些人的手段不像過去讓人感到不自在的道德宣示、宗教召喚，甚或消費式的同情。他們做的事既有意義也有效、推動的計畫與組織也衝勁十足。韓第稱這些人為「新慈善家」，也形容其中一些人是「用創意從事公益的跳蚤工作者」。韓第歸納他們所擁有的共通性則為三點：有熱情、有韌性以及能與人合作。他寫道：「如果沒有注入大量活力以及親身投入，任何創業都不可能成功。就算有好構想，甚至有精心研究過的事業計畫，只靠這些仍然不夠。相反地，只要有熱情，總是能應付任何問題，也能忍受任何困難。」

組織為了完成其任務來進行人力運用，有各種人力組合，每一種人力都有公民權。韓第首創「酢醬草組織」（Shamrock Organization）的概念，認為組織主要的三種人力資源就像酢醬草的三片葉子。第一片葉子是專業技術的核心工作者，是僱用成本最高的一群。第二片葉子是外包工作者取代，至於第三片主要是有季節性起伏的工作，則交給兼職工作者或志工。下個世代的組織，將是個「3I組織」（Intelligence, Information, Ideas）。這樣的組織需要的工作者，不只要會做事，還要會思考。員工是組織的公民，公民的身分不可能完全相同。「公民權」概念是韓第主張中的核心，他認為核心人力才是組織的公民，公民則可以享受特定的權利，也承擔特定的任務，但不同的成員並非都有完整的公民權，志工的權利要更小一些。

撰寫「社會工作管理」的知名的學者溫巴赫（Weinbach, 2008）提醒社會工作者要更瞭解如何做管理者，因為人力多元化的趨勢非常明顯，

不論是專任或志工。比起企業或政府部門，非營利組織裡的人力是多元的。有各種背景的人們在此提供各式各樣的服務，最常見的有六種人才：

1. 專業人員：已接受正式密集的教育，具備特定的知識、價值和技巧，能執行高度技巧性的工作，處處遵守符合專業倫理。

2. 即將成為專業的人員：符合專業人員的條件，但是欠缺相關的學歷或證照，需限制工作的內容。

3. 準專業人員：只接受了一部分、層級較低的專業訓練。在接受短期、特定的訓練後即投入工作，只適合負責特定且有限的任務。

4. 當地的非專業人員：社工者的背景有時與所服務的對象有所差距，為了縮小與案主群的距離，非營利組織僱用當地或某種特定背景並未接受正式的教育和專業認證，這些工作者只在特定的情況中從事對某種背景案主的服務。

5. 支援性人員：不提供直接服務，只是支援專業工作者的專職人員。擔任行政、佐理、重複、非專業性的工作。

6. 志工：無酬地付出時間和服務。對社工組織而言，最大的好處是只運用有限的錢做很多的事，志工可以提供密集、深入、持續、費時的關懷，聘用志工也可增進機構被社區接受的程度。志工的角色可能是多元的，但都需要職前訓練，以瞭解相關的規定。

面對上述各種人力，管理者需用智慧與充分的協調去產生最適合的人力組合。人力是組合出來的，沒有單一最適合的形式。

(四)司徒達賢

國內研究非營利組織經營管理的重要學者司徒達賢（1999）指出，基於下列因素，顯得志工的參與非常重要：

1.志工人數在非營利組織人力資源中占高比例。因為非營利組織受限於經費，無法大量增聘專職人力來應付日益繁雜的業務量。

2.志工對其非營利組織的「認同度」及非營利組織對志工的「動員度」是影響志工「時間貢獻」多寡的重要決定因素。非營利組織對於志工的重視和運用程度，也會影響志工的投入。

3.志工是「金錢捐獻」的來源，因為志工對組織的瞭解和認同程度較高，持續穩定。志工長期與組織互動，當組織有新的勸募方案出來時，志工願意持續協助。

4.某些非營利組織中，專職受薪人員不多，志工在組織辦活動有可能是第一線的服務人員。

二、服務學習的理論

(一)經驗學習觀點與服務學習

美國推動服務學習的理念根源於杜威（Dewey）的經驗教育，進而影響後來Kolb提出經驗學習週期概念（concept of the experiential learning cycle）。以下針對兩位學者的觀點扼要說明（引自徐明、林至善，2009）：

◆Dewey的經驗教育觀點

主張學習必須與生活經驗相結合，而教育是經驗持續再建構過程，學生透過與真實環境的互動，藉由面對實際問題和經驗的運用，從「做」中學。在自然真實與社會情境中學到的知識技能最易轉化應用，因為真實社會經驗呈現各種實際的問題，有助於增進學生批判性思考。杜威建議：

1.學校應以寬廣的社會環境作為學生學習場域，破除傳統以來「知識

學習」與「實際生活」脫節的弊病，透過服務和反思活動協助學生將服務經驗與學習目標結合。

2.以社區弱勢族群為服務對象，可促使學生瞭解社會議題的多元且複雜的面向，增進學生對社會結構及社會正義有所檢視。

3.學生與服務機構一起擬定目標，並從實際社區服務中獲得知、情、意整體發展。

4.在服務中直接與社區成員及議題接觸，增進學生公民責任感，積極參與社區服務。

◆Kolb的經驗學習型態理論

學習是經由經驗轉換以形成知識的過程，包含四週期的循環，依序為具體經驗（Concrete Experience, CE）、反思觀察（Reflective Observation, RO）、抽象概念化（Abstract Conceptualization, AC）、主動實作（Active Experimentation, AE），以上四週期描述學習循環一系列的步驟，每一步驟都是下一個步驟的基礎。Kolb進一步依四個學習週期形成四種學習型態，各學習型態是對學習情境習慣性反應方式，分別為（引自徐明、林至善，2009）：

1.異質者（Diverger, CE+RO）：喜歡具體經驗與反思觀察，具有想像力，擅長從不同面向看待事物與獲得靈感，在現實中容易確認出可能的問題或機會。

2.同化者（Assimilator, AC+RO）：以抽象思維與反思觀察為主，擅長將理論加以應用，容易建立抽象模型，從而找出優先問題與各種替代的解決方案。

3.聚合者（Converger, AC+AE）：能歸納方法創建理論模型，善於評估解決方案的結果與選擇不同的解決方案。

4.適應者（Accommodator, CE+AE）：精於有效執行任務，開放新經驗，願意冒險，善於適應環境，偏好以嘗試錯誤解決問題。

(二)認知—結構發展觀點與服務學習

認知理論描述思考及反思的過程，從簡單到複雜，具體到抽象。認知—結構發展觀點強調人人都具有發展為更複雜思想者的潛力，能以不同的方式來領悟服務經驗。

(三)心理社會發展觀點與服務學習

著重於生命過程中，心理社會發展的時機與有助於發展的條件，將發展分成七個向度：

1.發展勝任感：可以發展出知識、人際社會技巧等方面的能力與信心。
2.管理情緒：包含對自我情緒的覺察，有效控制和表達情緒。
3.發展自主：能獨自處理問題，與他人互相支持，不過度尋求他人的認同。
4.建立統合：對於自我產生統合感。
5.開放人際關係：從早期的依賴共生變成有自我的空間，包含尊重與信任他人、維持友誼的能力。
6.發展未來目標：經過探索興趣與能力之後，能對未來的生涯發展做出良好的規劃。
7.發展整合感：整合不同的價值觀，發展出屬於自己的價值體系。

在志願服務中，志工投入各方面的學習，從經驗中反思獲得回饋，增加自己對服務的認知與情感，另外透過服務學習的機會，讓能夠在不同情境中觀察不同角色，增進自我的技能，在各種經驗的累積與刺激之下，有助於引導學生經驗學習、認知、心理及社會的發展。

第二節　對社會的意義

一、是公民社會的靈魂

　　志願服務的參與，除了個人內在動機與利他的觀點，更包括了利己、社會交換或社會交易的考量。不論參與志願服務的出發點為何，過程中皆需他人有所連結，也因此在不同的角色扮演上，有不同的人際互動與行為反應。志願工作已成為歐美社會公民文化（civil culture）的一部分。本職的工作可能不是心中的第一志願，但是對於義務服務工作，志工大可按照自己的第一志願，「擇你所愛，愛你所擇」（林勝義，1995）。

　　每個社會主要有三股力量，政治力代表著公權力的行使，透過政治制度的運行，維繫社會的公平；經濟力中，市場強調個人的理性選擇，強調有效率的財貨流通與分配。但社會力是不可少的，公民社會代表人們自然的社會關係，透過彼此的志願結合產生公共性的集體行動（汪明生，2012）。非營利組織是公民社會發展的基石，透過志願的結社與行動，保持社會服務部門的行動力。

　　經濟力的市場有時會失靈時，非營利組織因不分配盈餘的限制，沒有動機去剝削他們的顧客或案主，比較會使用所有的資源以達成使命，也必為了追求利潤而降低服務品質，因此較值得信賴。政府有時候會失靈，政府所提供之公共財貨與服務無效率。政府提供的公共服務可能過度生產或生產不足，或成本過高，運用志工可大幅降低這方面的費用。政府的限制很多，因此非營利部門有更多發展空間。愈是民主多元化發展的地區，非營利部門的發展就愈活躍，志工投入的人數就愈多。

　　非營利組織的產生與發展，可彌補政府或企業的不足，並非只處於次要位置。非營利組織關切弱勢團體或關懷社會福利議題，必須與社區或公民保持密切的聯繫，透過聘用志工等方法，實現公益目標。

二、是組織結社的基礎

　　為什麼非營利組織不支薪的志工工作會吸引愈來愈多人參與？為什麼愈來愈多人願意堅持實踐組織的使命與理想？為什麼有人願意出錢出力去投入志工，甚至創辦非營利組織？原因是具有某種人格特質的人會被非營利的組織型態所吸引，這些志工及負責人追求的並非金錢的目標，會根據他們的偏好來投入非營利組織，創辦人通常是一位具有改變企圖心的領袖。他們採取新的生產方式來落實創新的議題，因此非營利組織比其他型態的組織採用更多的志工。

　　運用志工最多的是「社團」，法律上的「社團」，是依「人民團體法」所成立的各種協會、促進會、學會等組織。社團有「社員」，社員如信用合作社的社員、同鄉會的會員等，是社團法人賴以成立和存在的基礎。社團法人依其性質之不同，又可細分為：(1)營利社團法人：如公司、銀行等；(2)中間社團法人：如同鄉會、同學會等；(3)公益社團法人：如農會、漁會、工會等人民團體。社團法人的主管機關為各級政府的社會部門，例如學術文化團體、宗教團體、體育團體、國際團體、經濟業務團體、宗親會、同鄉會、同學或校友會等，除了營利社團法人之外，其他都以志工為主要的推動人力。

(一)志願服務興起和發展的理論

　　志願服務的興起和發展，還有幾個不同理論可以提供解釋（張英陣，2003；邱貴玲，2005）：

1.異質性和排擠理論：因為市場與政府無法滿足社會公共需求，所以由志願服務來補足社會福利的不足。因此，若政府提供較多社會福利，保障更充足的社會安全，志願服務會相對減少。

2.互賴理論：認為志願服務是提供公共服務的一環，但因為志願服務和第三部門的資源和力量有限，所以必須由政府介入，才可強化服

務的效能。政府和第三部門是相輔相成的。

3.資源動員論：認為社會運動的成功，不僅是政府的支持，而在於社會的動員和參與響應。所以政府居於支持和輔導角色，第三部門動員能力愈大，參加的民眾和資源就會愈多。

4.平衡社會關係論：中產階級興起後，市場機制和政府部門都容易發生利益衝突和關係緊張，志願服務部門的興起，可以平衡社會的關係。

(二)高齡者擔任志工的理論

單以高齡者擔任志工來看，主要有幾種理論（彭懷真，2013；鍾武中，2015）：

1.活動理論：認為老年是中年的延長，老年和中年時代一樣，有活動的心理性及社會性需求，可從事社會上的工作，參與社會活動。活動參與可增進老年人的幸福感、自我概念及生活適應。對一個進入老年階段的人而言，活動尤其重要，因為其健康和生活品質都有賴繼續參加活動，志願服務正是提供退休老人參與社會及退休生活持續活動的好機會。

2.老人次文化理論：同一類屬的成員彼此間發生互動的機會較其他不同類屬的成員發生互動的機會來得多，次文化因此產生。老人傾向與和同輩的互動，在老年同儕團體的互動模式中會逐漸產生相互依賴的關係，增進彼此間的認同與支持。老年人參與志願服務活動，在服務的過程裡提供志工與其他老年人有了互動的機會，老年志工在一起為他人服務的過程中，基於彼此共通的特質與志趣形成一次文化體系，逐漸形成新的生活支持網絡。

3.角色替代：老年人從工作崗位上退休後，因為生理及心理均逐漸退化，若無適當的活動來填補心靈上的空虛和孤獨，容易加速身心老

化，老年人參與志願服務工作是其退休後新社會角色扮演的形式之一。

4.社會服務及需求滿足理論：有助於滿足老年人經濟性需求、生理性需求及社會性需求。在社會性需求方面指的是老年人維持正常的社交、人際關係，否則會造成無形的心理壓力，充分的社會參與可以滿足老年人社會互動的需求，並滿足愛與自尊、參與感與自我實現等高層次的需求。

第三節　問題現象及倫理

一、種種問題現象

　　無論讚美或批評，志願服務都是台灣社會的重要現象，擔任志工已經是愈來愈多人的人生體驗，管理志工也是愈來愈複雜的考驗，更重要的，是「志工倫理」必須受到重視。以往，講到「志工」，大多數人的印象都很好，各種讚美之詞環繞「志工」。到了民國104年，情勢有了很大的改變，關於「志工」的負面新聞愈來愈多。例如，藝人登上阿帕契，引發各方面爭議。李蒨蓉在桃園地檢署應訊時，說願意當「國防志工」彌補過錯；黑心油毒害全民的商人魏應充，說願意終身當「食安志工」；不分青紅皂白召開台北榮總死胎記者會的立委姚文智，鞠躬道歉說未來要擔任「醫界志工」。這些爭議人物，都以擔任志工工作為停損點。

　　當志工成為台灣名人道歉SOP（標準作業流程）的一環，變成廉價的贖罪券。如此做是模糊問題的焦點，混亂了志願服務的本質，也羞辱了無私的志工。一個人做錯事，應該為所做錯的事情道歉、負責，至於當志工，是不相干的。

　　又如，資金最寬裕、人數最眾多、知名度最高的慈濟基金會，被來

自四面八方的聲音批評。這說明了「昔日靠志工成功，不保證今日可以靠志工維持」。當人數達到百萬，組織日益龐大，要安排各項管理事宜。志工需要活動的空間、上課的教室、討論的設備，因此要有更大的地方，也得有更多的經費挹注。隨著組織規模的擴大，已經無法用「志願服務」的方式運作，大批的專業人員需加入，各種專業的管理更需引進。

5月，台中榮總招募高中志工八個梯次總計320個名額。開放前一天傍晚醫院就有人排隊。有家長帶著零食、礦泉水、板凳、睡袋和行動電源，在椅背上黏貼名條，打地鋪徹夜為孩子排隊。彰化基督教醫院志工員額約400名，供不應求後順應民情提高到560人，凌晨一點就有大批家長排隊。這些狂熱行動的原因是擔任志工有助於一些考試的申請。

《聯合報》報導，過去高中生為申請入學或大學推甄爭取加分，爭相當志工，十二年國教上路後，許多家長發現志工服務占重要分數比序，也忙著為孩子找志工機會。但國中生年紀還小，有機關最後還得找人服務這些「小志工」。例如市府各單位礙於民代壓力，勉強開缺，但幾乎沒有工作可以交代，政府部門幾乎變成國中生的免費暑假安親班。從未招募志工的警分局在民代里長拜託下，私下開放學生當志工，但有警員認為是困擾，只能讓小朋友掃地或端茶。在醫院，有學生志工在服務台睡覺或滑手機，時間一到就走人，根本就是來「沾醬油」。文化局發現，有家長帶孩子來當志工，結果是孩子念書，家長「代工」。

李家同教授對這一類的現象如此回應：「為了分數當志工，是對志工的侮辱。」另一方面，「找爸媽協助報名，違反了自主自律的精神。」

6月底，八仙樂園「彩虹趴」造成500多人傷亡，負責人呂忠吉「假志工之名，逃避雇主責任」，呂忠吉以T恤、供餐及免費參加彩色趴，號召101名志工。塵爆導致13名志工受傷，其中6人傷重住進加護病房。這次活動以盈利為目的，預售票一人新台幣1,100元、現場售票1,500元；呂忠吉號召志工協助進出場管理、環境清潔與擔任「色粉攻擊者」，須聽從

主辦單位指揮，形態顯然是僱傭關係。但是，志工受傷了，無法得到正式員工、買票觀眾同樣的照顧。這顯示：把志工當成廉價勞力以降低營運成本，不瞭解人力管理的基本法則，也會帶來各種副作用。

張菡容（2014）整理許多志工督導的工作經驗，發現：

「因為我住山上，回去的車班很少，錯過這班車要再等一個小時啊！所以我每次都要提早二十分鐘離開，應該影響不大吧！來這裡幫忙也沒有領薪水，給我個方便應該可以吧……」

＊　　　　　　　＊　　　　　　　＊

「醫師的門診剛好是值班時間，順便看診就可以不用再跑來一趟，比較方便啊！我在醫院服務那麼久了，都比你做志工督導久，我也幫你們很多忙啊！只是離開一下服務崗位應該沒關係吧！反正還有其他志工在……」

＊　　　　　　　＊　　　　　　　＊

「為了慶祝我選上今年度志工幹部，這個星期天我宴請組內志工夥伴去餐廳吃飯！督導你一定要來幫我站台，不來就太不給我面子了！而且你帶領志工，要跟我們『搏感情』，就要來參加我們的聚會活動啊……」

陳武雄（2015）歸納志工常見的缺點包括：作秀、掛羊頭賣狗肉、蜻蜓點水、虎頭蛇尾、來去自如、尸位素餐、請神容易送神難、湊熱鬧、耍特權、傲慢、爭功諉過、光說不練、貪小便宜、斤斤計較、公器私用、挑撥離間、搞小圈圈、自命不凡、好高騖遠、不知分寸、喧賓奪主、走火入魔、欺負菜鳥、口是心非等。這些缺點多半與「倫理」有關，少了倫理做基石，各種爭議的行為都出現，對機構、服務對象等，都造成傷害。

二、倫理守則應落實

　　倫理，是應遵守的秩序，是人際關係中所共同遵守的規範，規範身分關係及其應盡責任，也是建立人與人之間互動時所依循的準則，基本原則是「尊重他人」。倫理也指存在於人與人關係中的應有的條理和合理的秩序，具有客觀性。正是這種客觀性，衍生出了具體的道德要求和規範。

　　志工應有以下之權利：(1)接受足以擔任所從事工作之教育訓練；(2)一視同仁尊重其自由、尊嚴、隱私及信仰；(3)依據工作之性質與特點，確保在適當之安全與衛生條件下從事工作；(4)獲得從事服務之完整資訊；(5)參與所從事之志願服務計畫。

　　志工應有以下之義務：(1)遵守倫理守則之規定；(2)遵守志願服務運用單位訂定之規章；(3)參與志願服務運用單位所提供之教育訓練；(4)妥善使用志工服務證；(5)服務時，應尊重受服務者之權利；(6)對因服務而取得或獲知之訊息，保守秘密；(7)不得向受服務者收取報酬；(8)妥善保管志願服務運用單位所提供之可利用資源。

(一)公民志工基本素養之內涵

　　志工的出發點是「在別人的需要裡，看見自己的責任」，以同理心探究別人的需要，衡量自己的能力，擔負相當的責任。歐洲志願服務組織協會（Association of Voluntary Service Organizations, AVSO）總裁Mr. John Stringham，提出的公民志工基本素養的內涵：

1.是（Being）志工，而不只是做（Doing or Becoming）志工。
2.是民主公民素養的行動，而不是積功德的善行。
3.是專業素養的服務，而不是隨興趣做善事。
4.是增進公共利益，而不是累積個人聲望。

5.是強化社會的團結，而不是分化社會。

6.榮耀歸給社會，功勞歸給別人，快樂歸給自己。

志工的角色是犧牲奉獻，對於志願服務運用單位，應採取與人為善的態度，不必斤斤計較；即使理念不合或處事態度難以接受，基於志工的立場，轉到其他單位繼續擔任志工，不宜在此單位內以改革者的角色出現。

(二)志工倫理守則

「志工倫理守則」為擔任志工之基本守則（中華民國90年4月24日內政部發布）：

一、我願誠心奉獻，持之以恆，不無疾而終。

二、我願付出所餘，助人不足，不貪求名利。

三、我願專心服務，實事求是，不享受特權。

四、我願客觀超然，堅守立場，不感情用事。

五、我願耐心建言，尊重意見，不越俎代庖。

六、我願學習成長，汲取新知，不故步自封。

七、我願忠心職守，認真負責，不敷衍應付。

八、我願配合志願服務運用單位，遵守規則，不喧賓奪主。

九、我願熱心待人，調和關係，不惹事生非。

十、我願肯定自我，實現理想，不好高騖遠。

十一、我願尊重他人，維護隱私，不輕諾失信。

十二、我願珍惜資源，拒謀私利，不牽涉政治、宗教、商業行為。

在志工督導及管理過程中，督導個人也必須謹守相關的倫理規範，使志工能信任督導及管理者，達到督導的目的。

(三)志工管理者之倫理守則

美國志工管理協會於1995年便訂有志工管理者的倫理守則如下：

1. 本身的社會責任：督導者本身主要的社會責任，在於對服務對象的權益保障。督導之目的是要讓服務對象獲得滿意的服務，並且從中獲得能量與尊重，進而能夠面對自身的問題。

2. 尊重志工個人的隱私：督導過程中，當談論到志工個人的隱私及相關資訊時，對於志工個人的價值觀與偏好，督導應給予尊重，並對督導內容進行保密。

3. 本身的自我約制：督導本身如何在督導後，不因此影響與志工及同事之間的互動與合作，並共同為保障服務對象的最佳權益而努力，是督導需培養的能力。

4. 保持公正的態度：當督導面對或處理志工與其他人員間的衝突時，本身應保持公正、客觀的態度，避免以個人偏見或歧視來處理兩者之間的問題。

5. 堅守承諾：督導過程中，若有答應志工的事情，一定要做到。必須在給予承諾前，有思考及判斷承諾是否專業且合情合理的能力。

6. 注意利益迴避：志工督導對於可能有利益衝突的狀況時，要有判斷能力，並且適當的迴避，或尋求其他協助。

案例——彭懷真

我就以本書的架構，分三大部分說說自己的經驗。

一、在「學服務」方面

每個人生階段都在學，分三種角色來說明：

首先是「學生的我」。在學校，高中時做學藝股長、副班長各一次。在台大，大一上及大三上，是班代表。大二時，是系學會的學術股股長。大一至大二參加大學新聞社，後來參加校園雜誌寫作隊。大四時，當選區黨部常委，是社會系黨部的負責人。

高中時，常去「真光教養院」陪重度智能障礙者及罕見疾病患者。大學階段，配合系學會及班上的活動，去過安養機構、育幼機構、安康住宅等擔任志工。有兩次去花蓮，擔任夏令會的輔導。考上大學那一年參加「靈光夏令營」擔任輔導，陪同小兒麻痺患者。如此持續十一年，有兩次擔任營隊的主席。

其次是「信徒的我」。國中時，擔任和平國中團契的主席，負責安排活動，邀請及接待講員，也辦過幾次聖誕活動。在師大附中團契擔任一年主席。在教會擔任圖書志工，每週聚會時負責介紹一本書，並登記借書情況。高三時，擔任高三禱告會的主要同工，禱告會的人數由個位數激增到七十多人。

在宗教領域，大一及大二時每週六下午參與「福音隊」，在台北植物園傳福音、講故事給孩子聽。週六晚上，在新店安康帶領青少年團契。週日上午教主日學，下午去桃園新屋的「國際兒童村」教主日學。大三時，擔任南海路基督徒聚會處青年團契的主席。大三下的5月搬到林口，在基督徒聚會處住，從禱告會、青年團契、主日學到主日崇拜，都要幫忙。如此四年半。博士班時，協助東海別墅七巷基督徒聚會處成立及運作，大約三年。在台中基督徒聚會處每個月擔任一次講員超過二十五年。

第三是「專業的我」。到東海專任後，在各種社會參與，都沒有領薪水。例如：(1)中華民國幸福家庭促進協會副秘書長（1991-1994）、秘書長（1994-2010）、理事長（2010-）；(2)台灣區域發

展研究院家庭暨社會教育中心主任（1996-2005）；(3)台灣社會工作
教育學會理事（1995-1999）、秘書長（1999-2003）；(4)921社工諮
詢專線召集人（1999）、921全國民間災後重建聯盟副執行長（1999-
2000）；(5)東海大學教師會理事長（2003-2004）；(6)中部科學園區人
文委員會副主任委員兼執行長（2006-2009）等。

二、在「帶志工」方面

分成三種角色：

(一)教志工

「祥和計畫」推動時，我常去不同志工團體演講，因此認識許多
令人尊敬的長輩及同輩。有了「志願服務法」之後，各單位需依照規
定辦理訓練，多半利用週末進行，我講了好多回。在正式教學方面，
我多年在東海社工系負責「關懷服務學習」課程，然後又擔任「志願
服務」課程。

(二)研究志工

自己做，我針對世大運的志工計畫進行多角度探究，又指導研究
生做碩士論文，包括：高齡志工、學生志工、社工做志工、志工評鑑
等，有好多位因此獲得學位，我也因此對志願服務有更深入的認識。
基於這些研究的成果及閱讀其他人的研究，我「寫志工」，有時經常
在報章雜誌寫關於志工的議題，為了教導志工，編寫兩本各五萬字左
右的教材。

(三)帶領志工

我帶領中華民國幸福家庭促進協會團隊每年辦理十幾項方案，有些
方案裡的活動需邀請短期志工，例如身障園遊會、兒童安全保護宣導。
另外，某些方案一方面服務案主，也期望案主透過志願服務幫助人。例
如自民國101年起推動「自立家庭脫貧方案」，從規劃設計此方案時我
就要求所有參與的低收入戶、中低收入戶兩代家庭成員每一年都要做
30小時志工。如此他們可以因為做志工有各方面的成長，又擴大人際網
絡。因為各項方案的成果，中華民國幸福家庭促進協會獲得教育部「推
動社會教育特優團體」、內政部、台中市政府等十多項獎勵。

三、在「管專案」方面

　　舉兩個例子，一個是以東海大學學生事務長的身分，一個是以東海五十週年規劃小組總召集人的身分。

　　我在擔任學生事務長階段時致力促使學生「從做中學」，積極促成學生投入志工的管道，我期待每一個學生事務處的單位都有聘用志工的機制。因此，諮商中心、資源教室、男女生宿舍、衛生保健組、課外活動組，都有志工隊。日後接棒的學務長大力推動協助中小學的「永齡小學計畫」，也邀請了好多志工。我任內推動通過了「優良志工服務獎學金設置辦法」，分甲乙兩類，每年表揚獎勵四十位在志願服務有出色表現的學生，志工團體則有「社團服務傑出獎學金」的鼓勵機制。

　　另一方面，2005年東海大學五十週年，我是五十週年規劃小組的總召集人，單單在10月中旬到11月上旬就要舉行七十幾項活動，幾乎所有的活動都不付費用給投入的工作人員，也就是說，大多數參與者是志工。

　　我要如何動員、安排、運用呢？在這專案之中，我的角色不是學校的一級主管，而是「專案管理者」。我需進行系統整合，是整體管理的一部分，在專案執行方面有重要地位。我首要的掌握是效果（effectiveness），不要求具體要素的執行規範，除非是滿足一項或多項系統要求所必需的，每一項要素要求應該可以追溯到一項或多項系統要求之上。設計要素的控管主要在使系統績效達到最優，而非子系統之績效最優。

　　我將各項慶祝活動進行適度拆解，因為完成專案所需的所有活動必須被精確規劃及協調，關鍵性資源必須在適當的時間以適當的量被供應。我需知道要做什麼、由誰做以及何時做。採用「層級式計畫制訂系統」（hierarchical planning system），按照大型、中型、小型的來分工。層級式計畫制訂系統的目標來自於專案主計畫，可幫助計畫者分辨為實現目標所需的一套活動，即專案行動計畫。每一個活動都有一個相對應的結果（事件），這些活動和事件被分解為子活動和子事件，然後再進行細分。

　　由於是總召集人，我需要鼓勵許多人負責不同活動，也就是邀請小專案的管理者。在選擇專案管理者時留意最受歡迎的特質與能力：有強大的技術背景、個性腳踏實地、行事成熟圓融、目前處於可以被聘用的狀態、高層主管對其評價很高、可以讓專案團隊氣氛融洽的人、在許多不同的部門待過、可以創造奇蹟的人。簡單說，必須可靠，包括技術可靠性及管理可靠性，更要具備敏感性，一位成功的專案管理者並非規避衝突者，相反地，他應該要能夠早期發覺衝突，並且在衝突惡化為部門層級甚至是跨部門層級之前就處理完畢。

　　我設置了「五十週年專案管理辦公室」，附設在學務長辦公室裡。設置目的是建立及推廣好的專案管理程序，使之成為實踐專案管理的寶庫；傳遞專案管理所學習的知識經驗；提升專案的成功率；減少專案管理的前置時間；合併及簡化專案資料，提供一致性的專案資訊；發展與維護專案管理系統。

　　專案的終止後，專案的財產、設備、材料、人力以及功能都重新分配於母組織的要素之中，專案的產出也變為母組織運作系統的資產。例如，因為「東海大學五十週年」活動所募到的上億元捐款，都回到東海大學的會計體系之中。該方案的專責承辦人員則回到學務長辦公室任職，各項新添設備則歸課外活動組使用。

　　因為這些專案的成果，加上其他方面的成效。我帶領東海大學學生事務處獲得各種獎勵，如教育部頒發的「推動學生事務績優學校」（中區三十二所大學第一名）、僑生事務推動績優學校（私立大學第一）、「資源教室工作績優學校」（私立大學第一）、「友善校園推動特優學校」、「春暉計畫推動績優學校」（全國五名之一）。教育部剛開始推動「教學卓越計畫」，我也帶領團隊以推動志願服務的「關懷服務——We are, We care, We share」主題設計協助東海大學得到全國第二多的補助經費。我致力於「大學及社區」的志願服務學習，卸任後在「高等教育服務學習研討會」等場合分享理念，分析推動的方法。

Chapter 3

軌跡法令

第一節　歷史軌跡

一、歐美日韓

聯合國大會於1985年宣布每年的12月5日為國際志願服務日，呼籲各國政府及民間，重視志願服務工作的成效，目前全世界已有半數以上的國家將這天訂為志願服務日。聯合國為肯定志工的奉獻與成就，在1997年經聯合國大會提案通過，宣布2001年為國際志工年，藉以呼籲世界各國政府、民間組織和個人共同響應，大力實踐志願服務，並共同奉獻心力，肯定志工及志願服務組織的貢獻。在此先介紹幾個我們比較熟悉國家推動志工的歷史軌跡。

(一)美國

美國的志願主義起源於西方的幾個重要觀念：(1)希臘羅馬時代，就有「付出是福利」的博愛觀念（philanthropy）；(2)基督徒將做好事視為宗教職責的慈善觀念（charity）；(3)《聖經》中「施比受更有福」觀念，做好事為信徒的職責，人們透過志願服務的行為，表現出尊重生命的價值、善盡社會責任、發揮個人愛心、弘揚宗教、實現自我理想，賦予志願服務崇高的價值。

李宗派（2003）分析美國志工參與的發展趨勢，志工為志願主義之實現，而志願主義的形成來自西洋兩股主流之哲學思想：一為希臘羅馬文化的人道思想與慈善原則；二為猶太教與基督教文化思想與宗教責任，慈善與救貧是為達成個人靈魂救贖之目的與途徑。

◆歷史發展六時期

志工在美國的歷史發展可分為六個主要時期（修正自江明修，2003）：

1. 自治公社活動時期（1601-1800）：宗教自由、新教哲學、自由結社、自由言論等，都扮演重要角色。美國的獨立運動與社區及志工組織不可分割，例如在華盛頓部隊從事革命時，新英格蘭婦女會即已成立，志願從事支援革命部隊的後勤工作又救助傷兵。

2. 志願組織擴展時期（1800-1865）：許多志願組織社團在各地成立，從事慈善活動。在1843年紐約成立了志願組織協會，目的在改進貧困者的生活，設置了「友善訪視者」（friendly visitors）等組織，進入社區提供社會服務。19世紀中葉，由於工業化與都市化社會急遽改變，導致貧窮、疾病、失業的人口增加，需要社會工作專業人員的協助，並逐漸形成一種有組織的服務。例如慈善組織會社的設立、睦鄰運動的推展，都有社工的參與推動。

3. 慈善運動的興起（1865-1900）：在美國內戰之後，許多志願社團組織推動慈善工作來因應都市化、工業化與移民潮流所造成的社會問題。卡內基、洛克菲勒等企業家都是社會慈善家。

4. 增進專業主義（1900-1932）：地方的青年社團活動串聯成為全國性的機構，例如童子軍、女童子軍、兒童俱樂部等。

5. 與政府夥伴關係（1932-1980）：1930年代中期，為了因應經濟大恐慌，羅斯福總統新政將救助貧困服務由志願工作轉移到聯邦政府的行政部門。到了1960年代，聯邦政府大量補助各種基金會及志願服務組織，以提供各種社會服務。1970年代，政府援助偏鄉地方社區組織，建立志願服務組織與政府間的夥伴關係。

6. 增加民間機構（1980年之後）：在1980年代之後，社運與社區組織已獲得普遍接納，鼓吹對於弱勢團體和少數民族之福利服務。到了1990年代，非營利組織不但接受私人之捐款，也設法爭取聯邦與州政府之補助。

從美國志工參與的趨勢，可以瞭解是從傳統利他主義與宗教精神

開始發展，進入志願結社組織化的階段，最後進入專業化與民間化的階段，針對議題作倡導與服務等工作。

◆美國志願服務法

對志工的發展來說，最重要的法規是「國內志願服務法」（Domestic Volunteer Service Act of 1973），此法案的起源是配合詹森總統的大社會計畫以減輕貧窮問題。之後為了因應環境與社會的變遷，分別於1976年、1979年、1983年、1986年、1989年、1993年與1999年等進行修訂。依照此法，推動三個子計畫（www.independsector.org）：

第一，全國反貧窮志願服務計畫。

1.美國志工服務團：以服務貧窮、弱勢、年長者為主。

2.寓學習於服務計畫：以大學學年度為規劃週期，大學生能透過服務學習或社區服務計畫，在學習經驗中改變價值觀。

3.特殊志工計畫：連結重點型及示範型的志工服務計畫，透過經費的補助，使不同服務計畫有所合作。

第二，高齡志工團計畫。

重點有兩個部分，一為透過高齡者的奉獻及參與社區服務，增強高齡者能力，使其既可以自立，又可服務他人；二為改變高齡服務者的想法，使其與社區有更多連結。

第三，企業與志工相互支援服務計畫。

主要是由志工到小型企業進行服務，志工可以藉此獲得工作的經驗，對於求職有幫助。美國企業在推行企業的社會責任時，偏向於自發性運作，因此企業志工並不是完全由政府來主導或號召。它的運作還包括了另外兩種模式：企業連結呼應政府的政策或委由基金會／組織代為運籌與執行。以下分別說明（邱貴玲，2005）：

在由政府主導或號召的政策方面，例如1990年由老布希總統頒布「國家和社區服務信託法」（National Community Service Trust Act of

1990）中的法條12820明載：「鼓勵中央政府員工參與社區活動」。1998年柯林頓總統簽署備忘錄，期許政府各部門支持員工參與志願服務。2002年小布希總統成立美國自由團（USA Freedom Corps），呼籲全美國人民參與志願服務以強化社區機能。2003年更在白宮成立志願服務與全民參與委員會（Council on Service and Civic Participation）協調中央政府、非政府組織、企業、教育界、宗教界和其他資源。

在委託基金會／組織代為運籌與執行方面，「光明基金會」（Points of Light Foundation）於1990年由老布希總統依志願服務法成立，負責推展全國志願服務。包括網路系統建置、資訊與訓練的提供、推動企業與基金會的社會參與、執行政府的志願服務計畫、鼓勵個人及一般大眾加入志願服務行列。2002年小布希總統的倡議「參與服務」（Call to Service），除了成立美國團外，企業界更積極響應，由十八個重要企業聯合主動發起企業強化美國計畫（Business Strengthening America），鼓勵員工參與社區服務。

◆志工保護法案

美國政府另有「志工保護法案」（Volunteer Protection Act of 1997）。目的是在保障志工的權益，避免志工因其善意反而使他人的權益受到損害。這個法案的立基點在於：(1)志工須進行所屬組織規定的服務；(2)經由運用單位授權的業務；(3)避免志工的疏忽等。在民間，已經有「志工管理協會」（Association for Volunteer Administration）等組織。

雖然現代社會的家庭每個成員都越來越忙碌，但如果願意在一起透過志願服務，找時間家族聚在一起、傳遞一些社會價值、分享助人的經驗，確實是美事。家族志工（family volunteers）是美國的特色，28%的志工和家人一起從事志願服務工作，這個比例逐年增加（www.indepsec.org）。家族志工所做的多為非正式的志願服務，其次是在宗教組織中提供服務，再其次是投入青少年發展工作。

在美國，志願服務及志工管理的書籍、研究、統計，都非常豐富。在本書的參考書目中，有所介紹。

(二)英國

對英國人來說，宗教團體和慈善人士經常主動參與救濟貧民、收容孤寡的工作。這些工作，是志願服務的起源，同時也是社會工作的濫觴。到了1601年，英國伊莉莎白女王頒布濟貧法，設置「濟貧監察員」（overseers of the poor），專司貧民救濟的調查及審核工作，一般認為這是社會工作的起源，率先採用了社會個案工作的概念。有關助人的工作，是先有志工，後有社工，志工可以視為專業社會工作發展的先驅。

志願服務是一種社區參與。參與的方式可以是「正式的志願服務」（formal volunteering），透過正式組織，如志願性組織、政府機構或企業提供服務；也可以是「非正式的志願服務」（informal volunteering），不經由組織，個人無酬為他人服務；當然也可以是人與人之間彼此相互的協助（self-help）。同時，參與的方式可以是參加倡導工作、遊說、甚至影響政府當局的政策，都是在民主社會中參與志願服務的重要工作。「活躍的社區」（active community）是近年英國志願服務的重要方向。

在19世紀中葉之前，是個人或宗教團體為窮人提供的慈善服務，含有濃厚的志願服務性質。第二次世界大戰之後，全球的經濟快速成長，英國首先提出福利國家（welfare states）的理念，認為國家應該積極介入社會福利工作，有計畫、有效率的解決人民的福利需求，而社會工作為因應實際需要也日趨專業化。同時，在社會工作專業化過程中，志工開始被視為福利輸送的人力資源，而且在社工的帶動之下，志工也不斷精進方法，建立制度。

到了1970年代，福利國家產生財務危機與正當性危機，而尋求解決危機之道。「福利多元主義」（welfare pluralism）主張降低國家對於福利供給的主導角色，增加工商企業、志願部門及非正式部門對於福利供給

作的參與機會。從此，志願部門成為社會福利的重要力量，志工也成為社工的好幫手，共同參與社會福利工作的推展。

英國政府針對社會議題，倡導志願服務的方向，例如：(1)好鄰居運動（good neighbor campaign）：關懷年輕人；(2)積極公民（active citizen）計畫：參與文化及社區的服務；(3)促成改變（make a difference）計畫：關懷失業問題；(4)給予（giving age）計畫：關懷社會排除問題等。

由此可知，在英國，志工與社工密切關聯，尤其在福利多元主義的思潮之中，社會工作必須兼顧政府、企業、志工及其他相關資源的運用。

(三)德、西、日、韓

德國於1964年制訂獎勵志願社會法，1993年則訂定獎勵志願生態法。西班牙於1996年通過志願服務法。

日本在1953年召開全國社會福利會議時，將志願服務訂為正式名詞。政府機關依據社會教育行政法令，組織國際志工服務隊，參與聯合國的救難活動及其他國際志工服務，日本於1990年訂定的志願服務振興法。韓國於2005年通過志願服務法，於2006年開始實施，共有20條。

二、我國

(一)志工是社會工作發展的先驅

在台灣，早期的社會救濟工作，除了政府施政之外，有許多民間善心人士透過施衣、施粥、施藥、義診等方式，來協助弱勢者。

在中國傳統裡，志願服務的實踐通常與宗教慈善、濟助貧窮有關，主張「布施」和「慈悲為懷」的觀念受到重視，族親互助的「義莊」、糧

食互助的「社倉」、人際互助的「鄉約」、金錢互助的「錢會」，以及民間自發性的修橋、鋪路、興學、義田、濟貧、施粥、施衣、施藥等，都表現出慈善互助的情懷（蔡佳螢，2001；蘇文彬，2010）。

在台灣，1950年代農業推廣體系就設有「義務指導員」的制度，當時農復會創立四健會，推擴農村教育，幫助有意離開農村的青年培養專長，又輔導留在農村的青年從事農耕服務。隨後政府與民間不斷推出各項推展志工的計畫，如1960年代的宗教慈善、學校母姐會；1970年代則由救濟性質轉為心理面的服務，例如：紅十字會、獅子會、生命線、張老師等；在1980年代以後，志願服務更受到關注。國內最早設立志願服務團體的醫院為馬偕醫院，於1981年成立志工隊，醫院志工隊組織多由社工部門主管擔任督導，社工人員負責志工的管理業務。

志工由來已久，但是政府制度化地推動是從1981年開始。政府規劃推展社會福利志願服務，透過宣導。逐步樹立服務觀念，也設計象徵榮譽的服務標誌和代表終生榮譽的服務證照、進而建立的服務法規及服務守則，也有了保障權益的服務保險及獎勵措施。1982年，台灣省政府訂定「台灣省推行志願服務施行原則」，落實推廣志願服務的施政作為。1986年起相繼訂頒獎勵志願服務相關規定，透過補助號召結合民間資源共同有計畫、有組織推廣志願服務。

政府主管單位分為統整全國志願服務的主管單位，以及運用志願服務單位之目的事業主管單位。我國志願服務的中央主管單位過去是內政部，因應行政院組織調整，衛生與社會行政體系整併成衛生福利部，原有衛生保健及社會福利志願服務業務須進行整合，2013年7月23日起改由衛生福利部管轄，地方則為縣（市）政府。主管單位除了提升志願服務、制訂相關證明的格式、印製及發給服務紀錄冊等外，還負有加強聯繫輔導志願服務運用單位及提供必要協助之職責。對於運用單位的志願服務計畫應進行審核，定期辦理運用單位之評鑑。

「志願服務資訊網」也由衛生福利部負責（網址http://vol.mohw.gov.

tw/vol/index.jsp）。該資訊網大略架構如**表3-1**。

　　衛生福利部主要職責在於提升志願服務，此外，由於事業主管單位橫跨政府各部門，因此該法中授權各主管單位召開志願服務會報。

表3-1　衛生福利部志願服務資訊網主要架構

母標題	子標題
關於我們	志工大家長
	我們的服務
我要當志工	（註：內為查詢工作及志工單位）
公告區	最新消息
	志工活動消息
	教育訓練消息
下載專區	（註：內為各式表格）
互動分享	互答集
	文章分享
	留言板
志願服務智庫	主管機關
	統計資料
	專家學者資料庫
	服務現況
	服務業務聯絡表
法規專區	
榮譽卡專區	（註：得使用志工榮譽卡免費進入之場所資訊）
網站連結	
運用單位查詢	

出處：作者整理自政府相關網站（www.vol.mohw.gov.tw）。
說明：子標題有註解為母標題連結無子標題之內容但經過作者整理補充。

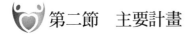 第二節　主要計畫

一、祥和計畫

(一)實施重點

在我國志願服務的推動史上，最重要的是「祥和計畫」。內政部社會司為使志願服務更有方向和系統，並且建立志願服務制度，於1995年頒布「祥和計畫」，全面推動制度化的志願服務，以提升志願服務團隊的服務品質。該計畫2005年擴大為「廣結志工拓展社會福利工作——祥和計畫」，期待在有規劃和目標的制度下，全面性推廣志願服務，實施重點如下：

1.召募對象：願運用餘暇參與志願服務的社會大眾，具服務熱忱與興趣者，即可參加志願服務隊。志願服務運用單位召募志工的方式及志工資格依志願服務法規及各單位規定辦理。

2.任務編組及組織聯繫：

(1)志願服務隊：志願服務運用單位為推展祥和計畫的服務項目得召募志工二十人以上組成志願服務隊，每隊設隊長一人、副隊長一人至三人。各隊成立後，應將隊長、副隊長名單及隊員人數函報當地直轄市或縣（市）主管機關備查。

(2)主管機關得召開志願服務會報以整合規劃、研究、協調及開拓社會資源，商討創新社會服務項目等事宜。

(3)志願服務隊得依工作需要設置組訓組、輔導組和行政組，組訓組負責辦理召募訓練、組織編隊及資料管理等事宜；輔導組負責任務分配、輔導考核及團康聯誼等事宜；行政組負責志願服務的文書、庶務、會計及出納等事宜。

3.舉辦教育訓練：基礎訓練和特殊訓練各12小時，應由志願服務運用
單位安排所屬新進志工參加，訓練期滿發給結業證明書。成長訓練
和領導訓練各18小時，以培育機構中資深志工，精進志工知能或晉
升志工幹部培訓為主，由志願服務運用單位評估推薦參加培訓。

4.服務項目：包括身心障礙、老人、婦女、少年、兒童、諮商輔導、
家庭、社區和綜合福利服務等九項。

5.實施方式：

(1)頒授志願服務隊隊旗：由各直轄市、縣（市）主管機關分別頒
授，藉以展現團隊精神，凝塑團隊意識。

(2)由內政部統一製發志工服務證、志願服務紀錄冊，用以考核服務
績效，並憑做表揚的參考依據。由內政部統一志工背心形式，由
各縣市政府或志願服務運用單位製發。

(3)頒發志願服務隊幹部聘書：由直轄市、縣（市）主管機關頒發聘
書，藉以激勵「助人最樂，服務最榮」的士氣。

(4)訂定志願服務週：每年12月第一週配合國際志願服務日定為「志
願服務週」。

6.獎勵：個人方面製發志願服務證明書、頒授志願服務獎章及舉辦志
願服務楷模「金駝獎」選拔。團體方面經評鑑成績優良者，由內政
部予以獎勵並公開表揚。

7.福利：由中央統一補助志工平安保險費用，其他福利皆授權各單位
自行辦理。

8.經費：推展所屬經費由中央與地方共同分攤，內政部補助推動祥和
計畫所需相關費用，以協助各團隊的運作。

在本章最後，有「祥和計畫──志願服務隊組隊申請表」的格式。

祥和計畫的適用對象僅限社會福利領域，主要是社會福利單位，但
志願服務運用單位所屬領域並不僅止於社會福利，還包含衛生、教育、警

政、消防等領域。祥和計畫公布實施到志願服務法公布的過渡期，國內發生幾起重大災難事件，其中又以九二一地震對志願服務影響最深。

九二一地震後，國內各單位紛紛招募志工投入災區救援與復原的工作，也暴露出志願服務運用上的缺失：(1)資源分配不均：人力大量投入，但各單位未能有效籌劃所投入的志工人力資源，造成服務重疊與資源浪費；(2)安全缺乏保障：志工在災區的救援與復原工作，可能發生意外，運用單位或志工隊不一定替志工投保意外險，導致志工暴露於危險中卻沒有保障；(3)服務缺乏專業：在救援與重建工作中，部分工作屬專業工作，需具備專業知能或執照者來執行，但志工不見得具備有上述資格，也影響受服務民眾的權益（何慧卿，2013）。

(二)優點vs.缺點

何慧卿（2013）詳細分析祥和計畫的優缺點：

1. 將志工訓練明文規定，奠定了運用單位應提供志工在服務前，接受足夠訓練及準備的價值觀，而讓志工能在有所準備的狀況下從事服務工作。
2. 祥和計畫既稱為計畫，其在法律的位階僅是行政命令，而缺少強制性。表示其可能因經費預算編列不足，或是經主管單位評估後認為達到目標，因此功成身退或取消。
3. 祥和計畫初期同意民眾可自行組成志願服務隊，但修正後，則要求志願服務隊必須要附屬於機關、機構或團體方得成立。此規定主要是為符合志願服務法對志工個人參與服務保障的精神，卻可能喪失個人投入服務的意願。由於限縮服務僅能在機構下進行，影響志願服務的創意與廣度，是比較可惜之處。
4. 祥和計畫中所規定志工訓練的種類、課程內容及時數，可說是國內各領域中有關志工訓練最詳細的規定。由於社會福利領域的機構對

其志工服務知能的要求不盡相同，而祥和計畫中卻沒有鼓勵機構可自行辦理志工的相關訓練，容易導致志願服務管理者及志工的誤解，以為志工只需要參與計畫中列出的四類訓練即可。

5.在經費方面，祥和計畫中僅說明志願服務所需經費由各級政府分別編列預算支應，非強制性，造成各級政府之社福單位在考量其財政需求下，捨棄編列與志願服務有關的經費預算，影響民間社會福利團體與機構申請相關補助的部分。祥和計畫僅要求各級政府編列預算，卻未要求運用單位也應配合編列部分運算，導致大多數的運用單位往往過於依賴政府部門的補助，也可能因未能申請到補助而影響志工的權益。

二、考核計畫

政府對志願服務運用單位持續考核，內政部從2003年起每三年進行一次，以2009年所進行的全國各縣市志願服務績效評鑑來看，評鑑指標共有五大項目，重點及配分說明如下：

(一)政策面（配分占15%）

評分項目包含五項：

1.政策願景：評估志願服務目標的合理性。
2.推動策略：評估策略的成果，策略與願景間的連結性。
3.年度計畫：地方各目的事業主管機關之間是否有協調、整合性的推動計畫或方案。
4.經費預算：評估預算編列的比例及合理性，是否能達到計畫的目標。
5.人力配置：評估承辦志願服務業務人力的配置是否合理。

(二)法制面（配分占10%）

評分項目包含：

1.地方志願服務獎勵辦法訂頒及修正情形。
2.地方志願服務評鑑法制作業訂頒及修正情形。
3.地方志願服務相關行政規則或服務流程訂定情形。

(三)管理面（配分占25%）

再細分為行銷管理、行政管理與資源管理等三項：

1.行銷管理：宣導目標與行銷策略；志願服務宣導、推動情形等。
2.行政管理：志願服務會報辦理及決議的執行情形；對各志願服務運用單位的聯繫或輔導情形；與志願服務地方目的事業主管機關業務聯繫、協調辦理情形；志願服務紀錄冊核發及登錄抽檢辦理情形等。
3.資源管理：社會資源連結與運用情形；志願服務網絡建構情形等。

(四)績效面（配分比占50%）

是評鑑中最重要的部分，包含幾個細項：

1.志工團隊及服務成長情形：志工團隊隊數與志工人數變化情形；志工服務人次／服務時數；志工服務的範圍與項目等。
2.改進與配合：前次評鑑建議事項辦理情形及配合中央政策業務推動情形。
3.研發與創新：志願服務研究與調查統計辦理情形（含公務報表造送時效與正確性）；志願服務創新／實驗方案辦理情形；特色（如地方志願服務特色或在地化服務方案）。

另有各縣市政府自行辦理的志願服務評鑑指標，每一到二年舉辦一

次。若是縣市政府對地方目的事業主管機關志願服務的運用評鑑，則多為一年一次；若為所有類別的運用單位志願服務評鑑，多數是二年進行一次。評鑑項目與上述的全國評鑑項目類似，但在配分比例的設定，可由主辦評鑑單位自行調整。

　　至於對服務計畫也有評鑑。依據志願服務法的規定，在每年度結束時，運用單位應要將志願服務計畫辦理情形送請縣市主管機關核備。也應依據方案設計的理念，在方案或計畫執行完畢後，針對所擬定的目標進行評估。

三、表揚

　　為激勵志工士氣，獎勵表揚績優志工，教育部於民國90年12月6日訂頒「教育業務志願服務獎勵辦法」；行政院衛生署於民國90年12月11日訂頒「衛生保健志願服務獎勵辦法」；外交部於民國91年3月7日訂頒「外交志工獎勵要點」。為了激勵志工，感謝志工的付出，有各種獎勵機制如**表3-2**。

表3-2　衛生福利部志願服務獎勵機制及負責單位

主題	獎勵機制	負責單位
志願服務法規表格	志願服務獎勵辦法——志願服務申請獎勵事蹟表及申請獎勵名冊	衛生福利部救助及社工司
獎項與獎勵	志願服務榮譽卡免費進入之公立風景區、未編定座次之康樂場所及文教設施一覽表	衛生福利部救助及社工司
獎項與獎勵	志願服務獎勵申請相關附件	衛生福利部救助及社工司
內政業務獎勵	志工申請內政業務獎勵流程	衛生福利部救助及社工司
內政業務獎勵	衛生福利志願服務獎勵	衛生福利部救助及社工司
內政業務獎勵	內政業務志願服務申請獎勵事蹟表	衛生福利部救助及社工司
全國績優志工團隊選拔計畫及相關資料表格		衛生福利部救助及社工司

出處：作者整理自政府相關網站（www.vol.mohw.gov.tw）。

　　有許多機構辦理「優良志工的選拔及表揚」，例如獎金高達一百萬的「總統文化獎」，此獎設立的宗旨是「促進群己共榮之公民社會、民主和平之文明社會、永續發展之現代社會，凡有明確信念並以持續實踐致力於此，而有卓越成就與貢獻，堪稱典範足為表率之個人或團體」，共有人道、環保、文藝、創意及公益獎五類。公益獎的對象是：熱心社會公益、志工服務，能啟迪社會善良風氣，或對災害救濟有具體事蹟，堪為全民典範者。

　　中央政府各部會主辦的有：(1)教育部青年發展署主辦「青年志工績優團隊全國競賽」；(2)教育部學生事務暨特殊教育司主辦「深化推動紫錐花運動績優單位暨績優春暉認輔志工表揚」；(3)文化部主辦「全國績優文化志工表揚活動」等。

　　各縣市政府都持續主辦相關的選拔，通常在12月初配合「國際志工日」頒獎，有些在4月初配合「社工日」頒獎。例如台東縣長表揚優秀志工，民國104年有社會福利機構等單位的15人獲獎。台北市社會局強化企業志工的推動，例如舉辦「慶祝國際志工日——企業志工表揚活動」，表揚民間企業與財團法人。

　　民間團體方面，中華民國志工總會年年舉辦「模範志願服務家庭暨金志獎表揚」。紅十字會志願服務績優志工，循例均於每年世界紅十字日（5月8日，即紅十字運動創辦人亨利‧杜南的生日）舉辦「慶祝世界紅十字日暨志工表揚大會」。

 第三節　法令及缺失

一、立法及重點

　　2001年為國際志工年，我國同年由立法院頒布「志願服務法」，

展現政府對志願服務的看重和推動的決心，是志願服務發展史上關鍵的一刻。由於「志願服務法」的相關規定，促使運用志工的單位更重視志工，重點有四：

1.編列預算：主管機關、志願服務計畫目的事業主管機關及志願服務運用單位，應編列預算並結合社會資源，辦理推動志願服務。
2.專人負責：主管機關、目的事業主管機關或志工運用單位，均應置專責人員負責志工相關事務。
3.辦理訓練：志工運用單位應對志工辦理「基礎」及「特殊」訓練。
4.定期評鑑：主管機關及目的事業主管機關應對推展志願服務的機關及志願服務運用單位，定期辦理志願服務評鑑。

基礎課程包括：「志願服務倫理」、「志願服務法規之認識」、「志願服務的內涵」、「志願服務經驗分享」、「快樂志工就是我」、「志願服務發展趨勢」，共計六堂12小時。

進階課程有所不同，在大學內常見包括：「社會資源及志願服務」、「校內志工運用單位簡介」、「志工之助人技巧」、「志願服務運用單位業務簡介」、「志工之自我探索」、「大專青年服務學習／志願服務概述」，多數是六堂12小時。

該法於民國102年6月11日公告修訂部分條文，增訂第5條之1條文並修正第5條、第18條及第20條，民國103年6月18日修正「志願服務法」第15條。修正重點有：規劃辦理每五年舉辦志願服務調查研究並出版統計報告。另外義警、義消等準用志願服務榮譽卡之規定，予以半價優待進入收費之公立風景區、未編定座次之康樂場所及文教設施，此外，涉及志工申請志願服務榮譽卡作業規定須配合修正部分。「志願服務法」全文，可上網檢索。

何慧卿（2013）分析「志願服務法」的制訂與實施，對於國內的志願服務影響頗大，產生以下助益：

1.整合志願服務的資源，避免志願服務受濫用。

2.強化志願服務的品質，確保志工和服務對象的權益。

3.肯定志工，激發更多的人力及資源投入志願服務。

4.使志願服務以有組織的方式進行，並由政府介入。規範政府、運用
單位與志工三者間的職責、權利與義務，甚至將保障範圍擴大到海
外志工，以確保志願服務的品質。

二、配合措施

依照「志願服務法」的規定，志願服務運用單位應有以下配合措
施：

1.志願服務運用單位應對志工辦理基礎訓練及特殊訓練。

2.志工完成教育訓練者，志願服務運用單位應發給志願服務證及服務
紀錄冊。

3.志願服務運用單位應為志工辦理意外事故保險，必要時，並得補助
交通、誤餐及特殊保險等經費。

4.志工服務年資滿一年，服務時數達150小時以上者，得向志願服務
運用單位申請認證服務績效及發給志願服務績效證明書。

5.志願服務運用單位對於參與服務成績良好之志工，因升學、進修、
就業或其他原因需志願服務績效證明者，得發給服務績效證明書。

6.志願服務運用單位應定期考核志工個人之服務績效，並就服務績效
特優者，選拔楷模獎勵。志願服務表現優良者，應給予獎勵，並得
列入升學、就業之部分成績。

7.志工服務年資滿三年，服務時數達300小時以上者，得檢具證明文
件向地方主管機關申請核發志願服務榮譽卡。志工進入收費之公立
風景區、未編定座次之康樂場所及文教設施，憑志願服務榮譽卡得
以免費。

8.服務時數達3,000小時、5,000小時及8,000小時以上之志工，持有志願服務績效證明書者，得申請頒發志願服務績優銅牌獎、銀牌獎及金牌獎。

9.從事志願服務工作績效優良並經認證之志工，得優先服相關兵役替代役。

10.各目的事業主管機關得視業務需要，將汰舊之車輛、器材及設備無償撥交相關志願服務運用單位使用；車輛得供有關志願服務運用單位供公共安全及公共衛生使用。

三、主要問題

(一)基本的問題

對於「志願服務法」的問題，呂朝賢（2002）、曾華源（2005）、林吉鶴（2006）等都撰文探討。蘇文彬（2010）則以「社會交換觀點之志願服務」為博士論文的題目，探討志願服務法有一些問題，例如：

第一，儘管「志願服務法」第6條「志願服務運用單位『得』自行或採聯合方式召募志工……」，並未強制要求各機關、機構、學校、法人或經政府立案團體務必要運用志工，對於沒有運用志工、執行志願服務計畫的組織，並沒有處分的罰則。但許多原本沒有運用志工的單位（特別是公部門），自然就「依法行政」地召募、訓練志工。畢竟，沒有召募、運用志工的機構，面對評鑑時，往往會承受某種壓力。在評鑑機制的引導下，許多單位為求「運用志工」的績效，在策略上想盡辦法要多召募一些志工，但是在基本的議題上，對機構是否真的需要志工、需要志工做哪些事、需要哪些條件的志工……，卻缺少慎重考慮。

第二，在依法辦理及評鑑的作用下，志願服務立法的理想——期望發揚志願服務美德——在執行之初已受到某種程度的扭曲。志願服務運用

單位似乎不是單純因應需要而召募運用志工,而是在科層體制「依規定辦事」的心態下將志願服務行動「業務化」了。少了一些自動自發的主動創意,卻多了些不得不為的被動意味。

第三,在「依法行政」文化鮮明的公部門,頒行了「志願服務法」,自然促使各縣市的主管機關與目的事業主管機關,必須主動或被動地推行相關法定「業務」。但檢視整個運作機制,立法的思維是由上往下的,是由政府來規範民間如何推動志願服務。它範定了中央和地方的主管機構分別是內政部、縣市政府的社會局,也說到了主管機關(或目的事業主管機關)對志工運用單位是有督導、評鑑之責。在整個法的基本架構上,有相當濃厚的「指導」或「管理」意味,這跟志願服務鼓勵民間自主、多元創新、由下而上、由點而面的精神有所抵觸。也因為如此,「志願服務法」從倡議立法以來,該不該立法就頗有爭議。

蘇文彬因而擔憂按照「志願服務法」會出現以下的狀況:

◆控制

「志願服務法」內有規定,當運用單位執行志願服務時,如果未將志願服務計畫「事前備案」,以及執行情形「事後備查」的話,主管機關則不得對運用單位進行任何補助。在這種情形下,主管機關依法及透過評鑑與補助的機制,使依法招募志工的運用單位,自然地受制於整套機制,隱隱寓含著國家「控制」志願部門的意味。一旦機構依法送新進志工參與「基礎」及「特殊」訓練,造冊向主管機關申領志願服務紀錄冊,並按時登錄志工服務時數,以及依格式製發志願服務證、核發志工「服務績效證明書」、參加主管機關召開的「志願服務聯繫會報」、接受主管機關的評鑑等,某種程度即意味著這些單位(特別是民間團體)是選擇服膺了「志願服務法」這套「遊戲規則」,甘於接受主管機關的「管理」,猶如一種小組織向大體制靠攏的「加盟行動」。

◆馴化（domestication）

法定「補助志工運用單位」的作為，相當程度展現了以國家部門「馴化」志願部門的味道。運用單位為贏得主管機關的好評，希望爭取到補助，自然會在乎評鑑的項目，視此為重點而詳加準備。使志願服務的運作依據評鑑的項目而發展，可能因此忽略了單位本身的特色與理想性。在面臨補助與評鑑的過程中，因國家軟硬兼施的「蘿蔔與棒子」雙重策略下，許多志工運用單位雖名之為志願部門，卻有可能成為受制於國家掌控的組織而不自知。

◆形式化

當機構依法推行志願服務「業務」時，在乎的不是「為什麼」要依「志願服務法」的規定辦理、為什麼要接受主管機關評鑑等本質上的問題。而是著眼於「志願服務法」的規定，以及志願服務業務該「做什麼」、「怎麼做」，諸如送訓志工、辦理志工保險、登錄服務時數等作業細節。本來該是根據不同問題與需求而發展出具創意、有各自特色的志願服務行動，在「志願服務法」的「帶動」下，變成齊一的運作模式，使頗具意義、熱情的志願服務，在推動過程中，為顧及法令的規範，反而可能喪失了各地區或各單位本來擁有的獨特性。

(二)多方面的缺失

何慧卿（2013）也認為「志願服務法」儘管有其良善美意，但由中央而地方、由上往下的運作模式，會落入「為了推動志願服務而志願服務」的迷思。若從鼓勵民間自主發展的觀點來看，此似意味著仍由政府主導整個國家的志願服務發展走向，有礙志願服務的自主、創新精神。因此，她分析了該法的多方面缺失：

◆在定義方面

1.「志願服務法」由制訂到通過實施,期間過短,導致部分法規有所缺失。

2.「志願服務法」中,志願服務被認為是一項輔助性的工作。

3.對某些非營利組織或機構,常以志工取代專業工作人員的現象,須遏止及改正。有時造成志工的角色似乎可有可無,或導致運用單位在規劃志工工作內容時,無法有效運用其人力進行創新或擔負重要的工作。

4.該法對志願服務定義為有計畫性的服務,運用單位必須提出服務計畫。

5.可確保政府進行監督之工作以及合法性,卻也因此將非正式的服務排除在外。

6.對突發性的志願服務工作而言,可能因必須核備計畫延誤服務的時效。

◆志工角色與權益方面

1.該法規定志工來源應由運用單位自行招募;但若是公私立機構團體全體欲參與志願服務時,則必須要與運用單位簽訂合約。此舉或許可以保障運用單位與欲服務的機關團體兩者的權益,但對於所屬機關團體中的員工,是否符合「志願服務法」中「出於自由意志、非基於個人義務或法律責任」的志願服務定義,有待商榷。

2.該法中並沒有規定集體從事的公、民營事業團體必須要尊重員工的意願,不得強迫或將服務表現納入工作績效考評等方式,強制員工至合作之運用單位擔任志工。

◆志工的獎勵方面

1.獎勵標準各有千秋。該法對志工的獎勵標準,主要是以志工服務時

數為依據。目的事業主管機關應自行訂定的獎勵辦法，也各有不同
之處。

2.以表揚志工累積時數的銅牌獎為例，分別有300、500、600、1,000
或1,500小時等，如此大範圍的落差，甚至部分單位還有捐助一定
金額以上可獲得獎助的規定，與「志願服務法」中志願服務的定義
相差甚遠。

◆志工倫理守則的訂定與歸屬

1.一般專業職業領域的倫理守則大多由其所屬的專業團體制定，但志
工倫理守則卻是由主管機關訂定，並以宣示性的條文作為倫理守則
的內容。此舉未必適合實際的志願服務？如果違反倫理守則時，要
如何處理？並沒有太多說明。

2.建議志願服務團體可共同討論，訂定志工專業倫理守則，並進行監
督。

◆法律責任之歸屬

雖然志工代表著運用單位，因此運用單位本就該承擔志工在服務過
程中所犯的錯誤。但是若運用單位有善盡其督導之責，是志工因個人意識
導致故意違法的行為，是否還應由運用單位負責賠償，或是直接由權益受
損者向志工請求損害賠償即可？又假若志工是代表運用單位執行服務，並
非故意損害他人權益，當運用單位轉向志工求償時，是否合理？對志工的
責任是否過於沉重？均有再討論的空間。

◆其他

1.「志願服務法」仍有較為可惜之處，如依據「志願服務法」還需要
再擬定其他辦法的條文共有六條之多，顯見周延性不足。

2.目前各縣市政府為響應志願服務的推廣，均設立有志願服務中心，
該中心可對未來所屬地區志願服務資源的連結與整合，對志工招募

的協助、志願服務相關工作的推廣與督導，以及各單位的橫向聯繫與溝通，有所貢獻。建議未來修法時，可以將志願服務中心訂為各縣市政府的常設單位，並專門負責志願服務工作。

案例——李家同、王建煊

一、李家同

台灣有很多人擔任過大學校長，但是比李家同校長更有名的不多，他從九二一之後就不是校長，大眾仍然記得這位充滿活力的人物，他的志工經驗與他很多文章一樣，都很精彩。

李校長在台大讀書時信了天主教，認識了伯達書院的牧育才神父，他每週固定到台大醫院，是一個陪伴者，在神父送聖體時，幫忙。由於常去台大醫院送聖體，認識了不少社工人員，接著替台大醫院的社會服務處做送書給病人看的工作。接著常去台北監獄及新店軍人監獄替受刑人服務。他說：「我找了一個機會到台北監獄去服務，監獄當然不同於醫院，我一直認為監獄是社會裡最黑暗的地方，而我又發現只要你願意去，這裡也是最有意義的地方，因為任何一種小小的善事，都常得到很大的迴響。」

在美國得到博士後工作八年，回台灣到清華大學任教。附近有一個德蘭兒童中心，就去做義工了，教英文。他回憶：「德蘭中心的孩子們快樂無比，而他們的快樂也都表現在他們的調皮上。」有人問他：「為什麼不捐錢給德蘭中心，讓中心送孩子去補習，而要自己去教書？」李校長的回答是：「愛的種子，必須親手撒出，而且每次一粒。這是德蕾莎修女說的，我希望每一位只想捐錢，而不肯親自幫助別人的善心人士，能夠細細體會這句話的真義。」

到靜宜大學擔任校長後，又去台中啟明學校擔任志工，教導盲生。由於熱愛文學，更由於宗教信仰和服務弱勢團體的經驗，文章充滿有人道主義的色彩，不說教、親切、自然，發人深省，引起各地華

人廣泛討論與重視。

李家同的著作極多,最有名的書應該是《讓高牆倒下吧!》（2004），他將所經歷過的經驗,以寓言式的筆法,敘說積極奮發的一面,誠摯而感人。該書版稅全數捐給新竹縣寶山鄉的德蘭中心,這也是他長期去做志工的地方。書中分享了到印度加爾各達垂死之家擔任志工的經驗:「他們先叫我去洗衣服,洗了很久後我就去曬衣服,但我發現他們沒有用曬衣夾,我就說我到街上買些晾衣服的夾子,但他們說不可以,他們認為,為窮人服務,自己要先做一個窮人,夾子是給有錢人用的,德蕾莎修女非常堅持的一個理念就是救援的人和被救援的人間的差距要非常小,她認為窮人一直都活得沒有尊嚴,自己先作窮人,使我們跟窮人之間的關係會變得很好,應該儘量縮短我們和被我們幫助的人的距離。」

「我在垂死之家,當我們要把病人送去洗澡時,總有約十分之一的病人會號啕大哭,就像小孩子怕洗澡一樣。這些乞丐因為從小沒有洗澡的經驗,洗頭更加是沒有,因此會因恐懼而大哭。」

九二一之後,李家同在南投縣埔里鎮創立「財團法人博幼社會福利慈善事業基金會」,最初工作內容是邀請南投縣境內國中、國小、教會以及暨南大學的大學生,提供南投縣弱勢家庭學童課後輔導,目前博幼基金會已將服務範圍擴張至全台各地。有大批志工追隨李家同教授的榜樣,持續教導學業上有困難的學生。

二、王建煊

王建煊,曾任監察院院長、財政部部長、立法委員等要職。1996年,王建煊卸下了立法委員的職務,將其四年任職餘留的各種款項、各界捐款及政府補助款共1,080萬元新台幣,成立「財團法人愛心第二春文教基金會」,在兩岸做了許多慈善事業,幫助了許多大陸和台灣的貧窮兒童。又把退休金捐給慈善團體,自許要成為社會的終身志工。他積極參與創世基金會關心植物人、董氏基金會拒菸等公益宣導,並常常至各地巡迴演講,傳遞志工服務善念及宣揚基督博愛理念。在大陸發起並實施「拾回珍珠」計畫,讓成績優秀的貧困生重返校園,共捐助超過400所愛心小學,受益的學生超過10萬。

　　即使擔任監察院院長，王建煊的春節卻很不一樣，2012年春節到印度加爾各答的垂死之家做志工，工作內容包括替垂死病人和老人洗衣服、餵食等。到印度做志工時，參觀當地慈善基金會所辦的「街童學校」，利用公立學校下午放學後的空教室，免費讓平時在街上乞討貼補家用的小孩來上課，他看了很感動，主動問慈善機構需要什麼資源？對方所需要的只是一台「影印機」，才能大量印製教材給學童閱讀，他立刻捐助經費，幫助當地學校製作教材。

　　2013年春節啟程到緬甸的慈善機構、貧民小學、戒毒村當志工，同時評估能否將在大陸捐建400所希望小學的經驗引進緬甸，幫助緬甸貧困學童透過教育翻身。

Chapter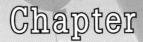

前人榜樣

 第一節　政府機構的志工

一、研究志工的途徑

依據2003年行政院主計處「社會發展趨勢調查」，國人擔任志工服務工作的類別眾多，如**表4-1**所述。

表4-1　志工服務類別及內容

項次	類別	工作內容
1	醫院的社會服務	服務台諮詢協助、病房關懷服務及資料整理。
2	學校的社會服務	如交通導護、環境維護、圖書館管理及課業輔導等。
3	環保及社區服務	資源回收、環境綠化、環境清潔、生態保育、社區安全巡守等。
4	社會福利	弱勢關懷活動協助、個案輔導、教育、諮詢及心靈支持等協助。
5	文化休閒體育服務	導覽解說服務、場館維護、體育活動相關協助等。
6	急難救助及交通服務	義警、義消、義交、民防等。
7	宗教服務	寺廟及教會相關活動協助，提供心靈撫慰、助念、祈禱等。
8	職業團體之服務	各職業工會志工等。
9	政治團體之服務	政黨活動協助，政黨服務諮詢及後援動員等。
10	其他	非上述性質之志願服務工作。

資料來源：行政院主計處（2003）。「社會發展趨勢調查」。

先簡要說明瞭解志工、研究志工的主要方法：

(一)檔案資料（archives data）

瞭解志工的參與狀況，政府的公報與統計數據等是資料來源。本書多處對次級資料歸納整理，利用現有的資料或二手資料，做再次的分析。透過各種關聯性資料的蒐集、檢索、歸納與分析，釐清相關資料間共通的邏輯，如此有助於資料的解讀和詮釋。例如各政府體系關於志工的資料。

(二)問卷調查（survey）

例如黃文勤（2014）調查社工人員的志願服務參與情形，內容包含：參與志願服務情形；未來參與志願服務意願；參與時間的變化；未來願意參加的時間、地點、時段；最常參與的志願服務項目、類別等。林欣諭（2014）探究高中生的志願服務，從不同面向來設計題目，重點是：影響志願服務參與的因素、參與志願服務現況、參與後對人際關係的影響、未來參與意願等。

(三)深度訪談（interview）

例如吳家慧（2013）針對高齡志工管理者及高齡志工親身經歷、看法及心聲，採用質性研究方法進行，經由台北市的八間老人中心的志工管理者及高齡志工的意見中，找出高齡志工的現象、問題與瓶頸。在本章裡，則根據各項統計及研究數據，說明政府體系的志工、學生志工、高齡志工等的情況。

(四)內容分析法（content analysis）

內容分析法又稱為文獻分析法（documentary analysis）或資訊分析法（informational analysis），是透過量化的技術，並輔以質的分析，以客觀及有系統的方式，對所蒐集到的文件內容進行研究與分析，藉以推論產生該文件內容所代表的深層意義。例如整理許多報章雜誌、網路的資料。

(五)敘事研究（narrative research）

是過去特定事件的故事，這些故事有某些的特質。敘事有明顯的開始與結束，是一種訴說的方式，包括經由日記獲得的口述生命故事等。例如一位參加2012年倫敦奧運志工的敘事來分析。

二、政府裡的人數

民國102年中央及地方政府志願服務共有24,448隊，民國103年時超過26,000隊，登記人數超過92萬，沒登記的估計400萬人。在**表4-2**中將五院及隊伍數超過30的部會及縣市政府列出，詳細的可上衛生福利部志願服務網查詢。

表4-2　102年中央及地方政府志願服務參與人數表

	隊數	總計		
		合計	男	女
總計	24,448	1,002,920	335,774	667,146
內政部	1,494	28,463	5,604	22,859
外交部	961	47,649	28,326	19,323
國防部	70	391	30	361
財政部	109	3,079	671	2,408
教育部	13,017	463,567	151,375	312,192
法務部	250	8,878	3,932	4,946
監察院	1	31	6	25
司法院（司法行政廳）	32	1,513	441	1,072
經濟部	133	3,926	2,548	1,378
交通部	97	4,856	1,267	3,589
文化部	291	24,319	6,211	18,108
環保署	2,960	143,478	52,035	91,433
退輔會	110	2,866	1,162	1,704
農委會	41	2,424	1,224	1,200
勞委會	86	3,543	1,027	2,516
原民會	46	988	257	741
客委會	13	1,228	343	885
各縣市衛生局	897	52,007	9,859	42,148
衛生福利部社會救助及社工司	3,770	202,853	66,926	135,927
衛生福利部其他單位合計*	47	4,373	887	3,486

註*：衛生福利部其他單位是指：社會及家庭署、中央健康保險署、食品藥物管理署、保護服務司、附屬醫療及社會福利機構管理會等。

資料來源：根據衛生福利部志願服務網進一步整理而成。

在服務成果方面，將接受服務總人次、時數、教育訓練的人次及時數整理為**表4-3**。

表4-3　102年中央及地方政府志願服務業務成果表

| | 服務成果 | | 教育訓練 | |
| | | | 合計 | |
	接受服務總人次	提供服務總時數	人次	時數
總計	1,463,214,829	99,266,191	1,264,325	9,426,066
內政部	14,410,961	3,402,169	42,237	187,953
國防部	16,440	13,374	416	1,303
財政部	4,692,766	327,115	3,026	11,372
教育部	1,228,904,266	30,307,571	428,406	3,183,175
法務部	3,563,505	790,191	18,079	86,037
監察院	33,925	6,660	19	54
司法院（司法行政廳）	2,975,899	292,254	2,203	8,306
經濟部	841,115	352,661	4,259	34,229
交通部	10,533,888	1,507,346	8,055	24,906
文化部	49,210,860	6,774,946	101,378	763,547
環保署	22,823,211	8,338,987	43,464	390,129
退輔會	417,971	275,051	2,063	0
農委會	884,870	212,605	9,895	984
客委會	3,483,965	140,605	2,449	0
各縣市衛生局	52,860,297	12,750,910	126,296	1,589
衛生福利部社會救助及社工司	57,761,758	32,303,443	428,231	7,152
衛生福利部其他單位合計	4,530,204	835,195	3,861	990,582

註：衛生福利部其他單位是指：社會及家庭署、中央健康保險署、食品藥物管理署、保護服務司、附屬醫療及社會福利機構管理會等。

　　至民國101年12月底，中央各目的事業主管機關，含文化、教育、環保、醫療、衛生、財政、經濟、農業、體育、科學、國防、消防、警政、社會福利等各領域登記有案的志願服務團隊數已達2萬468隊，志工人數達89萬8,765人。民國101年全年總服務人次達2億9,767萬7,391人次，服務時數達8,779萬5,769小時。到民國103年時，服務時數達到9,000萬小

時，如以時薪120元計算，總共107億。

以社會福利領域為例，志願服務工作至民國101年12月底計有3,366隊，志工人數達18萬2,954人（較上年度增加368隊，人數增加2萬377人）。民國101年平均每人每週服務3.1小時，服務時數達2,953萬2,144小時，相當於提供1萬4,198位專職人力。

民國101年中央各目的事業主管機關辦理志工基礎訓練計131萬6,517小時，受訓人次計19萬6,601人次；志工特殊訓練計154萬2,271小時，受訓人次計23萬9,538人次；其他訓練193萬6,724小時，受訓人次計40萬8,568人次，以上教育訓練合計479萬5,512小時，受訓人次達84萬4,707人次。

其他重要數據：

1. 志願服務聯繫會報：中央各目的事業主管機關民國101年辦理志願服務聯繫會報計5,517場次。

2. 志工獎勵：民國101年辦理志工獎勵表揚計6萬1,675人。獲頒民國101年全國各領域績優志願服務（金、銀、銅牌獎座及證書計有2,854人）；另獲頒101年內政業務志願服務徽章及得獎證書計有3,153人。

3. 12月5日國際志願服務日，辦理「慶祝『國際志工日』」民國101年度全國績優志工暨志願服務評鑑績優縣市頒獎典禮」，表揚服務滿8,000小時的績優志工314人及101年度志願服務績效評鑑績優單位。

4. 志工保險辦理情形：民國101年志工投保人數計68萬9,825人。

民國102年（全）社會福利類（含祥和計畫團隊及綜合類團隊）志工共計有3,770隊，202,853人參與。年齡及性別分配如**表4-4**。

身分以家庭管理（24%）最多，工商界人士（21%）其次，依序是學生18%、退休人員13%、公教人員8%，其他14%。單純以社會福利領域的

表4-4　102年社會福利類志工年齡及性別統計

隊員的年齡分配									
按性別分		未滿12歲		12-17歲		18-29歲		30-49歲	
男	女	男	女	男	女	男	女	男	女
66,926	135,927	348	486	6,234	8,017	13,524	17,853	14,165	33,171

50-54歲		55-64歲		65歲以上	
男	女	男	女	男	女
9,561	23,682	13,355	33,566	9,739	19,152

資料來源：內政部統計處（2014）。志願服務隊資料。

表4-5　102年志願服務領域時數分布表

領域	總計服務時數	身心障礙福利服務	老人福利服務	婦女福利服務	少年福利服務
合計	29,298,947	5,891,075	7,655,543	1,063,259	931,645
%	*	20%	26%	40%	30%
領域	兒童福利服務	諮商福利服務	家庭福利服務	社區福利服務	綜合福利服務
合計	1,851,502	863,961	396,218	2,766,567	7,879,177
%	6%	3%	2%	10%	26%

說明*：有些時數重複計算，因此總數超過100%。
資料來源：研究者整理自內政部統計處（2013a）。志願服務隊資料。

時數來看，以婦女福利服務（40%）、少年福利服務（30%）居多，其次是老人福利服務（26%）及綜合福利服務（26%）（**表4-5**）。

　　參與志願服務的人口特質，根據各研究結果，顯示大致是：

1.以性別來看，女性較男性有較高參與率，且參與時間較長，但參與頻率較不固定。

2.以年齡來看，40-64歲此族群參與率最高。曾騰光（1996）指出年齡愈大，心理承諾就愈高。賴玫凰（2003）指出主婦志工的年齡愈大，行為承諾愈高。陳怡君（2001）指出年齡與持續承諾有顯著差異，61-70歲的志工持續承諾高於11-30歲的志工，說明年齡愈大的志工，可能比較有空閒服務。

3.教育程度高者參與率較高，且能投入較多時間。

4.家庭管理、學生、退休或高齡等之無工作者比有支薪工作者有較高參與率，每週能投入較多時間。家庭主婦的志工，其組織承諾較高，主婦們所能支配的時間較充裕（吳建明，2008）。

5.以收入來看，高收入者的參與時間較不固定。

6.宗教信仰方面，有宗教信仰者有較高參與率。蔡依倫（2001）研究指出雖然信仰佛教的人最多，但宗教信仰不同，對於組織承諾有明顯差異，以基督教信仰者承諾度最高。

在服務狀況方面：

1.服務年資：志工在機構的服務年資與組織承諾存在正相關，服務年資愈久，組織承諾愈高（邱春堂，2010；陳怡君，2007；孫玉琦，2008）。

2.服務時數：賴玫凰（2003）指出，主婦志工每週付出的服務時間愈多，表示愈願意努力為組織做事，但心中不見得是為組織的目標而努力，可能夾雜著其他功利的考慮（如榮譽卡、服務證明、升學或就業所需）。

第二節　高齡及學生志工

一、高齡志工

退休後想做什麼？最普遍的「旅遊」和「從事志願服務」，說明高齡志工的供給量會愈來愈大，但是「需求面」如何？各機構、各活動是否需要很多的高齡志工呢？

高齡志工通常是「個人」，個別的參與對機構的管理來說，比較複

雜。如果能使高齡者加入某個平台，非營利組織的管理者只須與該平台的負責人聯繫即可。鍾武中（2015）就是透過社區發展協會此平台，找到許多高齡志工。主要「平台」的聯繫，以商業活動來看，是「通路管理」。以非營利組織來看，主要是「組織間關係的經營」。

高齡志工指年滿65歲以上對社會從事志願服務者。老年人出於個人意願，願意在沒有相對報酬的情況下，主動貢獻相關的資源，包括協助他人、組織、社區、社會救助等等，此行為並非基於個人義務或法律責任規範之下，目的在提高公共事務的效能及增進社會公益。

聯合國老人綱領（1991）提出，老人應持續融合在社會中參與相關福利的政策制定，能與年輕世代分享知識與技能。老人應能尋找機會來服務社區，擔任適合自己興趣及能力的志願服務，並且能組織老人的團體或行動。

(一)優點vs.缺點

政府為面對全民志願服務世紀的來臨，加入老人服務老人的概念，鼓勵高齡者踴躍加入志願服務行列，擴大宣導鼓勵需用單位廣為運用長青志工、彙整研發長青志工服務推展模式，鼓勵長者社會參與；透過服務成果展現，促成不同領域之長青志工經驗交流，倡導高齡者退而不休，融入社會（台北市政府社會局，2004）。

內政部在2010年對於老年人休閒育樂的部分，除了推廣屆齡退休研習活動，也對於即將退休者提供研習活動，以增強民眾規劃銀髮生涯的能力，以及對於相關法令和福利的瞭解，進而協助老年人心理、生理及社會的適應。希望透過參與社會服務活動的方式，讓老年人獲得服務社區或社會的機會，以增加老人與社會互動的關係。無論是公部門或民間的社福機構也透過辦理各項的老人福利活動，或是建立老年人人力銀行，藉以滿足老年人休閒、康樂、文藝、技藝、進修及聯誼等需求，以增添老年人生活情趣、維持身體功能及建立人際關係網絡，達到防老及健康的雙重效

能。

在運用高齡志工優缺點方面,曾進勤(2003)以高雄市長青人力資源中心為例研究運用高齡志工,優點部分有:較重視工作倫理、對工作滿意度高,比較不計較報酬或升遷。在經驗及判斷能力的技能上以年長者表現較佳、工作態度與忠誠度高,年長者較年輕工作者時間較充裕,較無家庭牽掛,外務少,投入專注等。

缺點部分有:少部分高齡志工的心態未調整,服務時未能放下身段;高齡者兼具多重身分難以管理及要求,本身可能也是提供服務者,接受服務者角色混淆不清,影響服務成效;較辛苦的工作高齡者不願擔任,服務輪調困難;若想推展機構外展服務但長輩只喜歡待在設施完善的中心中不願意到外單位等。

黃松林、洪碧卿、蔡麗華(2010)的研究則確認了成功老化、健壯老化、活躍老化與長青志工的相關性;從事長青志工,增加社會參與是達成此一目標的最重要途徑。

據中央新聞社報導:高齡88歲的邱鄧月嬌是苗栗縣生命線協會「老人志工隊」最年長的隊員,二十多年前擔任家扶中心義工,也曾獲頒苗栗市模範母親。她說:「年紀愈大,愈要多活動,不只照顧自己,也要走出家門關懷別人,日行一善讓心裡更踏實。」邱鄧月嬌生性樂觀開朗,她常告訴協會人員「人生七十才開始,所以今年只有18歲」,希望周遭銀髮族都感染她散發出的生命活力(中央社,2011/09/29)。

(二)對個人及社會之功能

李瑞金(2010)提到,老年人參與志願服務就個人而言其功能有:(1)提升個人自我價值感;(2)對自己有更正面的評價;(3)增進個人之社會網絡;(4)擴展個人之人際互動機會;(5)增長個人社會認知;(6)增強個人休閒生活促進身心健康。(7)增加自我社會角色的肯定;(8)增進家庭的和諧,改善社會老年人問題。

　　老年人參與志願服務對社會的功能有：(1)減少個人孤獨所帶來的問題；(2)提升社會整合感和互助感；(3)加強人力資源保存、發展和充分運用，減少知識經驗及人力資源的浪費；(4)增進社會福利措施的落實；(5)實現民主社會「參與服務」的理念。參與志願服務的程度愈高，其心理適應愈好，而心理適應將會影響生理適應，因此，參與志願服務對增進退休的生活適應有助益，更有其必要性。

　　李瑞金（1995）研究台北市十二個行政區60歲以上老人計1,000人所提之影響老人參與志願服務之內在因素部分有：(1)性別與年齡因素：銀髮族中走出家庭參與社區活動的女性老人較少；(2)生理因素：身體健康、與老伴子女同住的老人較能安排生活、生活態度也較積極，參與社會活動或助人團體活動的比率也較高；(3)心理狀況：讓生活有意義增加他人互動機會、主動關懷他人、服務社會、充實精神生活等，是老人參與活動的動機；(4)經濟狀況：老年人的經濟生活會影響退休後的生活也會影響參與活動的選擇；(5)教育程度：從退休後生涯規劃和教育程度的數據比對顯示，教育程度愈高退休後參與社會活動的比例較高。

二、學生志工

　　日本政府近年來鼓勵各級學校學生參與志工服務，在申請入學、甄選入學時參考志工經驗，同時各機關及民間企業採用人員時，也以志工經驗為參考。尤其大阪、神戶、淡路大地震後，學生參與志工活動大增（江亮演，2001）。

　　在我國，根據2001年行政院主計處公布「中華民國台灣地區青少年狀況調查報告」，顯示15歲至24歲只有14.22%曾經參與過志願服務，活動比率較1999年之12.68%上升1.5%。值得重視的是74.85%的青少年表示無意願參加志願服務，其主要原因係「沒時間」，占49.37%。與加拿大參與率之33%、美國之56%相較，顯示我國青少年參與志願服務活動風氣

有待提升（行政院主計處資訊網，2006）。

　　另根據行政院青年輔導委員會2010年「青年政策白皮書——青年需求調查研究」報告調查，在「是否有參與社會組織團體的意願」方面，60.6%表示沒有意願，18.6%希望未來有機會能參與公益性社會服務團體，另有7.0%希望可以參加聯誼性社團與學校服務性社團，3.9%希望可以參與社區組織，0.8%希望加入政治團體，8.3%無明確反應，說明提升青少年從事志願服務的意願並不高。在**表4-6**中呈現大學生參與志願服務的情形，可以看出參與人數是逐年增加，女性投入的比例遠高於男性，有時達到兩倍。

　　2000年起，台北市教育局規定公私立高中職學生每學期都必須從事「公共服務」，滿8小時才能註冊，期盼能激起民眾對社會的關心，並期許透過社會參與及付出的過程，激發對社會的責任感。但是把志願服務與升學以及課程結合，容易使參與服務的目的從服務本身轉變成取得分數或學分，例如將「服務學習」列入十二年國教超額比序的項目之一後，家長與學生一窩蜂爭取有限志願服務的機會。

表4-6　歷年大學生參與志願服務情形

年度	參與志願服務人口總數	男性	女性	合計
2002	50,266	5,141	9,540	14,681
2003	58,671	6,226	12,143	18,369
2004	64,822	6,970	13,302	20,272
2005	78,528	8,808	16,282	25,090
2006	96,225	10,287	20,274	30,561
2007	108,745	11,244	21,473	32,717
2008	131,338	13,572	26,732	40,355
2009	153,819	15,286	29,160	44,446
2010	160,532	17,403	30,781	48,184
2011	162,457	17,116	29,967	47,083
2012	182,954	18,850	33,695	52,545

資料來源：2012年內政部統計年報。

　　當推甄等升學考試愈來愈重視學生有無參與志工服務的經驗，也造成了家長與學生盲目地找尋志工服務機會，造成志願服務的目的不再是「服務」，而變成一種「證明」，導致目標錯置。雖然因為有些學生將參與志願服務工作，視為升學所必需的一種手段，而使志願服務喪失原本的意義，不過，在這一波的志工風潮下，的確也引發出一些年輕人積極的投入。

　　在參與人口差異方面，整理相關研究，發現以下重點：

1. 性別：蘇玟慈（2011）「高職學生參與志願服務之組織承諾、組織公民行為對工作滿足影響之研究——以高雄市為例」的研究，發現女生的心思較細膩，較有耐心，在服務人群方面的意願較高於男生，願意花較長的時機或心力於志願服務工作中，而獲得的滿足感也較高。

2. 學制：許譯中（2005）「台中市高中職學生參與志願服務之動機及其影響因素之研究」，發現就讀不同學制的學生在志願服務參與上，並不具關聯性。

3. 年級：鄭慧蘭（2001）「高中生公民參與態度與行為之研究——以台北市公立高中為例」研究，發現不同年級高中生之公民參與態度有所不同，一年級的參與態度高於二、三年級，特別是在公共事務態度、社會責任態度以及關心時事態度上。

4. 志願服務經驗：潘玟諺（2005）「博物館義工個人背景、參與動機與工作滿意度之研究——以高雄市立歷史博物館為例」、林寶珠（2007）的「臺北縣區域社會福利服務中心志工參與志願服務動機與工作滿意度之研究」、張志榮（2008）的「醫療志工參與動機與工作滿意度關係之研究——以高雄地區醫學中心為例」、鍾立君（2009）的「義工參與動機與工作滿意之研究——以花蓮縣與臺東縣生活美學協會為例」等研究發現，過去有擔任志工經驗者，對於

相關志願服務的參與通常有較一般人高的意願,驅力較強。

5.家庭狀況:陳泰元(2003)「國人參與志願服務之決定性因素」研究,發現家庭型態和志願服務的參與行為並沒有顯著相關。

6.休閒興趣:張春居(2002)在「志工的休閒活動與工作投入關係之研究——以救國團為例」,對於志工的休閒活動及其工作投入的部分進行探討,研究結果指出休閒活動與工作投入呈現正相關。

陳淑琴(2011)「高雄市國民小學志工休閒活動與工作投入關係之研究」,發現志工在休閒參與和工作投入之間相互影響,休閒參與意願愈高,其工作投入的程度也愈高。

林欣諭(2014)則發現,不同人口統計特質之高中生在影響志願服務參與存在差異:

1.在性別方面,女生較男生受到影響志願服務參與因素高。女生在參與現況、參與管道、參與時段均有顯著關聯;參與收穫也有顯著差異,女生較男生為多。

2.在學制方面,每週參與情形有顯著差異,就讀高職之高中生較普通高中及綜合高中高。

3.在年級方面,三年級之高中生較高,一年級次之,二年級最低。每週參與情形有顯著差異,三年級較一年級高;參與收穫有顯著差異,二年級最高,三年級次之,一年級最低。

4.在志願服務經驗方面,有志願服務經驗之高中生較無志願服務經驗之高中生具有繼續參與的驅力高。

5.在休閒興趣方面,喜歡從事學術性休閒活動最高,從事服務性休閒活動次之,從事藝術性休閒活動第三。

 第三節　醫療及社區志工

一、醫療志工

　　醫療志工（Hospital Volunteer）係指在醫療院所、衛生局、衛生福利部各單位，志願且無酬從事非專業的服務工作者。透過這些志工的服務，能夠提升病患對於醫療體系服務品質的滿意度。

　　台灣的醫院志工制度，大部分向美國學習。早在美國獨立戰爭期間，由於醫療人員不足的關係，傷兵與百姓的照顧多由志願服務工作者協助；戰爭結束後，志工從協助醫療照護工作增加了為醫院籌募營運經費的工作。正式的第一批志願服務工作者在1950年代賓州的Benjamin Frankin醫院開始。1968年美國醫院協會成立主管志願服務的團體，提供醫療志工相關訊息聯繫中心。1970年代進一步提升醫院對患者服務的品質，提供完整的技能服務，協助醫院達成對社區的責任。

　　志工的服務項目逐漸增加。以聖路易區域醫療中心在1993年的志工概況為例，該醫院有300床、400位志工，依照志工的身分和服務性質來區分，共有十三種類別，包括：基金類、公共關係類、員工志工類、醫療專業志工類、少年志工類、在職訓練方案類、宗教類、常態志工、性侵犯專案小組、特殊專業類、團體志工類、五號法令方案、稅務協助處理類等，顯示美國志願工作已制度化（秦燕，2001）。

　　至於國內，長庚、馬偕、台中榮總都是早期設立志願服務團體的醫院，從1984年開始平均每年都有5.5間醫院新成立志工隊。每家有志願服務團體的醫院，上午時段都有志工前往服務。許多醫療院所，志願服務者人數大多超過百人，人數的分布由150人至821人均有，台灣大學醫學院附設醫院志願服務人數達千人、馬偕紀念醫院的志工也多達1,000人。

　　由於健保實施之後，就診民眾大增，隨著人民對於醫療服務品質逐漸

要求，醫療院所也更重視民眾就醫的服務品質。醫院對於志工的人力需求開始增加，透過社工室管理志工的現象勢必愈趨明顯。

醫院志工招募方式，最主要採定期制，時段對外招募；也有隨到隨收制，即任何時候都歡迎加入。至於服務的時數規定，大多數的醫院都有訂定最低服務時數，且採固定班別，以免人力不足或不均，影響對於病患的服務。最常見的是每週固定一時段，每一次三小時，不過有許多志工的實際服務時數遠多於最低服務時數，有些每月來院服務超過二十天。

美國是從照顧與補充醫療人力的定位開始，美國醫療志工的發展，相較於台灣，更具組織與規模，服務型態也更顯多元化。不過，兩者在之後發展過程中，志工的角色都是為了提升更好的服務。以美國為例，醫院志工從傷病照顧、為醫院募款到服務人群都積極投入。台灣隨著對病患服務觀念的重視增加志工服務的細緻度。

以服務項目來看，台灣志工提供普遍的服務項目包括：門診服務（服務台、櫃台）、病房探訪服務（一般、兒科、燙傷）、急診服務、行政支援服務、特殊服務（安寧、專線諮詢）、圖書服務，其他服務（如護理支援、宗教服務、課輔服務）等，已開發至開刀房、洗腎室、藥局、供應室等，還有講故事、演劇表演、為病患擦澡，協助社區服務等服務內容，最高的紀錄是一間醫院提供十二項服務，但大多仍圍繞在以服務據點來作為區分，服務樣態沒有美國豐富（秦燕，2001；蔡承岳，2007）。

目前醫院志願服務者服務情形，以台北榮總為例，分為服務台（各項諮詢、環境指引、代填表格、病患查詢、走動服務），輪椅走動（輪椅借還、推送病患就診、環境指引、協助病患上下車、機動支援），急診部（協助帶領病患辦理治療相關手續或檢查、辦理掛號、住院手續、代購食品、電腦查詢病患資料），病房服務（協助病人順利就醫、就檢、指導就檢注意事項、引導病人確認診間科別等），門診服務組（配合各診間提供病人服務、協助病人順利就醫、安撫病人情緒、協助現場疏通、量血壓），檢驗組（協助病人順利就檢、指導就檢注意事項及流程、維持待檢

驗病患秩序、控管病患流量），東院組（陪伴及協助病患復健、提供輪椅借用、協助病患團體活動、引導患者就診），醫企組（各項諮詢、協助各項診斷書辦理說明、接待及引導辦理住院手續、代填住院申請書、指引住院病房位置），精神部王大夫專線（電話諮商），大德病房服務組（陪伴臨終病患、環境整理、協助身體護理及清潔、協助節慶活動）（鄭善明、林慈惠，2009）。

　　鄭善明、林慈惠（2009）以幾間醫學中心醫院為對象，整理出目前志願服務者在醫療院所服務的項目，詳見**表4-7**。

　　志工也可以透過「烹調食物」帶給病人歡樂，例如衛福部苗栗醫院的志工隊媽媽們，每年會在端午節前夕，齊聚一起親手包粽子分送關懷護理之家及獨居長者。媽媽志工會考量長輩們咀嚼功能較差，特別費心地製作有軟嫩滷肉、細碎豆干和菜脯餡料的傳統客家粽，並耐心花較長時間將糯米炊得更軟些，方便長者食用。

表4-7　醫學中心及地區醫院志工隊工作項目彙整表

醫院	工作項目
台大醫院	門診服務、病房探訪服務、急診服務、行政支援工作、特殊服務、社區服務、其他
長庚醫院	門診服務、病房探訪服務、急診服務、圖書推車服務、陪伴病患、特殊服務、社區服務、其他
台北榮民總醫院	門診服務、病房探訪服務、急診服務、特殊服務、病患陪伴、其他
馬偕醫院	門診服務、急診服務、住院服務、社區服務、老人照顧、兒童服務、安寧服務等
三軍總醫院	門診服務、病房探訪服務、急診服務、行政支援工作、特殊服務、病患陪伴、其他
成大醫院	提供諮詢、位置指引、推送病人做檢查、母嬰親善天使、探訪慰問病人、借還輪椅、大廳門診區走動服務、協助服務診間病人、病患關懷服務等
屏東基督教醫院	門診服務、急診服務、護理之家服務、支援社區服務、精神科指導手語、精神科閱讀、病房關懷、失智症病房老人陪伴、門口服務

資料來源：鄭善明、林慈惠（2009）。

二、社區志工

　　社區，不是孤立的，社區需要與外界聯繫。社區通常是指一種特殊的和比較具體的人類結合而言。是人們的集體（collection of people），有相近的觀念、態度和行為習慣，共享共同生活的基本要素。社區的英文是community，字首co的意思就是共同、靠近、相近，是人人都需要的。社區是人們生活的地方，大家在此享受，也在此運動、休閒、交友，分享人與人之間的感情。早在有各種社區工作方法之前，人們已經參與社區、服務社區，也從社區獲得所需要的資源。社區是人們安身立命的地方，是最人性的地方，是居民共同的「根」（彭懷真，2010）。

　　社區是一個資源有限的地方，代表社區的最重要法人組織是「社區發展協會」，這是沒什麼資源、沒有固定財源的單位。通常也沒有專職的人力、既定的工作程序。因此，主要依賴志工在運作。社區發展協會必須與各種政治力、經濟力、社會力建立各種合作關係，透過協作的夥伴關係（collaborative partnership）推動社會議題（邱瑜瑾，2009）。社區發展協會與各組織之間結構上的分享關係，包括共同分享資源、權力與權威，社區發展共同達成個別組織所無法完成的目標或任務（劉麗雯，2004），各協會需要獲得參與組織的認同，建立協調合作關係。其方法，最主要是「辦理活動」，經由活動來網絡連結，動態回應社區結構與社群成員的需要。

　　社區大學屬於民間推動的教育及社會改革運動，其創始的目的之一是「解放知識」，另一項目標則在於催生「公民社會」。社區大學只有少數的專職人力，志工則扮演重要角色，都希望打破菁英獨享的教育象牙塔，提供成人認識自己、認識他人與認識現代社會的成長管道。透過反覆的共讀、思辨、討論過程，規劃出具體的實踐行動，社區大學與社區、社區居民相結合，最終願景在建立能夠提升公民素養、創造台灣新文化的「公民社會」（社區大學全國促進會網站，www.napcu.org.tw）。社區大

學提供了一個在各地實際學習而志工實際參與的環境。

　　社區發展在台灣已有實質的成效，其成效主要在社區居民對於社區意識的建立，居民不但有社區我群的意識，也具有社區整體利益的認知，任何足以危害到社區整體利益的公共政策，社區居民必然會有立即和整體的反應。在過去為了建構更嚴密的社區組織，政府投資相當龐大的經費和人力資源，尤其是社會工作專業人員直接參與和規劃社區工作，是社區發展工作具有實效的主導力量，如理事會、總幹事以及志工的能力，是形成社區發展工作能否貫徹執行，進而產生實效的最重要之原因（彭懷真，2010）。

　　以桃園的社區發展協會為例，依內政部戶政司民國103年6月之調查，桃園縣地區65歲以上之老人人口約有186,534人，全國65歲以上之老人人口總共有2,748,989人，桃園地區占全國老人總數之6.7855%（內政部，2014），桃園市的發展協會總數有239所。

　　鍾武中（2015）總計發放667份，有效問卷為573份，發現：社區發展協會中參與志願服務工作的老年人以女性居多，占近六成，以年輕老人為主。除傳統印象中的客家村落或區域外，其餘各區社區發展協會參與志願服務的老年人以外省族群為主，獨居或居住於機構的老年人，參與志願服務的比例略低。多數參與志願服務的老人認為與志工朋友互動是件愉快的事情。對於初期參與的老年人而言，所重視的是與其他志工夥伴的互動關係。關注老年人對資訊及同儕互動的需求，因此應協助建立更尊重長輩人際關係需求的志願服務工作、增加分享資訊及彼此關懷的機會。社區發展協會應增加志工管理的能力，從營造友善溫暖的互動環境、強化凝聚共識與團體互動的能力、增加老人參與服務的誘因等方面著手。

　　例如彰化縣鹿港鎮洋厝社區高齡營養午餐服務於101年開辦，社區二十多名志工分組為五十多名老人煮食與送餐，社區老年人口多半因子女外出工作，沒人陪伴，有時煮一餐就吃一天。社區招募志工後，陪長者聊天，有時帶長者運動，也烹煮午餐供食，老人家快樂，志工也感到很開

心。至於行動不便的長輩，社區志工還有「外送服務」，把食物送到家中。社區志工也會帶領阿公、阿嬤整頓社區環境，一起投入社區公益，長輩也比較不無聊。

除了社區發展經費外，社區人力資源也有其絕對的影響力，除了社區熱心人士，社區領袖人士必須有效發展外，社區專業人員亦必須有效規劃。社區業務不斷擴充，各政府政策均有相當數量的社區發展工作須在社區中執行，但由於專業人力資源的不足和專業素養的不足，使得多元社區發展工作無法在社區中有效經營和永續發展。因此，更需要依賴「志工」。

社區志工是協助社區服務執行的重要成員之一，如果社區志工組織瞭解志工參與志願服務的動機與持續服務之影響因素，有助於招募合適的志工與留住志工，並穩定其服務輸送與運作（王文玉，2009）。

影響志工持續服務之因素包含參與動機與持續動力。參與動機分成基本生活滿足與追求自我實現；持續動力分成個人層面與組織層面。基本生活滿足著重家庭責任的完成，是初期加入志工的主要考量，追求自我實現則為增強動機。持續動力著重個人期望滿足、人際關係連結、領導方式與團隊氣氛等（王文玉，2009）。

透過志工等「自然人」的關係，強化了「法人」的運作：社區是「法人」，社區與社區的關係是「法人」之間，社區工作者是「自然人」。社群關係包含了法人間的連結也包含了自然人與法人的關係、自然人與自然人之間的關係。在「實踐社群」這樣知識分享與移轉的地方，如果是團體，偏向「自然人之間」的關係。

在未來，社區發展工作仍要從落實社區民主化做起，使社區居民成為社區的主體和主宰，充分建制由下而上的社區發展模式。為達到此一目的，志工人才培育和訓練體系是不可或缺的。

案例——認輔志工／偏鄉教育／北歐難民

一、認輔志工

　　財團法人光寶文教基金會於民國82年由光寶關係企業三位創辦人個人捐贈成立，以「培育人文素養，倡導公益活動，關懷企業文化，扶持兒童成長」為宗旨，主要業務為經營台北市信義社區大學、推動社區認輔志工團等。

　　一群家長在孩子就學期間進入光寶認輔志工團，接觸到一些被忽略的孩子。這些默默在社區、校園中陪伴弱勢孩子的志工媽媽，逐漸確立兒童認輔方向，展開自我探索與服務學習之旅，工作的重點是關懷校園和社區中家庭功能不足的孩子，傾聽、陪伴、等待、不離不棄、永不撤退。

　　從民國87年協助台北市民族國小成立認輔志工團開始，光寶基金會不斷延伸觸角，從國小、國中到社區，培訓一期又一期認輔志工，鼓勵多數是家庭主婦的認輔志工發揮媽媽的愛心，協助學校、老師、父母共同關懷行為偏差或高關懷孩子。每年投入的學校有四十餘所，平均每所學校認輔志工25～30人，有數百人隨時在服務線上，累積訓練過的志工近兩萬人次。

　　光寶文教基金會推展認輔服務工作時，總是詼諧地加一句：「我們……不『光』會耍『寶』喔！」十幾年來，幫助了幾萬個孩子，又寫下動容的篇章！

　　在分享的專書中，認輔志工秋惠在〈回家的路，姊妹的路〉文章中如此分享：「我看到公園角落有個女孩被一群少女凶狠地輪流打巴掌，被霸凌的女孩嚇得不敢抵抗。如果她們能在小學就被認輔媽媽的愛拉一把，現在就不會是這樣了。」另有一位被照顧的少女曉宇在〈尋回失落的孩子〉文章中如此回憶：「認輔媽媽轉過身時，我突然瞥見她悄悄擦拭著隱忍的淚水，著實澈澈底底攻破了我的心防，觸動到我心底最深處的弦，因為，好久好久……都沒有人願意為我放下身段、留下那心疼的眼淚。」

二、偏鄉教育

民國93年「希望閱讀聯盟」成立，募集資源，深耕偏遠小學，提供好書、訓練閱讀種子，更希望透過大哥哥大姊姊的帶領，讓小朋友見賢思齊。「天下雜誌教育基金會」長期支持青年下鄉服務，鼓勵年輕學子累積改變世界的力量，用熱情參與「希望閱讀——大學志工服務計畫」，為偏鄉孩子搭一座希望之橋，讓閱讀的影響力持續深耕。

群益金鼎證券也加入，多次與天下雜誌教育基金會攜手合作，推動「群益愛閱讀 灌溉新幸福」活動，贊助兩所偏鄉學校兩百本好書，也號召企業員工加入偏鄉小學閱讀志工的行列。

偏鄉地區普遍存在老師流動率高、代課教師多、隔代教養多等問題，由於教學資源少，學生如果課業不懂常無處詢問，民間補教業者結合十六所名校高中生，發起「線上學伴、志工共學」計畫，用線上遠距教學幫偏鄉學童課輔並成立中小學教育聯盟，持續培訓小小志工投入偏鄉。視訊課輔活動每週撥出2小時，讓課業穩定的高中生，幫忙偏鄉學生課後輔導。偏鄉孩子常缺少人們陪伴，透過線上志工適時填補偏鄉學童放學後家長、教師不在的時光，增進課業與學習發展。

三、北歐難民

許多年輕人以為自己力量微薄，但曾在非洲服役行醫的青年志工表率連加恩醫師，鼓勵青年志工不要輕忽自己的實力，他說：「我們常想要報名上自我成長、潛力開發的課程，來提升自己、發現自己，但其實，最佳提升自我、肯定自己的方式，就是去服務！你（妳）會發現你（妳）能成為改變世界的人！」

近年來，全球最受關注而志工最能夠參與的是「難民議題」，有兩本小書分享了親身的經歷，提供有志擔任短期國際志工的朋友參考。第一本是蕭福田的《北緯69度的夏天格陵蘭——我參加了伊盧利薩特國際志工營隊》。第二本是陳琬淋的《尋找天堂：北極圈裡的難民營》。

國人對格陵蘭的認識大都僅止於天寒地凍和世界最大島，甚至不曉得她隸屬於丹麥王國下的特別自治區。蕭福田是六年級生，大學畢業在南科工作一年後，遠赴北歐丹麥唸書兩年。文化的衝擊，讓他對

人生的看法有了一百八十度的轉變。他參加了為期四週的格陵蘭志工營隊（International Greenland Work Camp），把與當地人事物的接觸及情誼寫成本書。透過精彩圖文，讓讀者認識格陵蘭的冰峽灣、傳說神話、冰河村莊的風土人情、午夜的太陽、極地探險家，以及奔馳於一望無際冰天雪地的格陵蘭犬……。

陳琬淋原本是即將離開校園、步入職場的台大準畢業生，她藉著在丹麥當交換學生的地利之便，造訪傳說中最像天堂的挪威羅浮敦群島，去尋找她心目中無比安靜、平和的天堂……。她沒料到的是在她以為的天堂裡遇上105位中亞、北非等地的尋求庇護的難民。原來，挪威對難民的友善及照顧，使得當地也成了許多國際難民心目中的天堂。他們也是來尋找天堂的，他們期待一個能夠讓他們活下去、求取溫飽的地方……。

Part

2

帶志工

Chapter 5

工作分析

第一節　志工千百種

一、確定志工的類型

　　志工有很大的異質性，有各種背景的志工。例如：依照服務時間有長期或短期之別、某些人只參加單一活動而另一些人持續參與。依照原有身分，常見的有退休人員、學生、家庭主婦、替代刑罰或專業委員等。還有些特殊功能，如顧問委員會志工或特派志工，領取部分專業津貼的專業人才等。

　　張英陣（2001）以「正式志工」、「非正式志工」的名詞來分，而蘇文彬（2010）則提出「顯性」（noticeable）與「隱性」（latent）的概念，兩人均認為「非正式」、「隱性的」更能展現志願服務利他的精神。志願精神之建立，不僅鼓勵大眾多擔任「正式的」、「顯性的」志工，也期待大眾在生活中時刻扮演「非正式的」、「隱性的」志工。

　　以下透過「投入時間長短」、「志工身分屬性」、「志工本身的職業狀況」三個方向說明，各自再區分出三到四種類型（修正自李淑珺譯，2000）：

(一)投入時間長短

　　以在機構投入時間長短來分，主要有三種：

1.長期（long-term）志工，長時間投入某一機構。對志工工作有強烈歸屬感，認為自己「擁有」這項工作，也對志工角色有深刻情感，期盼從參與中肯定自我價值並獲得自我認同。長期志工會調整自己的時間，以投入更多精力達成機構的使命。只要能協助機構運作，任何工作都願意做，而不計較工作本身是否有趣或是否對自己有幫助。長期志工的動機來源是成就感和歸屬感，希望更多機會參與機

構的活動。許多非營利機構多年來都仰賴長期志工的協助,設計的志願工作內容也都需要志工長期穩定投入,甚至有許多情況是這些志工本身就是機構的創始人,先協助建立一個組織,之後再加入。

2.短期(short-term)志工,對某一機構或使命有興趣,但通常興趣不深,雖然支持這項使命,但不把此機構或擔任志工視為生活中很重要的部分。短期志工期望工作明確,投入時間有限。希望一開始擔任志工,就知道要做什麼,需要花多少時間。只投入「單一領域」,因為投入時間有限,只能學習特定工作,也只願意執行特定任務。通常所需投入時間愈短,工作範圍愈明確,就容易招募到短期志工。短期志工通常不會待在同一機構太久,也只擔任特定工作。短期志工希望個人成就受到肯定,機構要能感謝他們的貢獻,並容許他們自由規劃下一步。

3.單一活動(episodic)志工,會不斷地轉換機構,參加某一項短期的活動,結束後就換到另一項活動,或另一機構。它們可能以一年一度的方式為機構服務,每年都協助某些活動,但參與程度僅此為止。

一個人可能在某機構是短期志工,在另一機構是長期志工,有時又投入「單一活動」。在同一機構中,也可能因為生活責任的變化,或與該機構關係改變,而在不同時期,有不同的志工參與方式。

整體而言,短期志工的方式似乎愈來愈受到歡迎。潛在(potential)為了應付工作、家庭、休閒活動等等的需求,都傾向於考量擔任志工的方式,以控制投入的時間及精力。

(二)志工身分屬性

以志工身分屬性來區分,主要有四種:

1.替代刑罰(alternative sentencing)志工:美國近年來有愈來愈多判

決，以志願服務作為犯罪的替代刑罰或補充刑罰。在台灣，法官判決或雙方和解協議中，已經常見到犯法者被處以一定時數的「社區服務」。

2.專業（professional）志工：許多專業協會成立志工計畫，鼓勵甚至要求會員從事社區服務。在建立專業人員參與社區的文化上，會計師和律師扮演了重要角色。這類志工工作通常無償為機構執行其專業，許多藍領階級也開始投入可觀的時間擔任志工。部分「聯合勸募」已經設立工會公關人員的職務，負責招募工會會員為非營利機構擔任志工。

3.顧問委員會中的志工：志工能力發揮的一種方式，便是在顧問委員會中協助機構做出更好的決策。

4.團體志工：志工管理人有時候會招募一個團體，例如整個社團的會員都來擔任志工。這個團體會有自己的身分認同，自己的組織，其中的成員會認為自己是以整個團體，而非個人的身分來擔任志工。

(三)志工本身的職業狀況

以志工本身的職業狀況區分，又分為四種：

1.過渡性（transitional）志工：許多正在改變生活方式的人會選擇擔任志工，為重回社會鋪路。例如家庭主婦要二度就業、情緒問題患者痊癒後要恢復人際互動，或身障人士想學習新技能等。這類志工通常是非正式的，相關人士必須瞭解他們下一步計畫可能是要從事支薪工作。

2.無業（the unemployed）志工：沒有工作的人以擔任志工來學習新技能，希望藉此找到支薪工作。美國有些區域規定領失業或生活救濟金的人必須擔任志工。擔任志工是暫時無法就業時參與社會的另一種方式，但要讓這個族群樂意擔任志工，並從中獲得成就，必須

有新想法和新做法。

3.津貼（stipended）志工：領取小額津貼的工作者，美國有好幾個慈善計畫都支付志工小額津貼。支付志工薪水的做法突破傳統，但這些津貼對失業者或退休人士而言，是重要的誘因，微薄的收入對他們不無小補。他們當中有不少是窮困人士。

4.特派志工：志工被指派跟一群員工一起工作，而非直接受志工管理人管理。被指派跟志工一起工作的員工可能忽略基本的志工管理技巧，使志工感覺沒有得到任何支援。有些員工則採「良性忽略」的態度，會讚賞志工所提供的任何幫助，但並不以要求一般員工的方式要求他們。有些員工則選擇性的管理，只注意志工的某些工作，但忽略他們認為「次要」的部分。

二、從事工作的類型

「機構為什麼用志工？」有時候並非單純想要尋求替代人力，某些非營利組織因其宗旨與社會使命，或許在邀請志工的同時，機構也會從中對志工發揮另類的社會教育或替代性服務。志工在機構扮演的不只是單純的人力替代角色了，隱含著不同的動機及需求。因此，在評估是否運用志工時，也必須考慮清楚運用志工的首要目的、次要目的，以便做理性的決策。

(一)常見的任務

多數機構是為了擴充資源和完成員工不要或不能執行的任務。常見的有：(1)直接的協助：如監督、諮詢、提供訊息；(2)辦公室行政協助：如接聽電話、資料整理；(3)直接擔任員工的助理；(4)擴大或延伸服務範圍：如詢問、籌款活動、擴大服務範圍等（Connors, 2010）。

另一種分類是：(1)庶務協助者：為多數機構運用志工之普遍目的；

(2)專門角色者：除了決策者（理、監事）之外，有些機構的行政者（工作人員）、不同領域的專業者（如司機、護士……）亦由志工擔任；(3)公關行銷者：扮演機構與服務對象間的溝通橋樑，如在機構內擔任諮詢工作或解說員；在機構外協助宣導與募款；(4)社會學習者：志工的參與隱含自我成長；(5)隱性求助者：為避免標籤效果，某些「隱性的」案主透過參與志工的管道進行另類的求助；(6)復健治療者：某些機構先行讓身心復健者參與志工，以利社會適應（Brudney, 2010）。

(二)舉例

任何工作分析都要考慮志工從事工作的類型，除了第四章所介紹的機構志工，如果是博物館志工，可參考王啟祥（2007）；如果是國小志工團，可參考姜德惠（2006）；如果是運動類型的志工，請見第十一、十二章。在此舉幾個社工機構的例子：

◆兒福聯盟

兒福聯盟在民國104年6月刊登的招募對象分為三類：

1. 托育志工：配合單親家長活動，陪伴及照顧國小以下之單親子女，多為週六進行。
2. 活動志工：需成為中心正式志工，方能擔任活動志工。協助活動的事前籌備，協助單親家庭成長及支持性活動、宣導活動，多為週六進行。
3. 專長志工：針對中心業務需求，可提供個別專長服務者（如美工、電腦、語文教學、油漆、戲劇），每年配合學校時間辦理，多為平日早晨演出，需參與中心戲劇志工訓練。

◆YMCA

1. 志工小隊輔：與暑期從歐美澳徵募之大學志工或社青志工，共同為

美語夏令營隊擔任隊輔，演練實用的生活美語。參與中文的專業運動營隊，協助專業運動教練與才藝老師一起指導孩童運動與才藝，再加上各式團康活動。

2.輔導室志工：協助孩子適應、情緒性、人際問題，搭配品格教育正向預防來作宣導活動（輔導室志工需屬相關領域科系學生擔任，以社工、輔導諮商、幼教、心理等優先）。

◆現代婦女基金會

1.行政志工：協助行政事宜，例如貼名條、折文件、封信封等。

2.協助整理發票、對獎。

3.網路志工：若有創意及美術概念，能協助基金會製作活動Banner、e-mail、DM、活動網頁，或協助基金會部落格設計管理，或協助平面設計，如DM、海報等。

4.活動志工：會不定期舉辦各類活動，如果您活潑好動、喜歡和人接觸，歡迎加入。

 第二節　決定是否邀請志工

一、管理者的整體考量

應從「該角色所屬機構的本質」及「時間的多寡」兩方面探究是否要大力推動「志願服務」。我帶領幸福家庭協會二十多年，從未用心在「建立志工制度」之上，也從未持續邀請長期服務的志工。有許多人與我聯繫，想要擔任本會的志工，但我多婉拒。為什麼呢？

首先就機構的屬性來看，幸福家庭協會的業務最主要有三大部分，其中多屬「法定業務」，協助政府執行帶有公權力的工作。這些工作的專業性高，需由專職人員從事，稍有不慎，即可能引起訴訟。

第二就管理的成本來看，帶領志工得花上大量的時間，偏偏我最缺的就是「時間」，協會秘書處的專職人員也都工作繁重，無暇處理太多的人際關係。在有限的時間中，我優先關心社工，尤其是社工督導及管理者。在學校裡，優先關心學生，尤其是博士生及碩士生。因為帶領好一位主管，他們可付出時間帶領更多的人。

我擔任系主任五年，致力於「推廣志工在每一個環節之中」，鼓勵社工系的學生投入各種志工服務，很多課程都加入了志工的內容，系學會的社區行動股表現一直出色。擔任學生事務長兩年多，積極「推動及建立志工制度」，每一個學生事務處的單位，都成立志工隊。透過與課外活動、勞作教育、教學卓越計畫、五十週年系列活動等的結合，更多學生投入志工行列。我爭取到專款設置「志工獎學金」表揚從事志願服務優秀的同學。又為何如此呢？

首先還是機構的屬性，學系與學務處都是教育的單位，教育的本質就是要創造更多的學習機會、提供更多的學習管道。學生們透過志願服務獲得寶貴的親身參與經驗，得到了真實的體會。學生所服務的對象比較單純友善，不像社工經常要面對「非自願性案主」。

其次還是時間，學務處的人力充裕，專職人員五十多人，要從他們身上找到一些時間帶領志工並不難。學生更是時間彈性，邀請學生付出一些時間來做志工或帶領志工，比較容易。

再回頭看幸福家庭協會，雖然沒有長期的志工卻有長期擔任理事或監事或外聘督導的夥伴，三十多位都以無酬的方式貢獻自己的專長。這些專業背景強的志工支持協會許多的方案，也以各自的專長協助會務或方案的推動。為什麼呢？

首先還是檢視機構的屬性，幸福家庭協會不是以「金錢結合的基金會」，而是「人民自願結社的協會」。成員的參與最重要，參與不是聚聚就好，應該發揮參與者的智慧與專長。被選任為理事或監事，在法定角色上付出時間精力，實至名歸。

其次還是時間，專業人士各自有本業，為了扮演好本業必然忙碌，要求他們持續付出大量時間來協會做志願服務，不切實際。每一位僅需在關鍵時刻投入即可。

「君子務本，本立而道生」，從事志願服務的管理所作所為應確認「何為本？」對我而言，以社工或志工來比較，社工是本，須在社工優先的前提下推動志工。當我擔任學校主管時，學生是本，應在創造更多學習機會的前提下推動志工。當我在扮演人民團體負責人角色時，使協會能推動方案以完成目標是本，在此前提下，邀請理事監事貢獻所長。

整體而言，一個機構邀請志工的主要原因包括：(1)志工提供專業人力之不足；(2)機構的管理哲學：很多志工訓練有素、有高度的意願和能力可以完成多項事務；(3)機構的方案：希望提供多方面的服務；(4)擴張影響力與知名度等。

進行志願服務方案和志工工作設計時，應先掌握機構、志工和服務對象三方面各自的需求與期待，參考何慧卿（2013）提出的概念，整理為以下七種類型：

1. 類型一：三贏狀態。指志願服務方案與志工工作設計同時可以滿足機構、志工與服務對象的期待與需求，這是最好的狀態。此時，服務對象有所需求，而機構有資源可以提供或也希望提供服務，志工的能力與意願又足以配合。

2. 類型二：有機構也有志工，但沒有服務對象。常發生在機構考量與服務對象互動時，需要專業知能，但需顧及志工的能力不足或初次參與志願服務的。此時，機構可以規劃不需要與服務對象直接接觸的，志工工作大多以行政或庶務居多。

3. 類型三：有機構和服務對象，但沒有志工。許多機構在設計志工工作時希望滿足機構與服務對象的需求，不過在招募志工時，卻遭遇困難（如找不到合適的志工），可以透過志工訓練、改變招募方

式、加強志工的能力等方面加以改善。

4. 類型四：有志工和服務對象，但沒有機構。雖然志工和服務對象的期待與需求欠缺有交集，但因缺乏機構又難以督導，可能會導致服務對象的權益受損或使志工陷入困境。

5. 類型五：只有機構的狀態。機構看見某一方面的服務需求，但找不到合適的人選擔任志工，服務對象也未必領情。例如服務對象是法律強制或非自願個案，對方可能欠缺改變的意願。有時機構雖然洞察先機，但社會的風氣與接受度還不高，導致服務對象不敢表露其需求，志工也不見得有機會進行服務。此時，機構必須要先進行倡導的工作，讓社會大眾肯定此一議題的重要性，並舉辦相關的研習訓練，進而招募志工參與。

6. 類型六：只有志工的狀態。通常發生在志工有滿腔熱血卻無法發揮，志工還沒有尋找到合適的機構。志工可以透過各縣市的志願服務中心或政府的志願服務網、公益資訊網，搜尋適合自己的服務單位或機構。

7. 類型七：只有服務對象的狀態。服務對象有需求但機構沒有提供服務項目，也找不到志工協助。如果服務對象的需求是機構從來沒有思考過的，可考量新增為機構所提供的服務項目之一。

二、確認社工與志工的關係

志工是社會工作發展的先驅，志願服務的起源與發展自始即與社會工作息息相關，密切結合，共同推動社會福利各項服務措施。論及社工與志工相同之處：在性質上，都是幫助他人的工作；在過程上，都是透過實際的服務，幫助他人解決問題；在目的上，都在使人獲得滿意的結果。兩者間亦有互補的功用，志工對社會工作的作用有：(1)增加社會工作介入的機會；(2)提醒社工注意人性化的服務；(3)避免科層體制所帶來的官僚

作風；(4)彌補社會工作的不足。社工對志願服務的功能：(1)協助志工找到服務機會；(2)協助志工提高服務品質；(3)協助志工建立服務團隊；(4)協助志工有效提供服務；(5)協助志工改善服務績效（林勝義，2006）。

　　「社工」與「志工」各有角色、各有長處，站在管理者的角度，需先考慮：(1)機構要賦予志工哪些工作與責任？(2)機構如何向志工解釋他們對機構的貢獻？(3)如何向專任員工解釋招募志工的目的？(4)評估志工參與的機制。

　　其中第三項最重要，一定要多尊重及瞭解社工等原有同仁的想法。何慧卿（2013）提醒：如果機構是第一次進行志願服務方案和志工工作的設計，應多花一點時間進行前置的調查工作。如此一來，有助於獲得員工對志願服務方案的支持；也可以避免志工搶走員工的工作，避免造成員工對志工的不歡迎（何慧卿，2013）。

　　瞭解員工心態的方法之一是進行調查。管理者可一對一訪問，也可以問卷進行。調查的內容可包括：

1. 社工跟志工合作的經驗，重點包括：是否有督導志工的經驗？是否曾在運用志工的機構中工作？是否在任何機構擔任志工？
2. 對志工參與是否感到自在，重點包括：是否認為有些工作不應該由志工執行？在引進志工前，應該推動一些計畫，例如增加員工訓練課程。
3. 對於運用志工的疑慮：是否有些潛在的風險應該先解決？例如機構要負擔更多人事管理的責任，也要控制服務品質。
4. 是否擔心自己失去工作？志工與專職社工在工作內容上有明顯不同，志工基本上是補充性角色，可決定提供多少時間的服務、原則上不支薪、責任不同、對機構的認同程度不同、素質參差。但在組織財力吃緊時，管理者難免會考慮以志工代替社工。

　　陳武雄（2105）分析部分機構排斥運用志工的原因，我進一步整理

有：志工素質參差不齊，不能符合工作要求；懷疑志工參與服務的動機與誠意；無法滿足志工的期望與要求；志工不求報酬，較難管理，更難解職；志工的流動率與流失率大，影響服務工作的推展；志工缺乏專業認知，對機構的協助、效用不大；志工的加入，會使機構員工感到不安或遭受威脅；志工對機構帶來麻煩，影響團隊士氣；機構欠缺足夠的時間和精神訓練志工；機構缺乏甄選及任用志工的專業知能；機構缺乏同仁間的支持，任何人無法獨力承擔運用志工的成敗責任；機構欠缺長期運用志工的計畫。

何慧卿（2013）分析，身為志願服務運用機構的一分子，大多容易理解志工所從事的工作或服務，對機構的幫助。但是對志工來說，他們利用閒暇時間與精力投入志願服務工作，不見得清楚這些工作內容對機構的幫助，而僅能從自身過去的經驗或工作本身來判斷。

每個員工的想法不同，可能因此造成志工對機構的誤會。有些機構發生志工因表現過佳，而使員工覺得受到威脅、擔憂工作不保，而反對志願服務方案的情況。不論某位員工平時工作表現為何，當志工所協助進行的工作是原本該員工熟悉且有成就感時，確實有可能讓員工對志工的協助不領情，甚至覺得自己的工作都被志工做完了，擔憂自己對機構的重要性降低。

建議規劃者從機構員工的工作內容加以探討，將志願服務認定為輔助性的工作，應全力避免讓志工取代原本員工的角色，而是讓志工有效協助機構內的員工，合力將工作做得更好。在詢問員工對志工的看法時，將員工對志工如何協助工作進行的意見納入。重要性或責任度高的工作，即便員工不喜歡，仍需要由員工執行；但是，如果是重要性或責任度低，且同時是員工不特別喜歡，便可以考慮優先將之設計為志工的工作。

第三節　研擬工作說明書

一、如何設計志工工作內容

(一)注意事項

設計志工工作內容的方法，綜合Graff（2005）及Brudney（2010）的看法，需注意：

1. 參考依其他機構，尤其是服務對象或服務項目類似的機構。但在參考時，須注意組織內部的氛圍、文化、人力配置情形。
2. 考慮志工的背景、專長與能力。新進者可從志工個人履歷表中瞭解。對服務一段時間的志工而言，適度量身打造服務內容，也代表機構對志工的肯定。
3. 按照機構對志願服務的願景。從期待看見的結果，思索應如何進行才可達到。

參考了其他機構的，考慮了本身機構的，接著確認以下三個what：

1. What will they do？志工想做什麼？並考慮訓練督導、工作的空間、需要的物品及材料。確認志工對這些有所瞭解。
2. What can they do？志工能做什麼？並考慮何種任務是志工不能或不應該做的？知道哪些工作被要求由志工做？牽涉到哪些法律規範？
3. What tasks, events need to be accomplished？志工需完成哪些任務及工作？確認志工知道對他們的期待。

(二)決定主要內容

決定志工計畫的主要內容十分重要，有多重目的，例如：

   1.決定機構要賦予志工哪些工作和責任。

   2.讓機構能清楚向志工解釋他們對機構有何貢獻。

   3.讓機構能清楚向員工解釋招募志工的目的。

   4.讓機構能清楚評估志工參與的成果。

這些都得「書面化」，要將志工工作內容以文字說明，製作成書面文件或製作志工工作手冊，以提供志工更清楚的工作說明及注意事項。

二、志工說明書要項

(一)說明書重點

志工隊的說明書主要包含：志工隊服務計畫書核備步驟、服務計畫書、志工隊成立申請書、志工隊組織準則等。在志工隊的組織體系裡進一步說明「志工」的工作，這方面說明書的要素有：職稱、從事的活動、資格、工作時間表、地點、督導方式、福利、保密守則等。

周瑛琪（2008）從人力資源管理的角度分析，志工的說明書並沒有一定的格式，但大部分的說明書包含以下重點：

   1.工作識別：關於工作內容的整體描述。

   2.工作摘要。

   3.關係、職責與責任：包括在職者與組織內外其他人的關係。

   4.職權：可決策的範圍。

   5.績效標準：敘述在工作說明書中各項任務需達到的績效標準。

(二)說明書主要內容

何慧卿（2013）提醒，一份完整的志工工作說明，必須包含必要的項目，最簡單的方法是參考機構發給一般員工的工作手冊，內容主要有：

1.工作名稱及職稱：說明機構中志工的分類與工作名稱，可依據機構內部不同種類的志工各自訂定工作說明。

2.工作目標：說明志工服務的目的、意義與價值，須參考志願服務方案的目的來撰寫。

3.預計工作成果：說明期待透過志工的服務應該達到什麼樣的成果，幫助志工瞭解在完成服務工作後可以看到的成果，並以此為努力的目標。

4.工作項目：說明為完成上述的工作目標所要進行的工作項目，預備授權給志工自行決定完成服務的方式也呈現在各項工作項目中，建議從事的方法及可提供的資源。

5.注意事項：說明志工在進行服務時應注意的事項，包含須避免的事情，如機構不允許，可能會觸犯機構規定、法律規定等的行為。

6.評量：說明評量與考核的內容，作為志工完成任務或服務的獎勵措施。

7.督導方式與程序：說明在服務過程中，機構會提供的督導方式與程序，包含督導預定進行的頻率、方式、參與者等。

8.志工義務與福利：說明志工應遵守的規則及可以享有的權益。義務部分可參考志工倫理守則，必要時增加機構對志工的規定。福利部分除了「志願服務法」所規定的訓練、保險外，應說明機構額外提供的項目。

　　為了符合上述要求，說明書通常有基本的人事資料，包括一般人事計畫類似的文件。例如：報名表、工作說明書、合約、評估表格等。每名志工的資料都應該完整記錄並保存。主要內容包括：(1)基本資料，包括學歷、專長、經驗、緊急聯絡人、興趣參與社團、現職或兼職工作等；(2)職位和訓練紀錄；(3)貢獻的時間及完成的工作；(4)獲得的津貼；(5)與機構聯絡的時間等。志工所用的登記系統和檔案應該跟員工類似，可以使用相近的表格。

(三)志工的權利與義務等規範

　　根據衛生福利部的規範，志願服務計畫應包括志願服務人員之招募、訓練、管理、運用、輔導、考核及其他重要項目。為了提升志願服務工作品質，保障受服務者之權益，志願服務運用單位應對志工辦理基礎及特殊訓練，並發給志願服務證及服務紀錄冊。志工執行服務時，機構應確保志工在符合安全及衛生之適當環境下進行服務。

1. 志工的權利：志工開始提供服務前，有權接受擔任所從事工作之教育訓練、機構應尊重志工的自由、尊嚴、隱私及信仰。志工依據工作之性質與特點，應確保在適當之安全與衛生條件下從事工作。志工得從事服務之完整資訊，必要時得參與所從事之志願服務計畫之擬定、設計、執行及評估。

2. 志工的義務：遵守倫理守則之規定、遵守志願服務運用單位訂定之規章、參與機構所提供之教育訓練、妥善使用志工服務證、應尊重受服務者之權利、對因服務而取得或獲知之訊息保守秘密、不得向受服務者收取報酬、妥善保管機構所提供的各種資源。

3. 促進志願服務的做法：機構應為志工辦理意外事故保險，必要時補助交通、誤餐及特殊保險等經費。機構應定期考核志工個人及團隊的服務績效，績效特優者，得由主管機關及目的事業主管機關表揚。志工服務年資滿三年，服務時數達300小時以上者，需檢具證明文件向地方主管機關申請核發志願服務榮譽卡。

4. 志願服務的法律責任：志工依機構指示進行志願服務時，因故意或過失不法侵害他人權利者，由機構負損害賠償責任。志工有故意或重大過失時，機構對志工有求償權。

(四)志工計畫考慮要素

　　志工計畫的組成要依照計畫的大小、結構、目的而定，綜合相關的

論述，下列要素均應加以考慮（江明修，2003；彭懷真，2012b）：

1. 機構有完整的志工政策。

2. 提供志工計畫單獨的預算。

3. 志工訓練的規劃。

4. 說明志工的工作執掌。

5. 安排時間和志工相聚。

6. 運用媒體招募志工。

7. 拓展機構觸角，使志工來源多元化。

8. 對申請者面談。

9. 依法對申請者清查犯罪紀錄，必要時安排健康檢查。

10. 訂定新進志工試用期。

11. 與志工訂定書面協議。

12. 對志工說明訓練課程。

13. 定期對志工進行評估。

14. 發展志工管理的資訊系統。

15. 設計及執行志工投入時間的紀錄系統。

16. 舉行志工表揚活動。

17. 貼補志工的必要花費。

18. 為志工投保。

19. 錄用有志工經驗者擔任正職員工。

(五)評估志工計畫是否完成

　　管理者可用以下的查核要項來評估志工計畫是否已經擬定完成。如果其中仍有項目尚未完成，則表示還需要多做準備：

1. 是否已經諮詢過將與志工合作的員工？他們是否瞭解志工的角色？

2. 每個志工職位是否都有書面的工作執掌說明？

3.職位說明中是否清楚說明所需的技能、工作性質和目的？

4.是否已經為志工準備好適合的工作環境，包括工作地點、所需設備等？

5.是否能在申請人的當中，找尋到所需的志工人才？

6.是否能區分申請人能力是否足夠？對能力不足的申請者有何安排？

7.是否有志工訓練課程？

對志工所處的工作環境儘量給予如同輔助工作人員的待遇，如辦公桌椅、電話、制服、用餐等等。志工到工作單位報到後，需由該單位工作者負起志工管理者的職責，提供行政、心理與教育的支持，依據志工能力分派任務。志工的工作設計不僅要小心謹慎，更要賦予志工工作的意義，使志工可以認同與瞭解服務工作的價值與貢獻，並且讓員工感受到志工協助的好處，同時將工作內容與相關規定清楚說明，以避免志工在服務過程中犯錯，損害他人權益並期望，達到及滿足機構、志工與服務對象的期待與需求。

(六)人力運用的釐清重點

避免產生問題的關鍵在於志工管理人必須跟指派與志工合作的員工，達成清楚共識，讓他們瞭解清楚的管理責任。在人力運用上要釐清的包括（McCurley & Lynch, 2012）：

1.誰幫志工擬定工作陳述及定期評估？

2.誰來面試申請的志工？

3.誰決定錄用志工？

4.誰來完成必要的文書工作和人事表格？

5.誰負責志工的在職訓練？

6.誰負責志工的分配工作，或負責通知志工某一天沒有工作？

7.誰負責通知志工他工作的所有決定？

8.誰負責提供志工適當的工作環境和設備？

9.如果任務或時間表出問題，誰負責與志工商談？

10.誰負責評估志工表現？

11.若志工行為偏差，誰負責糾正？誰有職權決定是否終止合作？

12.指派管理的員工如果不在，誰負責管理？

　　志工管理人一旦指派某位員工管理志工，就必須確定他做好志工的主管，提供志工適當的工作及環境。任用志工應建立志工的基本資料庫，包括學歷、專長、經驗、緊急聯絡人、興趣或參與社團、現職或兼職工作等。所處的工作環境儘量給予如同輔助工作人員的待遇，如辦公桌椅、電話、制服、用餐等等。志工到工作單位報到後，需由該單位工作者負起志工管理者的職責，提供行政、心理與教育的支持，並依據志工能力分派任務（Connors, 2012）。

案例──馬拉拉、凱蒂

一、馬拉拉

　　馬拉拉‧約薩輔栽，2014年獲得諾貝爾和平獎，是所有諾貝爾獎項中最年輕的獲獎人。她1997年生在巴基斯坦，原本是學生，11歲開始用筆名在英國BBC網站上寫部落格，持續分享對教育權的看法。由於塔利班組織禁止當地五萬名女孩繼續上學受教育，還炸毀一百多所女子學校。馬拉拉透過各種方式呼籲女性有接受教育的權利，她透過網路介紹她和朋友們在塔利班政權下的生活，因此獲得巴基斯坦第一屆全國青年和平獎。

　　2009年12月開始在電視上公開主張女性教育。2011年10月獲得荷蘭國際兒童維權組織的國際兒童和平獎，是首位獲得該獎的巴基斯坦女孩。該公告稱：「馬拉拉敢於為自己和其他女孩挺身而出，利用國

內外媒體，讓全世界知道女孩子也要有上學的權利。」

　　隨著馬拉拉逐漸出名，她受到愈來愈多的威脅。報紙上多次出現威脅殺死她的訊息，她也常常接到來自四面八方的恐嚇信。2012年10月9日放學途中，馬拉拉坐著校車行經巴基斯坦西北部史瓦特河谷，遭到蒙面武裝塔利班分子三次槍擊，其中一顆子彈穿過頭部、頸部，最終留在肩膀裡。一度情況危急，被轉送到英國治療，直到2013年1月3日出院，2月2日又接受5小時的手術以重構頭骨並恢復聽力。

　　同年3月馬拉拉進入伯明罕的女子學校艾奇巴斯頓高中，當年10月獲得歐洲議會頒發的薩哈羅夫獎。馬拉拉等人權人士在紐約呼籲世界各國領袖「協助敘利亞兒童難民接受教育」。在兩年多內戰中，已經有超過40萬名敘利亞兒童逃離家園躲避戰火。馬拉拉等人希望募集1億7,500萬美元，協助這些兒童接受教育。馬拉拉2013年9月到美國哈佛大學接受2013年度戈梅斯人道主義獎。哈佛大學女校長福斯特表示，她非常歡迎馬拉拉到來，因為兩人都有同樣的教育理念。

　　為表彰馬拉拉不畏塔利班威脅、積極為女童爭取受教育權利所作出的傑出貢獻，聯合國將每年的7月12日（馬拉拉生日）定為「馬拉拉日」。2013年7月12日星期五是馬拉拉的16歲生日，當天她在聯合國總部對500多名參加會議的年輕學子演說。馬拉拉說：「恐怖分子認為他們能夠改變她的決心，但是對我來說，失去的只是懦弱、膽怯和無望，得到的則是力量和勇氣。極端分子懼怕書籍和筆，懼怕婦女。政治家應迅速採取緊迫的措施，以確保每個孩子享有上學的權利。」馬拉拉呼籲：「讓我們拿起書本和筆來，這是我們最有力的武器。」

　　馬拉拉為了推動女童的教育權利，成立了基金會，網頁的刊頭就是她在聯合國演說的名言：「One Child, one teacher, one book and one pen can change the world.」（一個孩童、一位老師、一本書、一支筆，就可以改變這個世界。）

　　2014年，馬拉拉和印度兒童人權家凱拉西‧沙提雅提（26歲時放棄教職創立挽救兒童行動，三十五年來救出85,000名受壓迫的孩童，每年有包括台灣在內的一百多位志工去印度追隨她）共同獲得諾貝爾和平獎。馬拉拉曾說：「得諾貝爾和平獎不是我的目標。我的目標除了

世界和平，還希望每個小孩都能接受教育。」2014年10月29日馬拉拉獲世界兒童獎基金會在瑞士接受世界兒童獎，她成為世界上第一位在同一年贏得諾貝爾和平獎及世界兒童獎的人。

「我不要世人用『被塔利班開槍的女孩』的角度來記得。」馬拉拉在書裡說：「我希望自己是『為了教育而奮鬥的女孩』，這是我想投入一切的終身志業。」

志願投入兒童教育的她呼喚全世界：「讓我們拾起我們的書本和我們的筆。那是我們最強大的武器。一個孩子、一個老師、一本書和一支筆，就可以改變這個世界。」

二、凱蒂

原籍美國田納西州納什維爾，2007年高中畢業，離開家鄉來到烏干達照顧孤兒。原本她只打算當幼稚園老師幾個月。但在這趟旅程中看到上帝的愛心和無比的憐憫是她完全無法想像的，因此每一天她都決定要付出更多。

在《凱蒂之愛》中，她如此分享：「從我有記憶以來，凡是大家覺得重要的東西，我一樣都不缺：高中當班代，是舞會人氣女王，成績名列前茅；我永遠穿著漂亮鞋子，開著超帥跑車，和可愛型男約會。我爸媽超棒的，非常關心我的前途，還答應不管我唸哪所大學，他們都付學費。最早我只打算在烏干達待一年，然後回美國上大學，過著正常的青年生活。但在烏干達一年後，我已經回不去那種所謂『正常』的生活了：我找到了生命的真諦，而且不可能假裝我從來沒見過、沒關心過。所以我乾脆放棄了原本的生活，這一次是永遠的放棄，不再回頭了。我放棄了大學，可愛時髦的衣服都不要了，我的黃色小跑車也不要了，連男朋友都甩了。每個人覺得重要的東西，我現在一樣也沒有。在烏干達，我未來沒有退休金，有時候連電力都沒有，但我擁有一切我覺得重要的事物：喜樂、平和。這份喜樂與平和來自比人間更美好的地方，超越了人類的想像。此刻的我擁有最快樂、最富足的生活。耶穌毀了我的生活，打破我的人生，然後把一片片碎片拼湊成為一個更美好的生命，決定終身為那片紅土地上的孩子奉獻。」

　　凱蒂曾見到9歲的孤兒艾格妮絲被埋在整片倒塌的瓦礫堆中，無人聞問。她毫不遲疑就將艾格妮絲與其他兩姊妹接回家，一個星期後，最小的三歲妹妹首度開口，叫凱蒂「媽咪」。有一回她在超市外面見到一個渾身濕透、不斷發抖的小男孩。她立刻把自己身上能給的都給他，還把運動衫脫下來給他，並給他一點錢，讓他能坐車回家。一年後，在同一個地方她突然被一雙咖啡色的小手緊緊抱住，是那個男孩，他一直記得幫助過自己的「凱蒂阿姨」。

　　她為當地的孩子心疼，有些孩子因為瘧疾、飢餓而發育不良，總是虛弱地躺在泥地上，辛苦地為自己的生命搏鬥。她想要幫助這些孩子，讓他們能夠受教育，能夠吃飽。但她自己的存款也不多，於是她向自己家鄉的親朋好友募款，成立一個非營利性組織「亞瑪齊瑪傳道會」，專門供應她所在村落附近孤兒的學費與飲食。

　　她一點一滴，憑著自己微小的力量照顧孩子，25歲時已領養14個女兒，又為超過600位孤兒找到生活贊助人，每週餵飽1,200位飢餓的孩子，孩子還可以帶一頓晚餐回家。許多家長知道自己的孩子可以上學，有紙有筆可用的時候，非常感動。她又為當地貧困的半游牧民族婦女組織了一個串珠聚會，將串珠賣回美國，改善部落的經濟。婦女們在聚會裡互相分享生活裡的哀傷與痛苦，成為彼此的支柱，也逐漸改變了部落的氣氛。

　　凱蒂在這裡找到自己的志業，用她的方式，慢慢改變身邊的人，成就了讓全世界震驚的巨大力量。她獲頒天主教會的「克里斯多福獎」，於2012年獲得*Glamour*雜誌的「年度最佳女性」大獎，被譽為是「當代的德蕾莎修女」。

Chapter 6

招募甄選

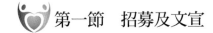 第一節　招募及文宣

一、管道

　　《等一個人咖啡》的主題是等人，咖啡只是手段，「等一個對的人」才是目的。對志願服務來說，各種工作都靠人去提供，「等一個人絕對不夠」，要「等一群對的人」。但這只是手段，「落實規劃好的有效服務」才是目的。

　　「人在哪裡？」是招募志工需優先考慮的，「如何挑選對的人？」是甄選志工的重點。負責招募的管理者需先依據任用需求選擇適當的招募策略，因為「招募」只是手段，是達成「任用」的過程，想清楚要任用怎樣的人適合採用什麼樣的招募策略。例如，需要一些人幫助成績不好的中小學生，這些「認輔志工」應優先找大學生，整個招募計畫以大學生為目標人口群。

　　負責招募的人須撰寫一份可行的計畫，先考慮「招募管道」，研判：(1)招募管道有哪些，是否能滿足招募需求；(2)招募管道是否能夠對應到招募時機、招募類別；(3)各招募管道對應的成本與收益；(4)按照優缺利弊對招募管道排序；(5)招募需求無法滿足時，是否有對應方案（即備用管道）？(6)招募管道是否被充分理解與執行？(7)招募管道是否需拓展？當原有招募管道成本明顯上升時、若策略方針與現有管道發生衝突時，或其他改進的要求發生時，須對招募管道進行調整。

　　以下是舉辦志工招募活動前應該要思考的問題（魏希聖譯，2001），主管可按照以下重點提醒負責招募計畫的人：

1.你的招募活動經過規劃嗎？

2.你需要怎樣的招募行銷任務小組（人數、性別、年齡、具備的條件等）？

3.誰會監察招募計畫的進度？

4.每位招募人員需要哪些用品？

5.是否要規劃公開活動，好讓社會大眾瞭解你們在做的事情？

6.對於要招募的志工人數，是否有預設目標？

7.招募人員對於他們負責的「地盤」是否瞭解？

8.你有多少預算？

9.如果你的機構有競爭者，你知道他們的動態嗎？

二、對象

最重要的，需區分招募的是怎麼樣的志工，以服務時間長短來看，邀請服務久的志工就多花些時間，短期志工則無須太費時費力。長期志工會長時間投入某一機構或使命，他們的身影大致是（修正自李淑珺譯，2000）：

1.獻身於某一使命或機構。對志工工作有強烈歸屬感，也對志工角色有深刻情感，喜歡從參與中肯定自我價值，尋求自我認同。

2.會調整自己的工作內容和時間，投入更多時間和精力，達成機構的使命。

3.長期志工的動機來源是成就感和歸屬感。

長期志工加入的方式主要有（李淑珺譯，2000）：第一種是因為志工肯定某項使命，而主動找尋該機構的「自我招募」（self-recruitment）；第二種是長時間下來累積歸屬感的「內部成長」（growth from within）；第三種是原先與志工圈有密切關係，而被拉進機構中的「複製」（cloning）。

「短期志工」則有不同面貌，短期志工對機構或使命有興趣，但通常興趣不深，雖然支持這項使命，但不把此機構或擔任志工視為生活中很

重要的部分。短期志工通常是由機構主動招募而來，招募方式主要有以下三種（李淑珺譯，2000）：

1. 因參加某一項感興趣的志工工作，而與這個機構產生聯繫。吸引他們的就是此種工作類型，不一定是這個機構想達到的使命。
2. 因參加某一項活動，例如於週末假日舉辦的體育活動或競賽，而被招募成為志工。通常吸引他們的是該項活動，或活動中的社交聯誼效果，而非該活動所要達成的使命或要協助的機構。
3. 因朋友或該機構人員的請求，而被半強迫的成為志工。通常他們擔任志工是出於原先與請求者有私人關係，而不是因為瞭解該機構及其使命。

三、管道及文宣

志工招募方式可分為暖身招募、目標招募、人際同心圓招募、團體招募、網路招募、尋求專業人力機構幫助等。非營利組織常提供消息使志工知道自己的組織需要新進志工，請志工引介人員投入志願服務，針對服務資格的目標人選招募。也可透過報紙、傳單、海報、網路廣告招募，請學校、機構協助招募等等，希望能招募社區民眾加入服務（王翔煒，2000）。

以志工引介的方式吸引民眾報名的效果較好，在《幫幫忙——義工管理求救指南》中提醒處理招募的管道有（鄭純宜、蔡宜津、桂雅文譯，2000）：(1)和較常來幫忙的志工資源（如學校、宗教組織、社會團體等）保持固定的聯繫；(2)向志工中心登記對志工的工作需求；(3)和員工一起確認是否所有機構的公關資料中都提到了志工需求的消息；(4)請支薪的員工和現有的志工，協助尋找新的志工。柴在屏、李嵩義（2006）專門研究學校志工的招募步驟及運作策略，盧心雨（2002）則分析運動志工的招募。

　　一般職業的招募主要的管道有二，一是正式招募方法，包括：(1)媒體廣告（報紙、雜誌、電視、看板及夾報等）；(2)校園招募；(3)人才博覽會；(4)招募網頁及人力銀行；(5)組織架設的招募網站等；二為非正式招募方法，如自我推薦、內部員工推薦等，透過志工與員工尋找合適的志工人選特別有效。例如，要招募大型賽會的志工以年輕人居多，因此應擴大透過學校管道的招募，課外活動組、服務學習辦公室都是重要的管道（李明憲，2001）。

　　招募的本質是「供給與需求」的調整，有些像是「銀行」的業務。金融機構提供的是「金錢銀行」，人力網站提供的是「人力銀行」，志工付出的有如「時間銀行」。貨幣交易是具體的物質交換，而時間銀行帶來的，表面上只是服務，但在累積時間的過程中，也使志工心靈上有收穫，人際上有交流。許多學生透過校內校外的各項志工服務，成為長期的朋友。

　　對年輕人，利用線上網站來招募志工有一些優點：可接觸到龐大的人才庫；較容易鎖定目標；使用的成本相較低廉；便利。人力銀行網站擁有許多傳統媒介所欠缺的功能與特色。對時下年輕人來說，使用網路是必然的。另一方面，到課堂上宣傳通常很有效，當面解說及邀請最能感動學生投入。因此負責招募者應多注意各相關課程，主動與授課老師聯繫，徵求宣傳的機會。我講授的各種課程常有不同單位的招募宣傳，往往可以找到一些合適的人選。

　　招募是否吸引人、內容所提供的資訊多寡會影響申請者的意願。招募文宣品的設計很重要，簡稱「AIDA原則」，首先是A：Attention，吸引人注意到廣告訊息，其次是I，即Interest，使人對擔任志工感到有興趣；第三是Desire，訊息觸及應徵的需求與欲望，最後是A，Action，對方容易採取行動。招募宣傳要把所需志工的特性、權利與義務表達清楚，不應該讓申請者有錯誤的期待（彭懷真，2012a）。

　　在透過人員招募時，要提供以下資訊：(1)解說該方案的歷史，以及

可帶給案主、社區的好處；(2)該方案能帶給志工哪些收穫？(3)列出招募人員應該要知道的方案相關細節；(4)說明該方案跟其他相似方案間的差別；(5)把招募活動的資訊（包括截止日期、公開資料、招募目標、所涵蓋的區域等）清楚呈現（修正自魏希聖譯，2001）。

第二節　甄選及口試

一、甄選方式

甄選時，應配合所擔任的工作考慮性別、年齡及擔任志工的經驗等。招募宣傳要把所需志工的特性、權利與義務表達清楚，以避免申請者產生錯誤的期待，甄選人員須清楚志工隊情形與組織需求的工作者（Brudney, 2010）。

可以透過以下方式辨識申請者是否適合（Dessler, 2005）：

1. 人格測驗：用來衡量申請者個性的基本層面，如情緒穩定性、親切、心胸開放等。
2. 紙筆測驗：瞭解語文能力、對活動的基本知識、對主辦地區環境的認識程度。
3. 體檢（physical examination）：檢查身體狀況。
4. 藥物濫用的篩檢（medical examination）：利用尿液篩檢排除濫用藥物的人員。
5. 模擬測驗（stimulation tests）：特點主要表現在針對性、真實性和開放性。針對性表現在測試的情境及內容是模擬的，測試著眼於預備擔任志工的實際狀況。
6. 小組討論：透過小組討論觀察申請者參與討論情況，以評價其反應及能力。

　　例如YMCA的評分項目及配分情況是：(1)個人資料（30%）：學經履歷、過去活動參加證明或證書、作品說明、黑白或彩印皆可照片、各種書面資料，形式及格式完全不拘；(2)筆試成績（30%）：活動企劃書設計，現場公布題目；(3)面試成績（40%）：與青少戶外部專職人員面試5～20分鐘不等，內容為自我介紹、瞭解參加動機、活動瞭解度、個人生長家庭環境、求學背景、活動、社團經歷說明、才藝展示等。

　　最好能準備志工報名表，如此可以呈現潛在志工的基本資料，又成為人事檔案的基礎，還可在面談時用來協助發問，有助於工作的安排。當需要更多參考資料時，報名表是重要的資訊來源。

　　當規劃招募行銷任務小組的訓練內容時，要確定涵蓋了下列議題（修正自魏希聖譯，2001）：(1)說明進度及回報的方式；(2)招募活動過程中，會不斷通報新的訊息，要讓大家知道會用哪些方式通知他們；(3)教導面試者碰到拒絕時該如何處理。

　　與志工招募人員合作的要訣有（修正自魏希聖譯，2001）：確保他們拿到了正確的資料；與專職人員及招募負責人定期聯絡；他們有問題時要儘快回覆；教導應對技巧，以避免招募人員誤會，覺得負面反應是針對他們個人而非業務；不宜要求他們除了招募再從事其他的工作；讓招募人員瞭解，何時應該請求援助，何時不應該插手；協助他們減少打退堂鼓的狀況。

二、面試志工

　　面試為最普遍也最重要的甄選工具，儘管有缺點，但仍是目前使用最廣的方法。招募面談重點在瞭解擔任志工動機與服務態度，找適合的人，「請神容易送神難」，無數日後發生的管理問題都源自於不適合的面試。

(一)優秀的志工面試者具備的能力

　　管理者該如何邀請及要求面試者？由於評估志工候選人的時間有限，因此找能做出能正確判斷的人來進行面試，是十分必要的。面談須清楚志工隊情形與組織需求的人員，詳細閱讀應徵者的基本資料。優秀的志工面試者最好有以下這些能力（修正自李淑珺譯，2000）：(1)熟知機構和機構的計畫；(2)能研判志工的特質和習性；(3)能夠跟不同類型的人談得來；(4)能夠跟陌生人自在談話；(5)能夠仔細聆聽，並能聽出言外之意；(6)能夠進一步追問；(7)能夠主導面試內容，又不顯得霸道；(8)具備非支配性的面試技巧；(9)能夠在面試時兼顧招募和引發對方動機；(10)能對人有同理心；(11)有拒絕的能力與技巧。

　　在志願服務領域中，邀請志工擔任面試者有一些優點，志工通常比較容易跟潛在志工建立起比較好的關係，因為他們之間有共同點，例如都認為這個機構值得付出時間。其次，擔任面試人員是很耗費心力的工作，可能很快就會讓面試者覺得心力交瘁，而無法傾聽。志工的時間較寬裕，比較不會覺得疲累。

　　面試者本身該如何面試？最重要的是「以能力為基礎的詢問」（Kessler, 2006）。進一步分成幾個階段來看，在面試前，要事先充分準備，詳細閱讀申請者的資料，預備可能的面試題目，與其他面試者商討。招募面談時，重點在瞭解擔任志工動機與服務態度，重點是找適合的人。

(二)面試前的準備工作

　　管理者應該在面試前就準備好以下資料，以便進行面試（李淑珺譯，2000）：(1)可能的志工工作清單，配合工作內容職掌說明和所需的能力資格；(2)與每項服務相關的工作清單；(3)由志工填寫好的申請表格，包括志工的背景資料和興趣；(4)開放式的一些問題，以探究志工的

動機；(5)關於機構及服務計畫的資料。

(三)面試時的注意事項

面試時，應注意對方應徵者的言行，以多元方式詢問。面談在瞭解擔任志工動機與服務態度，題目不需要太過嚴格。面試畢竟只是一種預測，預期哪些申請者加入志工行列比較適合。

面試的內容主要有：(1)進行基本資料核對；(2)瞭解申請者的動機、家庭支持、專長、服務期待及是否有影響服務提供的疾病；(3)應向申請者說明工作性質及內容、工作環境、訓練、福利、保險、差勤管理及考核等等，告知有試用期，讓雙方評估是否適合扮演此項志工角色（Kessler, 2006）。

面試時，面試者避免犯以下的錯（魏希聖譯，2001）：(1)不要急急忙忙地進行面談，不要只顧著說話，如此就無法多認識申請者；(2)不要讓個人偏見影響了決定；(3)不清楚想找的是什麼樣的人。

(四)面談時常見的問題

面談的常見問題（有☆者是特別常問的）：

1.你是否帶相關資料來？

2.你的打工、實習、志願服務的經驗如何？☆

3.你認為上個志願工作中最有成就感的事是什麼？

4.你如何安排自己一天的生活？☆

5.你最適合何種任務及角色？☆

6.要在志願服務時上做出一番貢獻該怎麼做？

7.你覺得我們的組織、機構如何？

8.為何對此志願服務有興趣？

9.你如何想像這個服務工作？

10.好學生與好的志工有何根本差別？☆

11.你閒暇時做些什麼？

12.你較喜歡獨自工作或是團隊工作？☆

13.你是否可與其他工作夥伴相處得很好？

14.你是否從事過小組計畫？扮演的角色是什麼？

15.你是否參與民間社團？

16.激勵你從事志願工作的最主要因素是什麼？☆

17.你是否很積極？☆

18.你需要這份服務的機會嗎？

(五)被面試者詢問的問題

被面試者也有權詢問一些問題，而主考者必要時可以簡要回答，被面試者可問的問題如下：

1.有什麼是我需要注意的？☆

2.是否有工作說明書？☆

3.主要任務是什麼？

4.我有何權責？你們如何定義？

5.是否能告訴我，我必須向誰負責？

6.是否能告訴我一些相關人員的工作？

7.貴單位的使命是什麼？

8.我是否有機會持續接受訓練？

 第三節　確認及鼓舞動機

一、確認動機

　　維繫志工的關鍵是要瞭解其擔任志工的動機，給予適當的激勵，通常可以達到事半功倍的效果。**表6-1**彙整志工參與之動機，可以更清楚瞭解各種參與動機類型及其內容。

表6-1　志工參與動機表

動機類型	內容
利他的	助人、做好事、具有社會責任感，是最常見的動機。
意識型態的	志工有時會因為一些特殊因素、意識型態或價值觀，加入志願服務工作。
利己的	加入志願服務可能是為了要滿足自我的需求。例如，處理內心的衝突或得到他人支持。
實質回饋的	包括了對自己或家人有益處，許多志工的投入是因為他們預期會得到實質的回饋。
資格取得的	志工希望得到專業的知識、技巧及資格。
社會關係的	接觸一些人、交朋友是參與的動機。
打發時間的	因為他們有空閒的時間，是一種打發時間的活動形式。
個人成長的	學習、個人成長與心靈的提升，相信從助人的付出當中，可以得到成長。
多重的動機	當人們被問到他們為什麼要加入志工組織時，人們傾向於多重的參與動機，這些動機可能隨著時間的改變或因參與特定工作之後，而改變了原來的參與動機。

資料來源：修正自陳定銘（2003）。

　　組織的負責人應加強對志工的激勵，以提高志工的工作滿意度和組織承諾，也需要充實志工管理人力，確保有足夠的人員來推動。在人力運用上首先應注重志工的專長使其適材適用，其次應加強志工教育訓練的多元化與彈性化，並建立完善的考核制度，明確獎懲標準。

　　招募志工是解決志工不足的方法之一，強化志工能力靠訓練與督導，而留住志工提高服務的關鍵是激勵，發揮志工服務效能是機構實施志工計畫的重要目的。因此良好的志工管理包括招募、訓練、激勵與績效管理等。

　　讓志工互相認識、維繫志工間的感情、鼓勵志工熱心投入服務，可以考慮流通資訊、分享成果、辦理教育訓練、服務擴展等方法，由主管、社工、志工幹部共同討論，歡迎志工提供建議。在形式上可辦理志工聯誼、自強活動、志工大會，以增加志工知能、強化服務態度等，例如玩遊戲，將志工服務知能加入比賽的遊戲題目中，寓教於樂。

　　為了強化服務的水準，需善加督導志工，包括建立督導計畫。在直接督導方面，重點是與志工定期會談、與志工保持接觸、持續督導被分派到各方案的志工。有些人事主管或專任督導負責間接督導，定期和那些直接督導志工的工作人員溝通，使志工適得其所，又需確保志工都能找到他們的督導。

(一)志工參與後的問題

　　在志工的參與中，下列問題不時出現，讓管理者十分頭痛（陳武雄，2015）：

1. 志工忘了當初加入的純正動機，自視甚高，指揮行政人員，認為自己是義務性，沒有領薪水。
2. 志工有比較的心態，有的志工也擔任其他單位志工，如此心態必然會影響其他志工，甚至暗示自己可以「隨時走人」。
3. 志工出現優越感或排斥心理，有的在其他單位受訓過或在本單位長期服務，看不起新進志工，讓經驗不足的工作人員或志工感到挫折。
4. 志工幹部不願承擔該負的責任，造成組織運作上的困擾。

　　志工雖是出自於志願，在民眾意識提高的大環境中，志工的服務效能也是機構與民眾所要求的。對志工評估，是讓志工有機會檢討過去服務的服務績效，以作為下一階段改進服務品質的參考，運用志願服務之相關單位多以獎勵的方式來肯定志工之表現。

(二)內心服務心態

　　價值觀其實就是一種信念，服務行為的準則，必須內化在自己行為上，志願服務有三種原則（林勝義，2006）：

1. 不計較物質報酬：志工第一個要求能不計較物質報酬，不計物質報酬除了和運用單位以外，也包括對服務對象而言，不應該有收取任何餽贈和金錢來往的利害關係存在。
2. 追求公共利益：志願服務的參與是公民社會成熟度的指標，有計畫地幫助他人，發揮愛心解決社會問題，符合公共利益。
3. 尊重自由意志：志願服務出於自由意志，秉持誠心，以知識、體能、勞力、經驗、技術、時間等貢獻社會，不以獲取報酬為目的。

　　志願服務是犧牲奉獻，是神聖、高尚、道德之行為。但加入志工服務行列，還是會發生一些狀況，例如志工來去自如，有些人誤以為既然是志願來做服務，那麼就是自己想做就做，不想做就隨時不來。志工熱心主動地參與，不好意思直接要求志工將事情做好，甚至做不好也不太敢要求。志工選擇做自己想做的事，以「體力無法負荷」、「不會做」、「我想做別的工作」等理由來挑選任務。有時會志工抱怨自己所分配到的工作做起來較無成就感。

　　志工參與組織並提供服務，也是組織的一員，就加入「組織社會化」的歷程，管理者有責任使此歷程更順利。參與組織社會化歷程，可區分為志願服務工作的接觸、志願服務角色的取得、志願服務角色的維繫、志願服務角色的深化及志願服務角色的充分接納等五個不同的階

段。「志工能否被訴求引發參與動機」、「志工與組織之間是否存在價值與理念上的契合」、「是否獲得志工所認定的酬賞」及「組織價值與理念的深化程度」等都影響對志工參與的熱誠。倘若管理者看重這些，深化志願服務角色，增進其組織社會化的程度，則志工樂於投入；相反地，則會弱化志工們的角色，降低熱忱度，甚至導致離開組織等後果。

志工管理者可以運用各種提升工作動機的方法（參考魏希聖譯，2001），例如：參與目標設定、規劃及決策；提供公正且持續的意見回饋；將功勞歸於志工，協助志工暸解全局；將責任與權力委任給志工；會影響到志工的事情，讓他們知道；預備時間傾聽志工心聲；樂於接受不同意見，並衷心讚許；志工敞開心胸；適時運用志工的才能；提供志工發表文章與創作的論壇；鼓勵職務輪調；支持志工進修；鼓勵志工加入專業組織；跟志工一起規劃表揚與頒獎活動等。

二、差異化帶領

有些志工只來參加一項短期的活動，只有在活動當天才會跟機構有關係，主管應協助員工設計出管理這些「一日志工」的計畫。員工通常會高估或低估了實際所需的志工人數，所以最好在活動前，確定到底需要多少志工，並且擬出簡單的工作描述供當天使用。

建立一個延伸的管理體系，請資深志工擔任「志工指導員」，協助監督活動中不同部門的志工，包括志工報到、工作分配、簡介引導、志工訓練等，因為到時候員工可能忙得沒辦法顧到這些。也可以利用這個機會開發新的志工來源。招募一日志工，正好可以藉此接觸更多樣的志工來源。招募「一日志工」，可以讓許多人有機會體驗，決定是否要繼續在機構擔任志工（李淑珺譯，2000）。

管理者要確保所有志工都能拿到必要的設備，也都知道設備放在哪裡。這些設備包括名牌、表格、宣傳單或機器等。缺乏必要的設備，會使

本來最士氣高昂的志工為之洩氣。告知每位志工他們的緊急支援人員是誰。所有志工都應該有明確的聯絡人，以便在緊急時尋求支援。協助活動進行的志工經常會碰到有人詢問一些他無法回答的問題，因此需要知道要請對方去找哪一位，同時如果情況失控，也需要找人協助，如此為志工提供一個「安全網」。

讓一日志工同時獲得成就感與樂趣。這些志工必然會評估自己是否喜歡這次的經驗，而決定以後還要不要留下來服務。能讓他們留下來的原因，是他們覺得自己有所貢獻或覺得這次經驗很愉快。如果可能的話，請所有志工都留下姓名與地址，以便寄發感謝函，以後再次邀請他們。

如果你對這種類型的志工活動不熟悉，最好趕快加強，因為近年來這類活動成長得相當快。最簡單的一個學習方法就是自己去參加幾次這類型的志工活動。

(一)志工管理者之工作

有時候志工可能在短期內被分配到機構中的不同部門工作，今天跟一群員工合作，明天又跟另一群。志工管理人最好得負責管理大多數的流動志工。志工管理人應該負責以下工作（李淑珺譯，2000；Ellis，2005）：

1. 在志工抵達機構時，志工管理人應正式招呼。此外志工每次開始新工作時，管理人應該陪伴他們到工作地點，介紹他們認識將合作的夥伴。

2. 確保相關任務給志工執行，而且這些任務不應該是最後關頭才堆在一起。最好在志工到職前幾天，送一份備忘錄給員工，提醒他們會有人來幫忙。

3. 在機構與志工間扮演社交與溝通的管道。也可考慮讓一群志工組成小型社交團體，定期聚會，保持聯繫。然後根據資訊，持續舉行評

估討論，並持續配合志工不斷改變的需求與能力，給予志工新的工作。

(二)給志工管理者之建議

對於團體志工要有效監督並不容易，一方面要讓志工對工作產生參與感及責任感，另一方面也要控制他們以機構的名義所從事的行為。具體建議是：

1. 當邀請團體志工辦理活動時，務必清楚說明指導原則及活動的目標。如果有任何需要解釋的限制或要求，愈早講清楚愈好，例如可否使用機構的名稱與標誌，或可否讓協辦團體掛名等。
2. 如果該項活動以前舉辦過，應把相關資訊，包括可行的與不可行的方法，都提供給該團體。
3. 清楚說明總共有哪些工作項目。如果整個活動很複雜，最好提供參考工作敘述，並指出每項工作有何關聯，如何配合以達成目標。
4. 列明你自己、團體以及團體成員的監督責任，確保每個人都同意誰該負責監督什麼人及哪些事。
5. 在你跟團體之間建立溝通管道，議定報告日期。關係建立初期最好較常碰面，以便及早發現問題，有效改善。
6. 請團體選出自己的「志工專案管理者」，跟你並肩工作，這在短期的活動中格外重要。你可以請這位志工幫忙招募，監督工作，以及整體的管理，讓他清楚知道自己要負責監督整個專案。

(三)顧問志工運作的關鍵

指派大批工作給一個外來團體，等於建立起一項結盟的關係，這與其他類型的監督關係有些許不同。志工可能不會視管理者為上司，而是顧問。管理者的角色就是獲得對方信任，定義出該做的工作，然後提供團體

必要的協助。

要使志願付出的顧問團運作有效率，有以下幾個關鍵（李淑珺譯，2000）：

1. 決定顧問團的目標，可能是提供機構建議，也可能擴大機構與社會的聯繫，或者協助某項特殊工作，例如籌款。
2. 不要只為有顧問團而創造出顧問團，因為這會耗費你和志工許多寶貴的時間。
3. 以目標招募法找尋顧問團需要的志工。顧問團需要各種志工，包括可貢獻充分時間從事實際工作的，具有協助技能的及對顧問團目標十分感興趣的。
4. 最重要的就是要邀請到顧問團的領導人物。如果顧問團設有主席一職，則擔任主席的人必須能激發顧問積極參與，因為員工無法完全負擔這種責任。
5. 許多顧問團一開始成立時就很不順利，因為沒有人提供他們引導課程。其實顧問團成員也跟其他志工一樣，需要認識機構的使命、文化、工作方式與環境。若顧問團不瞭解機構的文化，要求他們做出重大的決定，並不適宜。

主管應指派一名員工擔任顧問團的秘書，他的責任是幫機構與顧問團協商出可行的合作關係。秘書的工作是支援，而非管理，並且在顧問團的領導階層改變時，可能也需要隨之改變。經由一連串低調的、非正式的討論，最容易達成協商。建立一個良好的志工顧問團，過程類似建立一個獨立志工專案，事先充分的準備工作可以有效預防事後產生問題。

案例──彭書睿、賴樹盛與呂亭詠

一、彭書睿

　　大家對他的認識，是從「忠僕號國際媒體發言人」起，周遊過將近70個國家的他，是個為上帝冒險、「白浪滔滔都不怕」的夢想實踐家。2003年起在忠僕號國際志工船服務，是第一位擔任「忠僕號」志工的台灣男生。30歲前，足跡已遍及將近70個國家，從殘酷戰爭方歇的西非獅子山共和國，經濟破產的羅馬尼亞，到海嘯摧殘後掙扎重建的斯里蘭卡。

　　「忠僕號」自1978年開始航行，為國際性差會「世界福音動員會」的一項事工，宗旨是Bring Knowledge, Help and Hope（傳遞知識、提供救援、帶來希望），透過文化交流節目、社區服務活動及海上書城等跨文化體驗活動，扶助各國，並促進國際間的文化交流。同時在世界許多的角落，提供人道救援。這艘國際志工船上全是義務自願性質的加入，台灣近年有十多位的青年陸續登船參與，透過至少兩年的時間，擴展國際視野，學習志願服務的謙卑功課，並親身經歷跨越國界及文化的衝擊。

　　來自五十幾個國家的三百多位志工及家人，年齡從兩個月大到67歲，從沒有看過海的蒙古到戰爭頻仍的黎巴嫩，教育程度從大學教授到精力旺盛的高中應屆畢業生。在這樣的環境裡，彭書睿等人必須一起生活、一起工作，更是一起經歷人生最精彩，也最具挑戰性的幾年。

　　彭書睿在船上服務了四年多，下船前擔任「忠僕號國際公共關係發展主任」，2008年中加入台灣世界展望會，負責衣索比亞與剛果資助計畫區，以及聯合國糧食計畫署之糧援專案。之後出任聯合差傳事工促進會秘書長，使這個組織成為台灣宣教活動活躍的單位。他因而成為作家、演講者、廣播主持人，夢想是推動年輕世代，走出小島成為遠方的祝福。他說：「在台灣時，人們總愛用彼此的不同來傷害彼此的相同；而船上的人總是要找到一點的相同，去跨越彼此的不同。」

二、賴樹盛

1974年生於新竹市，台北商專畢業後，對於人群的興趣多於理財，喜歡探索勝過唸書，選擇插班中興大學夜間部社會系，一路半讀半工半玩，曾在立法院國會辦公室和中研院社會所擔任助理，養成參與公益團體的嗜好。27歲時，前往英國就讀東英格蘭大學發展研究所，由於田野實習課，因緣際會下到泰緬邊境擔任海外志工一年。2004年，如願成為援助發展專職工作者，擔任台北海外和平服務團泰國工作隊領隊多年。

他在《邊境漂流：我們在泰緬邊境2000天》一書中，將六年來的難民服務經驗透過許多精彩故事呈現，例如緬甸克倫族的民主運動者彭財、培訓偏遠地區教育人員的皮瓦替、遊走山地村落的赤腳醫生拉魯、流亡泰國的辛西雅醫生和她在泰國美索鎮的梅道診所，到流落異鄉的穆斯林女孩帕恰拉、失去了泰籍克倫族丈夫仍堅定工作的台灣長期志工良恕等。

除了述說感人的故事，作者在本書中也對國際服務的本質進行深刻的反思：在神聖的光環下，短期國際志工真的能幫助別人嗎？他發現最大的受益人還是自己，在長期和難民相處中，他學會了平等和別人對話的能力、無私分享的能力，以及在困苦中活下去的勇氣……。他分享：「其實，參與海外服務工作的首要任務，並非急著去幫助什麼，或趕著要改變什麼，因為長久複雜的戰亂問題及當地貧困情況，並不會由於我的短暫到來便迎刃而解或有所改善，而是應該調整自己來配合當地步調，試著去瞭解當地的人、事、物，同時也讓對方有機會來認識我。」

藉由每一小篇的故事，讀者可以想像生活在泰緬邊境的難民們的心情，國家都要受戰亂影響，他們卻無能為力改變，生活又窮苦，又怕被趕出自己的家園。

作者認為，服務的工作是急不來的，因為雙方之間的文化差異太大，如果只是一味以施予者的高姿態來做這檔事，不但沒有達到原意反而會造成無法預料的傷害，人家雖然窮苦，但也沒有必要接受你的幫助！在大環境長久的影響下，他只是一個渺小的外來者而已，就像

兩塊不合的拼圖硬要拼在一起，結果只會是一個畸形的圖案，應該要用更多時間來彼此瞭解，磨合下來的拼圖才會完美。作者雖然是以服務工作的身分前往幫忙，但是內容提到他給予的幫助卻不多，反而是以旁觀者的角度深入觀察這些人如何調適跟互動，從中融入，平衡了雙方的高度與觀點，以更多的思維來完成這趟服務的旅程。

作者透過這些回憶反省這些日子來的收穫，結果作者反倒像是被幫助者，因為他在與難民營的難民互動中，成長更多，作者不停提醒自己，究竟大老遠來到此地是為了什麼？想要什麼？學到什麼？為服務而服務？不是，應該是站在人類最原始的情感，回歸到人與人之間的相處。

他分享「因為這個世界不夠美麗」。正因為不夠美麗，所以無數國際志工才想盡辦法讓這世界美麗——單單只是為了此一理由。志工去到一個地方服務，不見得會幫上人家的忙，說不定還會幫倒忙——例如消耗已經不夠的糧食。在服務之前有個最重要的事前工作，那便是瞭解當地的風土民情、習慣及認知，如果什麼都不知道，擅自地以我族的觀念加諸在別人身上，那無非是增添麻煩，甚至給對方帶來不好的觀感。

三、呂亭詠

呂亭詠是中正大學外文系的學生，2008年起連續三年暑假前往非洲史瓦濟蘭做志工。她認為國際化不是逃避，在地也不是封閉，新世代的青年必須以國際思維，來強化在地行動。比較特別的，她不僅到非洲做志工，還在大一、大二、大四無酬翻譯三本非洲相關書籍，版稅全部捐贈台灣「非洲之心」，鼓勵台灣學生走到世界匱乏的角落，體驗貧窮，付諸行動。

Chapter 7

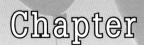

訓練評鑑

第一節　引導及訓練

一、訓練的特殊性

　　杜拉克《在使命與領導》中說：「每個組織都在影響人才；不是在開發人才，就是在破壞人才。組織不是協助人才成長，就是阻礙他們成長。我們對培養人才瞭解多少？其實很少。」訓練，就是培養志工的最重要方法，但我們瞭解多少呢？

　　對志工的訓練是志工管理的重點，為了確保志工可以順利地進入工作情境，因此提供所需的知識、技能與態度。志工訓練通常是志願服務方案中，最重要也是占經費比例較高的計畫。在「志願服務法」中明文規定要辦理志工的訓練，對於課程主題也有所規範，目的在提升志願服務工作品質，保障受服務者的權益。

　　訓練與教育不同，教育（education）主要是為未來做準備，它使學習者有能力勝任未來的某一些情境。工作者需要判斷處境及運用經驗的廣泛知識。訓練（training）有計畫引領志工採取正確做法，傳遞被認可的內容，說明與執行任務有關的可做或應該做方式。陳定銘（2003）簡要說明志工訓練的本質：是為了確保志工可以順利地進入工作情境，因此提供所需的知識（knowledge）、技能（skill）與態度（attitudes），簡稱KSAs。

　　訓練是社會化的最重要方式，幫助志工達到符合角色的基本能力並且用適當的方法工作。訓練是有效益與價值的活動，志工可因此快速的上手和減少工作錯誤，也能夠提供更好的服務。志工在感受其良好的工作表現後，會減少曠職、抱怨及離開。

　　對社會工作者來說，需透過持續的教育來成長，社工系學生通常要接受四年將近一百學分各類型的專業課程才可以擔任社工。志工不可能接

受這麼多的課，無法在大學裡慢慢學習，所以，對志工主要透過訓練來帶領，使志工得以迅速入門。擔任志工後，還要繼續接受短期的訓練，如果要扮演專門的志工或志工的管理者時，也應該接受配合任務的訓練。訓練的範圍主要有培訓新進志工、強化現職志工服務知能、提升志願服務品質等。訓練的對象不限新進志工，包括職務調整、服務中斷及其他需訓練的現職志工。

陳金貴（1994）將志工訓練歸納成三種基本方式：

1.引導：主要是提供志工有關工作的組織背景、功能及實際情況，使他們能瞭解如何實現機構的目標，如何做好組織的工作。志工愈瞭解機構，愈能夠奉獻力量。

2.服務前訓練：如初級訓練或技術發展訓練，包括了評估志工的能力和提供志工完成指定工作所需要的技巧。

3.服務中訓練：服務中訓練可視為職訓練或繼續訓練。他強調持續訓練的重要性，志工在工作一段時間後，可能因為任務的改變、新技術的出現、新趨勢的需要，必須再接受訓練。此外，志工在工作中學習資深志工的經驗，並且從工作中提升個人工作能力，以累積好工作所需的能力，此種多樣化與成熟的學習過程稱為發展。

組織訓練新進者的方案有不同的取向，可從不同角度加以區分：(1)正式或非正式：有些偏重正式，另一些偏重非正式，正式將新進者單獨訓練一段時間，非正式則讓志工直接投入工作之中；(2)個別或集體；(3)固定或變動期限，前者有清楚的時間流程，後者則不然；(4)指派資深人員或沒有固定指派。

在職訓練（On the Job Training, OJT）是指讓志工在實際執行工作中來學習。優點是成本相當低廉，受訓者邊做邊學，不需要另外準備工作場所之外的其他設施。

在職訓練的主要目的是提供志工學習機會，以更增進服務工作所需

要的知識與能力，改善工作技能，進而提升現有的服務工作成效。運用單位應檢視現有志工的服務狀況，從中觀察志工的需求，並思考哪些知識與能力需要再加強，藉此規劃相關的訓練課程。

督導訓練的對象不限新進志工，也包括職務調整、服務中斷及其他需訓練的現職志工。督導訓練由接受過領導訓練的工作人員及績優志工擔任，負責指導志工的服務知能、服務態度及倫理，時間大約一個月，由工作人員關懷、輔導及協助受督導志工的服勤狀況。經過一個月後，由志工督導及工作人員考核受督導志工，若無重大過失或不適任狀況，受督導的志工通常會成為正式志工。

新進志工職前訓練的關鍵是服務單位主管及志工對新進志工的態度，如此會影響到志工是否樂意服務。服務單位的主管若多關懷志工，讓志工更願意在該單位服務，提供良好的服務。目前各縣市的志願服務中心舉辦志工基礎訓練以及社會福利類的特殊訓練，提供參與祥和計畫運用單位的新進志工免費參加。

大多數的志工訓練只要全程參與，便可獲得結業證書；但專業度要求較高的領域，則必須完成訓練且通過考核，才可獲得結業證書。何慧卿（2013）提醒，不論是職前訓練或在職訓練，如果志工服務的內容將會與服務對象有直接的互動，甚至涉及專業、安全與健康等議題時，所需要的訓練時數與嚴謹度，應該提高。志願服務運用單位應針對其所設計的志工服務內容，審慎思考志工訓練的內容與形式，並將取得結業的資格一併加以考量，以便能確保志工訓練的品質與成果，提升服務知識與能力，保障受服務對象的權益。

二、志工引導

志工引導（employee orientation）意指對新進志工提供基本的背景資訊，使他們能順利完成任務，為幫助志工社會化過程的一部分，讓志工能

培養組織或其工作部門所期待的工作態度、標準、價值觀及行為模式，是持續進行的過程。

引導的形式從簡短、非正式的介紹到冗長正式的一系列課程都有。新進志工通常會得到一本手冊或書面資料，內容包含工作時數、績效考核、薪資辦法、休假及工廠設施的整個流程等，還有諸如志工福利、人事政策、日常作息等相關資訊（McCurley & Lynch, 2012）。

Connors（2012）將引導的要素按照順序，分成以下階段：歡迎、熱身活動、介紹參與成員、說明組織的目標及使命、簡介歷史、主要的服務對象、組織圖、工作時程、主要規則、政策及規則、講解志工手冊、參觀機構、解說日後的訓練、詢問及解答等。

引導者介紹志工瞭解機構內的志工管理體系，重點項目包括（修正自李淑珺譯，2000）：

1.機構的結構與計畫，列舉說明每項計畫中志工的角色。

2.機構內志工計畫的體制，包括有關志工的政策與規範。

3.介紹機構的設備。

4.介紹志工的報酬，與志工必須符合的要求。

5.介紹機構對於工作記錄的要求。

6.說明機構活動的時間表。

決定引導內容，最簡單的方法就是想：「志工必須獲得哪些資訊，才能深入瞭解這個機構運作的方式？」志工一定會被朋友問到這個機構的運作內容，如果志工對機構有充分瞭解，就可以做最好的親善大使，讓外界瞭解機構存在的價值。相反地，如果志工根本搞不清楚，就造成反效果。

初步的引導通常由志工督導負責，向新進志工解釋工作時數與休假問題，隨後把志工介紹給他的小組長，由小組長說明工作的確切內容、同事、工作環境。有高度企圖心的志工比企圖心較低的志工，會得到更多資

訊，也容易與其他同事建立更密切的人際關係。因此小組長鼓勵新進志工多從事哪些能讓他們學得訣竅的活動，以成為積極投入的成員。

引導有如專職工作的職前訓練，主要目的，依照何慧卿（2013）的見解有：(1)瞭解志願服務的現況與相關規定；(2)認識服務機構；(3)瞭解志願服務的相關法規與機構的規定；(4)認識未來可能要進行的服務及所需要之相關知識與技能；(5)認識未來工作中須合作的相關人員。職前訓練是讓志工真正做好準備，可正確認識機構，使志工與機構建立更明確的關係。職前訓練時，必須要融入的主題包含：(1)機構的介紹；(2)志工制度的介紹；(3)相關人員的認識與介紹等。這些議題，最好與「志願服務法」及相關機關訂定的基礎訓練與特殊訓練課程相配合。

在職訓練讓一位志工在實際執行任務中來學習其工作。每個人新進到一個組織，一定都會經歷在職訓練的過程。在職訓練的主要目的是提供志工學習機會，能夠更增進服務工作所需要的知識與能力，改善工作技能，以便提升服務成效。邀請志工的單位應檢視現有志工的服務狀況，從中觀察志工的受訓需求，並思考哪些知識與能力需要再加強，以規劃適宜的在職訓練課程。

三、實例

以某醫院志工的訓練來看，該院隨時接受新進志工，為讓新進志工熟悉服務環境及服務技能，新進志工在一個月試用期間須完成職前訓練。剛開始安排服務績優的資深志工帶領，跟著資深志工一起執勤，由資深志工介紹服務環境及服務知能。管理人員要提供新進志工基本資料讓帶領的志工有所認識，也應提供帶領的指導及書面資料以便查詢，並給予必要協助。職前訓練通常是新進志工繼續留下來的關鍵，帶領的資深志工負起建立新進志工與醫院志工服務的關係，熱心服務的資深志工自然將服務熱誠感染給新進志工，新進志工通常會跟著資深志工做。

　　新進志工第一次服勤時，管理人員必須加以引介，介紹給資深志工，即使雙方已熟悉，仍要作引介的工作，讓雙方瞭解在志工隊服務的關係。資深志工需要學習帶領新進志工，協助志工職前訓練，做有系統的職前訓練，提升職前訓練的品質，建議督導訓練的要點，教導志工作職前訓練的工作、帶領服務知能等。

　　以該醫院為例，所規劃志工績效管理是依據「志願服務法」相關法令、志工職務說明書、服務標準書作整體規劃，包括差勤、服務內容、服務產量、服務態度等，設計統計報表及服務稽核表，進行績效管理。評量人員包括志工、社工員、志工、院外稽核人員、顧客等等，採定期及不定時考核，以提醒改進、安排教育訓練。另外有督導訓練的機制，由接受領導訓練的資深志工帶領需要改善的志工，採一對一在職訓練。

　　各機構須重視志工形象，採取實際行動進行積極管理，志工服務納入服務驗證的一環，規劃志工的服裝標準及儀表態度、服務標準及服務藍圖，進行一連串的服務禮儀訓練及服務稽核、稽核缺失調整改善。由志工、社工員、志工及院外稽核人員等多管齊下，經過不斷溝通、訓練及考核，積極形塑良好志工形象。

　　在績效管理方面，除了服務稽核採質的評量，記載時、地、人、事外，另以統計報表統計服務時數、服務人次，並根據統計結果、志工間的評量選出績優志工，參加頒獎表揚、代表參加會議及聯誼。

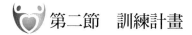 第二節　訓練計畫

一、規劃

　　志工管理者有責任執行MTP（Management Training Program），這名詞可以被譯為：管理訓練計畫、管理能力訓練計畫、管理才能發展訓

練、管理訓練專案、管理訓練課程、管理能力訓練課程等。訓練很重要，但許多單位只是為了完成訓練計畫而訓練，勞師動眾卻沒有好的效果。因此從規劃訓練專案起，就應注意七個要項：

D：demand（確認需求）。

O：objective（將需求轉化為目標）。

B：budget（考慮預算）。

S：select（挑選受訓志工）。

M：method（確定訓練方法）。

T：trainer（邀請訓練者）。

E：evaluation（評估效果）。

評估訓練過程中與訓練結束後的效果，訓練中強調受訓的理解，訓練後則特別留意志工在工作中的應用情況。

訓練講師主要可區分為學院派或實務派，關鍵是：訓練重視幫助改變、刺激改變、增強改變的動能。訓練者本身要能吸收新知、樂於配合受訓者的需求，以便對訓練課程做調整。訓練者是訓練執行成效的關鍵，好的訓練者需對訓練主題熟悉，能夠帶動團體氣氛，有親和力、體力、耐力，又知識淵博，適時回答受訓志工的各種問題。

分析台灣各地志工方面的訓練，漸漸受到重視，也趨向多元化，但多數訓練的形式仍較保守且單一，受訓者多被動。訓練專案的規劃可考慮採用創新與多元的方式進行，加強受訓者的參與。更應加強訓練和實際工作之間的緊密關聯，使訓練效果得以落實在工作之中。在訓練者方面，可考慮邀請更多實務工作者、資深志工和專業人才來擔任。在教材方面，完整而有效的訓練教材嚴重不足，電子化和e-learning等的材料更不夠。訓練課程規劃時應多瞭解志工實務上的需求，訓練進行時應增加受訓志工的參與，訓練後應持續對訓練效果做追蹤。

(一)規劃訓練時之反思

何慧卿（2013）提醒，規劃志工訓練時，應先反思以下三個問題，以確立訓練的目標：

1. 運用機構對志工態度與服務價值的期待：運用單位本身對助人工作的基本信念與價值觀。志工既是代表機構的一分子，所展現的態度與價值觀，應該與機構的理念無二致。機構在面對新進志工時，必須透過訓練，讓志工理解機構的服務理念與信念，教導志工將理念運用於服務中。在服務過程中，可以透過督導或在職訓練，幫助志工將機構的助人價值觀與信念內化，進而在服務的行動中實踐。

2. 志工於服務中需要具備的知識：知識是行動的基礎，因此志工督導與管理者必須思考志工在執行所規劃的服務工作時，需要的基本知識和資訊為何？即便是基本常識，都有必要在志工訓練中，再一次的告知，以確保志工能在服務過程中，做出正確的判斷，避免影響服務對象的權益。志工倫理守則更是每一位志工需要具備的基本知識。

3. 志工要完成服務所具備的能力，包含技能與實踐知識的能力。雖然某些工作看起來簡單，但仍要在訓練中提醒與教導，必要時應請志工實際操作，確認志工有執行的能力。若服務內容需要具備專業執照時，務必確認招募的志工皆具有此類執照，確保志工的專業領域能力和資格，避免造成服務對象的權益受損。

(二)在職訓練之步驟

在職訓練的步驟如下：

1. 學習者的準備：儘量讓學習者提高興趣，並鼓勵其發問，說明工作為何要這樣做，連結志工已知的工作內容幫助志工儘快瞭解，儘量

將受訓者安排在正常的工作職位上，讓志工熟悉設備材料等工作相關條件。

2.作業的示範：說明所要求的數量與品質，示範並隨時提醒重點部分，最後讓新進志工試著說明執行步驟。

3.嘗試執行：讓學習者操作數次，並說明執行步驟。

4.追蹤：等志工具備工作能力後，可以讓他開始正式工作，要讓志工知道如果有問題可以找誰；接著慢慢減少監督次數，但隨時查驗服務品質是否合乎標準。

二、執行方式

在職訓練有許多類型，常見的有：(1)教練法：由有經驗的志工或受訓者的主管來訓練新進志工。新人可藉由觀察資深志工的行動來學習，對基層志工常採用這種訓練方法；(2)工作輪調，志工從某一個工作換到另一個工作；(3)學徒制訓練，使志工就近學習具備某項技能；(4)參與外界研討會；(5)角色扮演等。

(一)志工訓練之進行方式

McCurley與Lynch（2003）提出有關志工訓練課程的進行方式（李淑珺譯，2000），在此修正補充說明如下：

1.正式訓練課程：正式訓練在於給予志工足夠的準備，以執行某項工作。例如「生命線」就提供志工長期的訓練，教導他們如何應對打電話來的求助者。訓練課程可採聽演講、閱讀、討論、參觀、觀看錄影帶、座談會、示範、角色扮演、案例研究、模擬操作等。

2.一對一指導：通常指導者是志工的主管或資深的志工。指導通常包括三個步驟：專人示範教導與增強技能、學員試著操作而指導者從旁觀察、指導者對學員的表現給予回饋。

3.諮詢顧問：諮商顧問協助志工瞭解困難所在，負起改善責任，進而解決問題或增進志工能力。一對一指導主要目的是使志工知道如何改善工作技巧，而諮詢則協助志工發現改善工作表現的方法。

陳武雄（2015）提出更多種訓練方法，首先是「實地參觀」，「他山之石，可以攻錯」，瞭解別人，有助於修正自己。先洽定準備參觀的機關、機構或團體，請其預備可供觀摩的資料，包括：工作介紹、制度規章、教育訓練、獎勵表揚、活動成果、宣導刊物及作品、服務特色等，建議對方指派專人現場解說及答詢，讓參觀學員學習借鏡。不過，這種方法耗時，有關參觀人數、參觀時間、所需經費、交通工具及安全、接受參觀單位的規模……，都須考慮。其次是「聯繫會報」，聯繫會報可以半年或一年召開一次。召開聯繫會報邀請參加的對象應為已有運用志工的機關、機構或團體等相關單位的志工代表及志工督導，相關主管機關亦可邀請派員列席。

(二)志工訓練之注意事項

在訓練方面應注意：

1.志工訓練應該按照機構與志工的需求去作規劃，不只是為了符合「志願服務法」的規定。
2.參與志工訓練的對象邀請機構的首長、各單位主管志工管理者，共同參與規劃及執行。
3.訓練內容要依據志工的工作與能力去調整，適度發揮創意以激發志工的潛力。
4.各項訓練要評價訓練成效，依訓練成效進行人力安排相關任務的調動。
5.新進志工試用與在職訓練期間須有一位志工幹部負責督導，使其早日適應志工服務環境，對機構與志工隊有向心力。

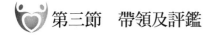

第三節　帶領及評鑑

一、任用安排

首先是帶領者的基本工作與態度：正式任用通知與報到方式最好比照正式員工，儘量讓志工感到是組織的一分子。所處的工作環境儘量給予如從事輔助工作人員的待遇，如辦公桌椅、電話、制服、用餐等等。到工作單位工作時，需由該單位工作者負起管理的職責，提供行政及心理的支持，依據志工能力分派任務。

在差勤管理方面應注意：(1)差勤管理需制度化，整合單位與志工個人的需要，力行職務代理人與工作交接制度。志工值勤的時段與單位的人力需求時段相配合；(2)鼓勵同時間服務的志工夥伴良好互動，資淺者與資深者或志工幹部搭配，以互相照應；(3)出勤時間須配戴名牌，遵守工作規範。

對志工出勤時間須有紀錄，志工應避免遲到、早退、翹班，如有異常時，管理者須在第一時間表示關心，對常常出勤異常者給予團體壓力，或是調整工作時段，甚至請其暫時離開工作崗位。

在福利方面，除了「志願服務法」規定的福利外，可透過志工之間的互動，串起資源網路，例如優惠商店、年節送禮、提供就業機會、住院慰問等。志工旅遊活動可與志工訓練結合，設計各項訓練與文康活動。對於服務績優志工，給予特別獎勵與福利，例如聚餐、機構觀摩。也可依據志工的不同需要，提供福利，例如優先錄取為正式員工，辦理成長訓練。

在保險方面，要依法為志工投保保險，以保障志工值勤時間發生意外時的損失賠償。若志工發生意外時，管理者應於第一時間前往探視，主動準備資料告知志工有關保險理賠、機構可提供的協助，讓志工感到機構

的關懷。若志工非常態外出值勤、旅遊或執行特殊任務時，建議另外投保意外險。

在離職管理方面，志工離職可分為志願或非志願，最好針對離職原因去作輔導，使志工離職後仍對機構有向心力。對於績優志工離職或是請長假時，需保持聯絡。

在風險管理方面，機構對志工服務要進行風險管理，降低服務品質不良，避免產生危機。機構在制定志工管理規範時，明訂志工的權利與義務，以避免爭議。志工提供服務時若發生糾紛，及時提供解決之道，例如損失賠償。

在資訊管理方面，各項志工管理事項建議透過電腦資訊系統作管理，以提供工作效率，增加工作績效。機構須有一筆志工管理的經費，經費來源包括機構預算、募款、志工獎金等等，各項收入與支出妥為記錄，財務要透明。經費的用途用於志工管理，禁止移為他用。

在服務認證與獎勵方面，機構如參加各項服務認證，要將志工管理此部分納入。驗證之初，需要建立志工的共識。鼓勵志工提供各項建言，必要時參與志工管理及機構決策。主管將各項榮耀多與志工分享，最重要的，促進志工自我管理，建立志工優質形象。

二、考核評鑑

「對志工，還要評鑑？」是許多人的質疑，不求報酬的志工已經付出時間精力，還要被評鑑，是否太嚴格了呢？志願服務人員出於自由意志，非因個人義務或法律責任，不以報酬為目的，貢獻自己的知識、勞務、經驗、時間，是推動各項社會福利服務的重要社會資源，志工投入人力、經費及組織資源加以開發、結合、運用來從事社會服務，很偉大了，還要被各種標準要求嗎？

別忘了，志工從事的是「志願服務」，屬於服務的一種。既然是服務，就要考慮服務對象的感受，就得考慮服務的品質，就需持續改進。由於社會大眾、組織對於服務品質都在乎，志工服務之品質評估、維持與提升亦納入組織執行品質管理的一環。志工雖然都是自願投入，但就如同募款的運用應清楚交代一樣，人力與資源的運用，也必須受到一定的監督。志願服務的評鑑，也是在檢視志工運用單位對志工、服務對象，以及社會大眾是否負責。因此，適度的評鑑有必要。

(一)考核管理之重點

在針對志工方面的考核管理重點有：

1. 是否訂定志工管理規範？明訂值勤時間、服裝儀容、服務守則、獎懲、福利待遇、法定權利與義務等等，要讓志工充分知曉以便遵守。
2. 志工服務是否填寫成果紀錄？簡單明瞭即可，如此易於統計與呈現績效。
3. 是否設計獎勵辦法？讓志工有達到目標的榮譽感，各項推薦後的評選須公開。
4. 志工管理者是否充分瞭解各項獎勵辦法？是否主動推薦與獎勵績優志工，包括正式與非正式的獎賞？是否規劃績優志工獲獎計畫？
5. 對於表現不佳的志工，是否分析原因，給予協助、訓練、鼓勵、停班或離職處分？

考核也應多注意「邀請志工參與」。「志願服務法」規定：「志願服務運用單位應定期考核志工個人及團隊之服務績效」、「主管機關及目的事業主管機關應對推展志願服務之機關及志願服務運用單位，定期辦理志願服務評鑑」，依照此法令，志願服務評鑑單位主要有兩種，一為主管機關對志願服務單位，另一為目的事業主管機關對志願服務單位。

當然，負責帶領志工的主管也可以對志工進行評鑑，通常是與「績效管理」結合（鄭錫鍇，2003）。**表7-1**為志工績效指標。

表7-1　志工績效指標

特質途徑	服務熱心、具親和力、具責任感、不愛計較、任勞任怨、忠誠度高（包含向心力）、頗具耐性、具創造力、積極進取。
行為途徑	笑口常開、配合度高、高出席率、積極服務、高學習意願、高應變能力、善溝通協調、具團隊精神。
結果途徑	工作達成率、配合度、滿意度、出席率、時效性、參與程度、情緒穩定度。

資料來源：何慧卿（2013）。

(二)評鑑之重點

評鑑的重點有三：

1.效率（efficiency）：主要是分析生產力（productivity）和成本效益（cost-benefit）。

2.效果、績效（effectiveness）：主要是分析結果（management by results）。

3.公平（equality or equity）：主要是分析服務過程。

志願服務評鑑所要檢視或評鑑的服務成果，主要包括：志工參與服務的情形。志工執行了哪些服務？對服務對象有哪些幫助？服務對象的滿意度。志願服務方案與計畫的規劃，是否達到其原本預定的目標，以及符合機構設立的宗旨。

(三)績效評鑑之原則

在進行志工績效評鑑時，必須注意到幾點原則（何慧卿，2013）：

1.志工及其所屬機構與志願服務運用機構必須清楚明白所從事的工作。

2.評估必須要公平。

3.強調是對於工作績效的評估而非針對個人。

4.應在合作的前提下進行評估。

5.志工應擁有完成工作所需的工具、資訊和支持。

6.當服務過程出現錯誤時，志工、志工督導（或管理者）或機構等應能指出錯誤。

(四)評鑑之步驟

評鑑的進行大多分為兩階段，一為內部自評，二為正式評鑑。內部自評大多是由受評鑑單位依據評鑑指標，進行相關資料的整理與敘述，進行評分並對評分說明理由。在正式評鑑時，則由評鑑委員審閱受評鑑單位所提出的相關資料，依據評鑑指標給予分數。志願服務的評鑑對於運用單位而言，以鼓勵性質居多。

評鑑的步驟為：

步驟1：訂定評鑑目標。

步驟2：選擇評鑑對象。

步驟3：選擇評鑑測量的工具及資料蒐集的方法。

步驟4：設計監督系統。

步驟5：分析資料並整理結果。

步驟6：公布與說明結果。

從管理的角度，志工服務績效的達成，非僅靠志工們一腔熱血的服務精神，管理有賴管理者進行績效管理工作，其重點工作包括：(1)擬定工作計畫，具體訂定達成目標；(2)做好指派及給予工作說明；(3)判斷狀況，適時授權；(4)進行工作控制，避免志工行為偏離目標，例如：訂定查核點、定時與志工會面，以瞭解工作進度。

(五)績效評鑑方法

建立具體的績效評鑑方法，以便客觀衡量志工績效，常用的方法有三（孫本初，2001）：

1. 目標管理：由機關主管與志工共同擬定個人目標，年終再依此目標的達成度評定志工績效。
2. 結果管理：強調以具體工作結果作為年終績效考評依據，但在如何達成工作成果的方法上，可適度授權由志工彈性處理。
3. 關鍵事件紀錄：為避免以刻板固定工作成果作為唯一考評標準，可由志工自行提列重要貢獻，尤其是對目標達成的情形，來作為績效評鑑標的。

三、實例──醫院志工的Qualicert國際服務品質驗證

把志工的付出當成服務，就有很多以服務為主的評鑑方法。追求「以客為尊」、「用心服務」的組織價值與文化早已成為現代組織必要的努力方向，各國發展已經許多品質管理的理論、工具、世界品質驗證標準，例如：ISO 9000系列、Qualicert國際服務品質驗證等等。其中Qualicert國際服務品質驗證源自於法國，台灣於2002年引進，衛生署中區五家署立醫院於2004年引進與推展。該服務驗證是一項服務品質保證，由公正的第三者執行驗證，藉以針對顧客所期待的服務品質做出服務承諾，符合由委員會確認通過的標準書中對服務特性、控管標準與方法的規範，尋求達成由醫院執行內部稽核，輔導顧問及驗證機構執行外部稽核的服務水準。

Qualicert國際服務品質驗證重視組織在有關顧客對於品質的期待方面做出高水準的「服務承諾」，認為是整個服務驗證流程的根本要素，組織依據服務承諾發展出服務標準書、服務藍圖、服務標準作業及服務

稽核，內容涵蓋環境服務、商品服務、人員服務、服務特色、內部訓練等，希望提供以「顧客為中心」的服務，透過公正的第三者驗證，達到對顧客的服務承諾及服務品質的保證，藉由驗證通過的高水準服務承諾。

中部某醫院為推展以「顧客為中心」的服務，提升整體服務品質及醫院形象，自2004年起執行Qualicert國際服務品質驗證，將志工服務納入服務驗證的一環，規劃志工的服裝標準、儀表態度、服務標準及服務藍圖，進行一連串的服務禮儀訓練及服務稽核、缺失改善，由志工、社工員、員工及院外稽核人員等方面多管齊下，經過不斷溝通、訓練及考核，逐步提升志工服務品質、塑造志工形象（黃秀雲，2006a）。

有關於志工部分，在2004年5月至2005年3月實施Qualicert國際服務品質驗證計畫的結果如下：

1. 志工參加第一階段（2004年5-8月）的國際服務禮儀課程，服務管理顧問公司主講的兩場服務理念與顧客關係訓練、醫院服務禮儀種子講師主講的國際服務禮儀訓練八場，每一位志工至少要各參加一場，全體在職的志工九成以上完成第一階段的訓練課程。

2. 第二階段（2004年8-12月），完成服務標準書，包括志工的服裝禮儀、服務藍圖等，接受不定時服務模擬稽核，院外服務稽核計36小時，院內每週至少一次稽核，皆通過服務稽核。該院志工隊於榮獲全縣績優志工團隊、全國衛生保健績優志工團隊慈心獎。

3. 第三階段，SGS國際服務驗證機構正式確認通過國際服務品質驗證稽核，於2005年1月正式通過Qualicert國際服務品質驗證。

中區聯盟醫院於2005年3月正式向媒體宣布榮獲亞洲第一個通過Qualicert國際服務品質驗證的醫療機構。同年榮獲全國績優志工團隊特別獎等表揚。

提升志工形象的方法是讓志工瞭解Qualicert國際服務品質驗證及服務標準，使組織與志工能達成執行服務標準的共識，使志工知道如何達成服

務標準，尤其是服裝標準及儀態標準兩項服務標準（黃秀雲，2006b）。

在評鑑的過程中，組織制定服務標準應讓志工參與，共同制訂彼此可接受的服務標準，並將溝通的結果公布，如此有助於志工同意進而做到服務標準。另外，組織在追求服務品質改善志工形象的同時，需考量成本問題，提供志工服裝及辦理訓練，在品質與成本之間取得平衡。

服務評鑑的報告應轉達志工知道，讓志工瞭解自己的優良服務態度與行為，鼓勵其繼續維持，表揚優良服務志工供大家學習。對須調整改善的志工，應個別知會，促其改善缺失，應隱匿該志工的姓名，提醒其他志工曾受稽核的需調整改善項目及輔導志工如何改善。

組織需持續宣告執行的決心與行動，該醫院推行Qualicert國際服務品質驗證三年，志工與民眾皆認為志工的服務品質有改善，志工形象確實有所提升，組織需持續辦理服務禮儀訓練及服務稽核。針對稽核缺失作改善追蹤，並對須加強的服務標準項目規劃訓練及追蹤管制，採個別與團體的輔導、列入個人與單位的績效考核。

總之，評鑑可提升志工形象有利於志工自身的凝聚力和吸引力，讓志工比較有成就感與向心力，同時有助於組織吸引人才與資源投入，促進組織發展（江明修主編，2003）。當然，評鑑的基礎必須建立在志工可以實踐的期望上，評鑑的程序應該是公平的。

案例——尤努斯、若瑟神父與法默醫師

一、尤努斯

　　穆罕默德・尤努斯（Muhammad Yunus）1940年生於孟加拉的吉大港，從達卡大學畢業後，尤努斯負笈美國，在范德堡大學攻讀經濟學。返國後擔任吉大港大學經濟學系主任，之後便投入提供赤貧者金融服務與社會工作。

　　在1974年孟加拉的大飢荒時，尤努斯首次投入到反貧困的事業。他發現即使非常小額的貸款也可以幫助貧困者提高生存能力，他成立了一個合作社（小型農業體制），被孟加拉政府批准為引入項目。他發展並推動「小額貸款」和「小額金融」，創建了孟加拉鄉村銀行，給予貧窮而無法獲得傳統銀行資金的創業者貸款，是全球社會企業的鼻祖，被稱為鄉村銀行或窮人銀行。他以非營利性質集體力量，藉由無抵押的微型貸款，協助窮人脫貧，受惠者超過一千萬人。

　　2006年，諾貝爾獎委員會授予他與孟加拉鄉村銀行諾貝爾和平獎，表彰「他們從社會底層推動經濟和社會發展的努力」。尤努斯也曾獲得過包括世界糧食獎在內的多個榮譽。2008年，他又被《外交政策雜誌》列為「世界百大思想者」，排名第二。尤努斯也是聯合國基金會委員。

　　尤努斯的偉大、熱誠與創新早已是21世紀全球都肯定的。不僅諾貝爾獎肯定他，無數人也因為他的想法與行動力獲益。在《誰說偉大的事都做完了》書中他介紹了「社會型企業」的概念，又是充滿熱誠與創新的做法。其實，企業與非營利組織不是對立衝突，更不是壁壘分明的。企業與非營利組織就像是光譜的兩端，在這兩端中，有各種可能性。在靠近企業那一端，有些企業從事樂善好施的活動，只做好事不求利益。更進一步提撥經費成立或挹注基金會及福利服務單位，持續推動公益。在非營利組織那一端，有些非營利組織從事營利的活動，賺一些錢，例如中秋節賣月餅。有些專門設立有如企業的單位，運作的方法與企業幾乎相同，只是其中的員工有比較多弱勢背景的。

尤努斯這些年推動的,不是「福利」,他所設立與鼓吹的不屬於非營利組織。他做的是讓更多原本弱勢的人去工作,去參與甚至成立企業。透過工作,原本主要靠福利維生的,能夠在自助人助之中,由靠工作維生,明顯改善自己的生活。

尤努斯是充滿使命的領導者,他認同許多非營利組織的理想,就是要全面、廣泛、澈底、持續改善人們的生活,包括食衣住行育樂等生活所需。如此,才可能有更多人工作、更多人脫離貧窮、更多人獲得較好的生活機能。他就如此做,堅定地做,並鼓勵有更多人如此做。他做的是比「工作福利」更靠近「工作」的方式。

尤努斯對讓窮人牟利以改善生活有強烈的使命感,他在行動上的能量與論述上的說服力,都值得我們學習。

二、若瑟神父

若瑟·赫忍斯基神父（Joseph Wresinski, 1917-1987）於1956年創立了第四世界運動。他對抗赤貧的堅定信念吸引了世界各地的年輕人,紛紛投身這個跨宗教、跨國界的運動。整整三十年,若瑟神父不停地以對最貧窮的家庭服務為核心,將不同階層、不同政治理念及宗教信仰的人結合起來,共同思考並實踐「對抗赤貧」這個重要的課題。

在世界各國,不論是富裕的歐美、戰亂的中東或貧困國家,都存在著許多無法安身立命的貧窮家庭。他們失去尊嚴、遭受歧視,卻被認為是懶惰或命運使然,因而「變成窮人」。

1956年,當西歐沉浸在高度經濟發展的歡樂中,出身貧苦的法國若瑟神父卻和許多被漠視、被誤解的赤貧家庭,在國慶日這天創立了「第四世界運動」,揭露赤貧的存在。這運動擴展到世界各地,現在已成為在聯合國擁有重要影響力的第一級諮商地位非政府組織。

第四世界運動的創舉之一,在於打破傳統的救濟,建立和赤貧家庭走向平等的夥伴關係。這個運動強調要以窮人為導師,肯定窮人擁有對抗貧困的豐富經驗,和他們一起重新建構知識、發展行動,讓每個人的基本人權都獲得尊重。

《親吻窮人:若瑟神父與第四世界運動》是若瑟神父接受法國知

名記者阿努以的訪談錄。若瑟神父詳述了他和這個運動在四大洲的赤貧現場，從窮人身上學到的一切。他告訴世人，以最貧窮的同胞為優先意味著：當窮人得到和你我一樣的平等尊嚴與人權時，我們就學到了愛的真義。

三、法默醫師

1959年生，擁有哈佛大學醫學與人類學雙料博士的法默醫師，每年有四個月在波士頓看病、教學，其他時間則都在海地照顧又窮又病的人。法默醫師感嘆：「世界上有一條線把人分為兩類，一種人享盡物質條件的精華，極盡奢侈之能事；另一種人卻生活在極度貧困髒亂的環境中，受盡貧病交迫之苦。這真是『流行病學的巨大分歧點』。美國充斥減肥廣告，海地人卻三餐不繼。巴黎有許多為小狗小貓美容的商店，非洲卻有無數人連基本生活都無法維持。」

在體恤貧窮的事情上，還有很大的進步空間，法默醫師持續努力，他也到秘魯照顧結核病和瘧疾病人，又到古巴協助促進公共衛生，他以行動說服了世界衛生組織及世界銀行提供大量金錢，化解西伯利亞監獄結核病大量爆發的危機。他前往古巴，促進當地的公共衛生，公平合理的分配醫療資源。他又奔走世界各地籌募捐款，讓許多窮人因此能接受醫療。

法默醫師在海地創立「醫療衛生夥伴」慈善醫院，建造學校、房舍，普及社區衛生設施和供水系統，並為兒童預防注射，舉辦活動教導婦女識字、擴大愛滋病防治，積極對當地猖獗的多重抗藥性結核病展開住民訪視與防治。經由「醫療衛生夥伴」獲益的農民超過百萬人，在海地鄉間、盧安達、秘魯、俄國、墨西哥和美國等國家運作，他又在哈佛醫學院及「布利根與婦女醫院」辦了許多訓練課程。

不管在哪個國家，都有很多人過著窮苦的生活，也因而更受到疾病折磨。貧窮不僅增加了他們生病的機會，而且罹病後未必能得到現代醫療的照顧。法默醫師說：「我們既感欣慰又覺害怕。欣慰的是，一個醫師或護士不管身在何處，說何種語言，都能發揮所長，因為每個血肉之軀都可能生病，而我們可施以援手。然而可怕的是，全世界有超過十億人沒有享受到任何現代醫學的成果。每一年，傳染病都會

奪走千萬條性命，而那些疾病原本是可以預防或治療的。」

法默醫師被譽為「醫治世界的人」（The man who would cure the world），但他謙卑地說所做之事「微不足道」。

1993年普立茲文學獎得主季德（Tracy Kidder）將法默的人生寫成《愛無國界》（*Mountains Beyond Mountains*）。Mountains Beyond Mountains來自海地的諺語「過了一山，還有一山」（Beyond mountains there are mountains），這不僅是描述山高水深的地理天險，更深的意思是「才解決一個問題，接著又來了一些問題」。

Chapter 8

管理督導

第一節　常見志工問題

一、志工常出現的問題

　　許多志工督導感到無奈，感嘆志工不瞭解自己的角色與義務。志工服務因為是義務的、志願的、輔助性的，服務時難免出現一些問題，造成機構的困擾，成為「問題志工」，出現的偏差行為已經無法「自律」，必須改正。常見類型如：(1)來去自如，不受約束：打雜型；(2)我行我素，打發時間：混水摸魚型；(3)自以為是，拒絕改變：老大心態型；(4)只要服務，拒絕訓練：蠟燭型；(5)爭取福利，不遺餘力：計較型；(6)踰越倫理，八卦惡習：三姑六婆型。

　　例如美國馬里蘭州有一項指派律師以志願方式擔任受虐兒童辯護律師的計畫，但執行一陣子發現如果讓志工隨意做自己想做的事，可能會產生以下後果：(1)志工將案件內容告訴記者；(2)志工沒有親自會見該案兒童；(3)志工直接給予兒童的父母法律上的建議；(4)志工和政府社福人員互相對抗；(5)志工把孩子帶回家；(6)志工變成孩子的「大哥哥」或「大姐姐」；(7)志工送孩子他的父母買不起的東西；(8)志工捏造證據；(9)志工對案情調查得不夠仔細，讓法官欠缺足夠的資訊，以做成適當的判決；(10)志工向孩子保證說他絕對不會再受到傷害。

　　即使是專業的律師要擔任志工，也須接受嚴謹的督導，避免產生後遺症。在實務經驗中，常見到以下的現象：

1. 服務狀況不穩定：常缺席、請假或遲到、早退等，是許多運用單位常見的志工問題，也是人力流失前的警訊。因此督導若發現志工的服務狀況開始不穩定時，必須先透過正式或非正式的督導形式，以瞭解原因。

2. 志工流失率高：常發生在以青年志工為主要來源的單位，因為學生

常因寒暑假時須返回居住地區，而導致服務中斷，或因新學期的排
課問題而無法繼續服務。青年處於積極投入就業市場階段，需以正
職工作為主要考量，或因結婚、生子而無法繼續服務，志工流失率
特別高。運用單位須從招募、訓練志工的步驟重新開始，服務對象
又得與新志工重新建立關係。若運用單位的志工流失不斷產生，則
須修正招募條件，調整服務工作內容，並加強督導，以便提高志工
留任率。

3.志工在機構內的人際問題：這是最困擾的，嚴重時會導致整個志工
團隊信心的瓦解。志工督導必須要花費更多的心力，與志工建立良
好關係、營造感情、瞭解志工的狀況，避免影響服務。

4.志工不適任：因為考量志工的志願性，使運用單位不想、不敢也不
知道如何處理不適任的志工。志工是自願前來服務，奉獻閒暇的時
間與精力，若只以其不適任的理由要求離職似乎過於無情。但不處
理此問題，卻也可能使服務對象和機構受到傷害。

志工參與時，出現下列現象，也讓管理者十分頭痛：

1.志工忘了當初加入的純正動機，指揮行政人員，認為自己沒有領薪
水，自視甚高。

2.志工存有比較的心態，有的志工也擔任其他單位志工，難免加以比
較，甚至暗示自己可以「隨時走人」。

3.志工優越感或排斥心理，有的在其他單位受訓過或在本單位長期服
務，看不起新進志工，讓經驗不足的工作人員或志工挫折。

志願服務常見的幾個話題（陳武雄，2004）：(1)與案主的情感距
離；(2)與機構的信賴關係；(3)隱私權的範圍與限制；(4)案主自決的限
制；(5)案主權益或社會公益；(6)如何滿足需求或誘發需求；(7)善意欺騙
的正當性；(8)同事的不當言行；(9)從利他到競爭；(10)應否揭露案主偽

善的一面；(11)志工的退出（情感認同的割裂）；(12)組織科層化與公器化的思考；(13)服務熱忱的消褪與激勵；(14)志工個別性應予尊重；(15)認同的混淆；(16)過多的福利造成的問題。

二、常出現問題的志工

志工工作表現不佳，主要原因是缺乏能力或缺乏動機。管理者和督導須多分析志工的動機與能力，瞭解志工狀況後有不同處理策略，常見類型有下列幾種，一併說明處理策略：

1. 有動機，也有能力的志工：有動機也有能力的志工卻表現不佳，可能因為工作要求不明確，或與社工、其他志工之間相處有問題。若是前者，可能是社工認為工作要求已經溝通得很清楚，事實卻不一定如此。例如一個志工老是遲到，可能是因為他不知道準時到達很重要。若是人際關係問題，應設法協調彼此的衝突，或把志工調整到不會發生衝突的團隊。

2. 有動機，但沒有能力的志工：可以利用訓練、諮詢、指導等方法解決，需要有能力的社工來協助。有時候社工可能也不具備所需的技能，尤其是招募志工的目的是提供員工欠缺的專長。例如有人志願幫機構做公關工作。但結果這名志工並沒預期的那麼能幹，這時候得尋找一位在公關公司有工作經驗的人員來提供建議。

3. 有能力，但沒有動機的志工：如果志工有能力，卻缺乏動機，那麼志工管理人須給予能引發動機的環境。多注意：志工是否擔任自己想做的工作？志工是否瞭解他的工作與機構使命之間的關聯？志工的工作成果是否得到肯定？志工是否得到授權去做必要的決定？

4. 沒有能力，也沒有動機的志工：志工若沒有能力，也缺乏動機，先嘗試在機構裡找一個能滿足志工動機需求或符合他能力的工作。如果機構內沒有適合工作，最簡單的方法是把他介紹到比較適合他的

機構。不論工作表現不佳的原因是什麼，志工管理人都必須協助志工達到機構的要求。如果志工無法達到要求，還是得先為機構著想。

三、督導時常面對的問題

(一)情、理、法的考慮

志願服務之時，雖有管理制度及規範，但在人情關係的作用下，難免存在「以情議理」的觀念，因而出現「拉關係」、「要人情」、「養人情」、「用人情」、「做面子」等情形，導致各種挑戰規範或倫理界線的實例。有些志工認為自己是「自願奉獻」投入服務，機構不應給予限制或約束，期待照自己樂於做的方式提供服務，否則大不了一走了之。許多志工督導面對此情形，不知該以何種方法和態度要求來避免破壞雙方感情。

張菡容（2014）探究「醫院志工督導所面臨之人情困境與因應模式」，發現督導所面臨之人情困境情境，依照類別分為：(1)制度規範；(2)資深、高齡、社經地位高、特殊身分地位志工；(3)福利利益的不合理要求。因應方式有：給人情（答應）、給方便（給予彈性）、以拖待變及事緩則圓、拒絕但給面子、拒絕但不給面子等。

志工督導在管理工作上常會面臨「建立行政權威維繫情感之間的衝突」。督導假設：糾正他人有某項工作或行為不對時，對方會不高興而會和自己發生衝突，因此不敢要求或指正對方的錯誤（曾華源、曾騰光，2003）。志工督導容易有矛盾，既須善盡職責監督指正志工，要求改善工作方式或態度，又須兼顧關係，必須留情面、看人情，因而不知該如何溝通協調。林勝義（2009）分析志工通常對機構產生不滿原因有：志工異質性較高、自主性強，常有自己的看法，不願意被約束和管理。或因為

工作要求、價值態度不同，或與機構期待不一致而產生衝突，加上若志工年紀或年資較長，或有特殊社會地位，志工督導陷入不知如何解決的困境。

有時，機構需要志工人力卻面對招募困難時，因此對志工減少控管或降低標準，甚至形成來者不拒的現象。有時，機構的志工制度不完備或未規劃年度計畫時，會產生想到什麼才做什麼的狀況（黃郁雯，2011）。報名參與志願服務者少，或投入服務後三分鐘熱度，都造成志工流失率高。又如督導對於志工考核不易，即使某位志工不符合制度規範情形時，志工督導卻因考量人力需求無法果斷要求其離隊。

(二)常見督導主題

在督導過程中，督導只有與志工服務及服務對象相關的主題。何慧卿（2013）從廣義角度說明影響志工服務的相關問題可分為七大類，在此簡要整理說明：

1. 志工本身：例如志工的個人狀況、家庭或機構外的人際關係狀況、服務狀況、正職工作狀況等。志工本身是影響服務表現的主要因素，更是志工督導時的首要議題。
2. 服務對象：服務對象因個人因素導致無法接受志工的服務，或是有更多的需求時，使志工的服務產生變化。
3. 志工督導：志工督導個人的狀況當然會產生影響。
4. 志工與其他志工的關係：對許多志工來說，能否在服務過程中有歸屬的人際關係，是相當重要的事情，也是機構維繫和留住志工的關鍵。一旦志工彼此間發生人際衝突時，必然會影響整體團隊的士氣。
5. 志工與服務對象的關係：志工督導，需協助志工與服務對象建立正向且信任的關係。能夠提供較好的服務，志工也會較有成就感，服

務對象也會對服務感到滿意。

6.志工與志工督導的關係：志工和志工督導若發生衝突，會影響志工的服務。例如：若志工督導對志工的看法存有刻板印象或偏見時，不論志工如何努力，督導只以成見看待志工，會使彼此之間的關係處於緊張狀態，連帶影響與其他志工、服務對象甚至工作人員的關係。

7.志工與運用單位的關係：運用單位或機構設立的志工相關政策，或對志工的態度等。當運用單位願意提供更多的福利與資源時，志工更有向心力，願意繼續投入服務。

(三)資淺社工帶領資深志工

在機構裡，志願服務管理業務常見由新進或年資較資淺之社會工作者接手，面對50歲以上的志工彷彿面對「長輩」。有時志工出現「倚老賣老」的情形，因為年資久、曾擔任志工幹部、擁有較高社會地位、私下與志工督導關係較好或曾捐款予機構單位，督導更是為難，欲糾正對方錯誤時，必然面臨人情困境。部分資深志工可能在機構服務年資一久而干涉行政工作，扮演如同組長或督導角色，忽略工作倫理。

蕭茲涵（2010）的研究中提到，新進志工督導認為在管理資歷較自己久的資深志工時，常遭遇困難，需要花費更多時間。鄭家欣（2005）的研究亦指出，志工督導與志工間之互動界線很難拿捏。在面臨人情關係的考驗，督導該如何確實達成管理工作任務目標，同時能夠維繫與志工間良好信任情感關係為重要課題。

第二節　志工督導角色

一、「督導」是什麼？

(一)督導的意義

　　就志工督導來看，督導一詞，「督」是指對志工的適任和服務品質進行瞭解；「導」是以良好的督導關係為基礎，引導志工努力工作以產生效果。督導一詞是從英文「supervision」翻譯而來，在拉丁原文是由super（即over之意）和videre（即to watch、to see的意思）組合而成，這說明督導工作的進行是在控制的情形下去觀察、監督並提供志工指導的活動（Kadushin, 1992）。

　　督導是名詞時，代表職稱。當督導是職位稱呼時，代表著適合擔任這個職務的人，通常是在助人領域中已經工作一段時間，具有一定的服務經驗者；具備相當的知識與能力，可以幫助新進的工作者解決其在工作中所遭遇的問題。督導為動詞時，代表工作，表示進行此項工作的人，必須要幫助其他工作者瞭解及解決影響服務的各項因素，必須監督或督促志工完成其分內的工作，並且領導志工所組成的團隊，共同為單位或機構的使命而服務。

　　按照《社會工作辭典》（2000）的定義：社會工作督導指機構中的督導者或資深社工員，對社工員實習學生和志願服務人員所作的指導和訓練，透過定期與持續性的督導程序，確保志工能在執行工作任務時符合職責要求，又具備該有的服務知能。Kadushin（1992）說明：督導是一種程序，由機構指定的專業工作者依照志工的需求來協助對方運用知識技術，增進能力，能更有效地工作，並對自己和機構增加滿意度。

　　志工督導不論是一個職位或工作項目，設立目的都是為了確定志工能在一定的品質下完成工作，確定志工會完成所負責的任務。督導是志

工制度不可或缺的角色，督導幫助剛開始服務的志工，降低因為生疏的人、事、物、環境而產生的焦慮，使其儘早融入團隊。

「督導」隱含著權威，權力的運作無法避免的。在組織中，督導與志工為一從屬之關係，督導不論在行政、工作分派、僱用等面向有其權威，對於志工亦握有控制權。督導的權威來自機構明確賦予的權力，其中正式的行政權力，是實施督導工作的權力來源。督導者若具有充足的專業知識和技巧則容易為被督導者所接受。假如督導者過度使用制度所給予的權威，則會導致督導關係不良，造成志工抗拒，督導者與志工彼此之間會產生衝突。

(二)角色和重要性

督導最好年資久，對工作熟練，有豐富的經驗，又接受足夠的專業教育訓練。在督導過程中，應持續思考工作的目的和使命，激勵志工追求目標，面對機會和挑戰。履行對機構使命、捐贈者、政府機構約定及服務對象等的責任。督導的目的在幫助志工逐漸成為有效能的工作者，督導者的主要任務依循被督導的發展層級與需求，提供合適的督導環境與方法（施香如，1999），如此才能使被督導者在得到志工最期待且適切的協助（**表8-1**）。

江明修（2003）指出，志工督導領導志工應具有以下十四點角色特質：展現活力及耐力、付諸行動、承擔責任、嫻熟工作、瞭解志工、實現夢想、激勵志工、勇往直前、贏得信任、管理技能、展現自信、積極進取、彈性適應、公關技能等。志工督導必須瞭解志工，建立彼此關係之信任與維持，管理應該人性化，不墨守成規，彈性的行動。

志工督導不見得只能由社工相關科系畢業者擔任，也不是非得由社工職稱的人擔任，只要是必須負擔對志工服務的監督、指導與協助的人，都可稱擔任為志工督導。但若太早擔任督導，經驗不足，缺乏管理知能，或因工作自顧不暇和角色混淆，導致無法發揮其功能，反而增加被督

表8-1　志工督導管理的角色及任務

分類	角色	任務
規劃和設計志工方案	計畫者	規劃完整的志工計畫可有效運用志工和達成機構使命，包含志工人力需求評估、預算、招募、面談、訓練、獎勵、考評、福利等。
執行和管理志工運作	管理／督導者	清楚說明要求和期待；印製志工服務手冊；服務的監督和考評。
	有效激勵者	利用內外在激勵因素，提高志工信心，協助跨越服務障礙，強化志工持續服務的動機。
	授能者	激發潛能，因應志工不同的個性及成熟度，給予適當能力。
	資訊傳播者	不定期給予志願服務及機構相關資訊。
	整合者	適時的安置工作，有效分配資源。
	教育者	運用教育和訓練、創造學習環境以維持服務品質。
協調志工間或與機構間之關係	協調者	細心觀察志工們的團體動態與人際互動，若發現糾紛衝突，趁早排解，建立和增進志工間、督導間或與機構間的信任關係。
	支持者	提供溫暖舒適的工作環境；適時的鼓勵和支持。
	示範者	志工督導本身具示範作用，須以身作則。
倡導志願服務理念	倡導者	志工督導有責任幫助機構其他員工瞭解運用志工的意義；讓志工更認識志願服務的意義，增加其成就感及社會責任感。
	願景及使命分享者	瞭解且確實傳達組織的理念和願景，加強對組織的認同。

資料來源：黃郁雯（2011）。

導志工的壓力。

　　Taibbi（2013）進一步分析，督導要確保高品質的服務，需增加具服務技巧的工作人員，為了滿足案主需求提供有效的服務。督導者需要監督和評估志工的工作，督導有權力去要求一定水準的服務。

　　督導制度提供行政、教育和支持等功能，透過工作上的協助、行政溝通和情感上的支持，藉以紓解第一線工作者可能產生的耗竭與對工作不滿，以提升服務品質（黃明玉、郭俊巖，2009）。主要功能說明如下：

◆行政性功能

確保工作者能確實遵循機構的政策，指導工作者瞭解並維持機構政策及行政程序，以有效完成職責，主要內容有分配工作、評量志工的工作表現。

Kadushin（1992）認為，督導者主要任務為：(1)志工招募與選擇；(2)職務安排與工作指導；(3)工作策劃；(4)工作分派與授權；(5)評估、檢查、審核工作執行狀況；(6)與其他部門之間的協調；(7)機構主管與志工之間的溝通橋樑；(8)機構政策的倡導與推廣；(9)機構、案主、志工者之間的行政緩衝；(10)機構與社區的聯絡；(11)服務措施的改善。

蔡和蓁、陳武宗、張江清（2008）歸納出行政督導的內容為：工作人員的招募與選擇、工作計畫、行政的緩衝、工作分派與授權、工作協調與溝通、報表填寫、對工作監督、財產管理、機構間的交流等。

◆教育性功能

督導者與被督導者間建立學習的關係，志工可以從中學習技巧，督導則教導知識、技巧及態度。督導者透過教導與學習的雙向交流過程，協助志工獲取及吸收工作過程中所需的知識與技巧。教育功能並非專業知識的灌輸與啟發，更重要的是督導者將知轉為行，督導者運用教導、訓練、告知、澄清、引導、提議、經驗與知識的分享，協助工作者解決問題。

教育性督導內容包含五個要點，都以P開頭（王淑貞，2003）：案主（People）、地點（Place）、問題（Problem）、過程（Process）及工作者本身（Personal），督導者進一步地需教導志工自我覺察。

◆支持性功能

重點是協助志工降低工作壓力，提升工作績效，督導對志工的激勵可增加績效。工作者最常面臨的壓力來源，包括來自行政的壓力、督導關

係的壓力、案主的壓力、工作任務內容和本質的壓力、組織本身的緊張等。督導者的指導與支持最能幫助志工走出工作的困境。

督導者所應有的支持性功能包括適時增強志工的自我功能，建立信心，以協助適應及處理因工作所帶來的挫折、不滿、失望、焦慮及罪惡感等各種情緒。經由督導者適時的察覺，給予關懷和支持，使志工有安全感。協助志工覺察和欣賞工作成效，以激發工作士氣，進而對機構產生認同感和歸屬感。

督導需比志工知道得更多和更遠，所以督導需要維持不斷學習的心態，不斷的充電。新任督導者可藉由請教同儕督導的過往經驗，瞭解未來可能面臨的挑戰，事前準備及模擬，增強自我的應變能力。

(三)有效的督導元素與重點

Taibbi（2013）談到好的督導者在須具有同情心、能力、清楚明理和關心，遇問題不責備，不擴大，盡可能有效處理。反之，若督導者其濫用權力可能會造成工作人員的工作壓力，甚至離職。督導要發揮其應有之功能，必須分工明確、建立良好的組織氣氛、協助志工減少工作壓力、增進服務技巧、加強專業知識與技巧的訓練等。

◆有效的督導元素

有效的督導應具備五個元素（莫藜藜，2002）：

1. 有結構的：有清楚的督導制度，具體規定的工作角色、任務和方式。
2. 有規則的：每一次督導都有一定的要求和做法。
3. 態度一致的：督導者應將其任務融入在督導的策略中。
4. 個案導向的：討論個案的處遇問題。

5.有評估檢討：以正式或非正式的方式，檢討督導的效率和效果。

◆督導的重點

綜合多位學者（Holloway, 1995; Coleman, 2003）的看法整理如下：

1.強化志工的服務動機：安排合適的任務，使其角色能有所發揮。志工的服務動機可能一直在改變，但透過督導，督導者可以瞭解其需求，針對此動機給予鼓勵，使志工有繼續投入服務的意願。

2.提供志工詢問與協助：協助志工解決其在服務過程中所發生的問題與困難。志工督導應主動瞭解、關懷志工，取得志工信任。如此，當志工遭遇問題或在服務過程中有疑惑時，主動向志工督導請教。

3.處理服務引發的相關問題：除了協助處理志工於服務時所遭遇的問題之外，志工進行服務時所引發的問題，也是督導的工作範圍。例如：因志工服務缺失導致服務對象遭受傷害或權益受損時，督導須協助解決。

4.進行服務評鑑：志工督導在督導的過程中，可能同時扮演志工服務評鑑的角色，因為志工督導對志工服務狀況與表現較為瞭解，因此身兼評鑑者的工作。此項工作可能會讓志工督導在經營與志工的信任關係時，產生負面影響，但如果能讓志工瞭解評鑑的意義，可降低負面的影響。

5.探討提升志工服務品質：志工督導的最終目的在於能使志工在服務中，有更好的表現，以提升運用單位整體的服務品質，達成志願服務方案的目的。志工督導在督導過程中，除了處理當下志願服務與志工的相關議題外，也可以藉此思考未來的方案。

第三節　志工督導行為

一、志工督導方式及模式

(一)志工督導方式

　　志工督導的方式，可以依照志工的特性、需求、工作方式與屬性等來設計，督導並不是只有在發生問題時才進行；即便志工的服務狀況穩定且沒有問題時，也要安排督導。

　　督導的方式可以分為正式督導與非正式督導。正式督導是在有特定主題的情境下進行，通常討論的議題是志工的工作內容及服務對象的情形。正式督導可以瞭解志工服務的狀況、服務對象在接受服務後的現況及回應，以提升志工的服務態度、知識與能力。

　　非正式督導是指志工督導經由非正式的情境瞭解志工服務的狀況，為一種聯繫感情或激勵志工的方法。由於非正式的督導是在志工較無壓力的情況下發生，比較能讓志工感受到督導的關懷。

　　在實際督導時，志工提供服務過程中的現場，督導給予諮詢、提供意見或建議。督導者應針對志工的學習需要、案主服務的需求和專業分工與合作關係，採取不同的督導內容。

(二)社工督導模式

　　專業助人者之督導模式受到志工所面臨的問題、需求、處遇情境、能力、時間；以及機構的經費、空間、人力結構、行政主管是否重視督導功能的心態、資源等因素所影響。

　　Tsui整理出五個範疇十一種的社會工作督導模式：實務理論模式、結構功能模式（功能模式、整合模式、權威模式）、機構模式（個案工作模式、團體督導模式、同儕督導模式、團隊服務輸送模式、自主性實務

模式）、互動過程模式、女性主義模式（陳秋山譯，2008）。若依據機構的控制程度，可分為高度強調行政權威的個案工作模式、團體督導模式、同儕督導模式、團隊服務輸送模式，以及高度強調專業自主的自主性實務模式。以下說明前四種：

1. 個案工作模式：督導形式有如個案處遇，督導者與志工是一對一的關係、面對面的人際互動。督導者有充分的時間與志工討論個案，在不受任何干擾下解決某些問題。

2. 團體督導模式：由一位督導者定期與一群志工開會討論，志工藉由團體互動而產生凝聚力和支持力的氣氛，以瞭解身為實務工作者的角色以及服務輸送的知識，避免志工對督導者過於依賴，減少彼此的階層關係。對志工最適合採行此模式，除了在時間上具有經濟效益，對新進人員來說，亦有助於增強機構的團隊意識及矯正個別督導所可能產生的偏見，有時還可提供志工角色扮演的機會。

3. 同儕督導模式：不依賴某位特定指派的督導者，所有參與其中的工作人員一律平等，人人都可分享及建議。

4. 團隊服務輸送模式：雖然在決策上督導有較大權力，但決策過程則由團隊共同促成，有關工作指派、監督、專業發展等責任均由團隊共同承擔。

二、督導歷程

(一)不同階段

在督導之前，志工督導或管理者必須先對志工進行的工作內容有一定程度的瞭解，包含志工是在執行什麼樣的任務？是否要限定用何種方法？有規定在什麼時間內完成嗎？期待的成效是什麼？在答案都確立後，再依據志工的狀況與工作內容，設定督導的方式、次數及時間。

督導的功能之一為輔導，雖然在招募志工時，應已規劃好志工服務工作的內容；經由面試、教育訓練，協助志工培養所需要的服務態度、知識與技能。然而，仍可能直到進行服務時，志工或督導才發現志工不適合從事該服務。許多志工參與志願服務的動機，在於想要熱心助人，但實際進行服務時，才體驗到空有熱誠，還欠缺正確的相關知能。此時，必須透過督導，理解志工的狀況與需要，適當調整工作內容。

Taibbi（2013）認為一個新加入者進入機構會有不同個別改變和成長，督導應在其不同階段給予差異化的目標與支持，以面對不同的挑戰。

1.第一階段——知道你所不知道的（know what don't know）：新人剛接觸，到處摸索，難免有困惑。

2.第二階段——不知道你已經知道的（don't know what know）：志工擁有一些知識與技巧，但卻無法應用出來，未必能清楚地表達所想說的內容。對於自己所運用的方法沒有自信，還無法前後一致或實際運用。

3.第三階段——不知道你還不知道的（don't know what don't know）：無法看到自己的盲點和缺點，以為自己已經會了，並且出現過度自信甚至自傲等不成熟的表現。

4.第四階段——知道你所知道的（know what know），已經能對方法和技巧運用自如，可以發展出適合的工作方式。不再像前幾個時期出現依賴、生氣、笨拙、焦慮和目光短淺等情況。

配合這四個階段，督導面對不同狀況，有不同的角色、主要工作、目標、職責、挑戰，Taibbi（2013）利用「知道」或「不知道」分成四種狀況，進一步發展出督導的架構如**表8-2**。

表8-2　從知道或不知道角度區分督導階段

階段	階段一：知道你所不知道的	階段二：不知道你已經知道的	階段三：不知道你還不知道的	階段四：知道你所知道的
面對狀況	無法處理工作的困難	正在穩定下來；聚焦在過程；更多練習	盲點；生氣；依賴	當作同儕的督導／諮商者；個別／整合
督導角色	老師	引導者	保護者	諮商者
目標	發展信賴及安全感；緩解志工焦慮；評估技能；落實機構任務	會議過程管理；增加自我察覺；找出合適模式	探索／經驗；維持分際；強化知覺	解決困難；增加自我覺察；強化專業角色
職責	教導技巧；觀察；發展方案	角色扮演；協同處遇；練習撰寫報告	團體督導；督導訓練；助理教導；延伸訓練	擴大工作責任；創造帶領機會
挑戰和危險	填鴨式教育、嚴格／耗竭／缺乏臨床經驗	欠缺勇氣、僵局、界限模糊不清	太自信、欠缺耐心、難以控制、雙重或複雜的關係	厭倦／疲勞、沒有效率、督導和實務的界限模糊不清

資料來源：修正自Taibbi, R. (2013).

(二)授權程度

隨著督導的進展，督導給予不同程度的授權。志工督導對志工的信任與託付程度，當然影響督導的進行方式與頻率。志工督導可以依照工作性質、時間急迫性、志工過去表現、與該志工合作的感想、服務對象的狀況等，評估對志工的授權程度，分成四級（整理自何慧卿，2013）：

◆第一級的授權

對於志工的信任度與託付度是100%。志工只要能提出成果即可，至於服務的細節，包含工作項目、內容、方法、進度等，督導都不約束，能給予志工自由發揮的空間。風險是，如志工與服務對象發生違反倫理的狀況時，督導可能無法在第一時間介入處理，甚至可能完全不知情。

◆第二級的授權

信任度與託付度為70～99%，督導對志工仍有相當高程度的信任與肯定，志工還是可以自己規劃服務內容。第二級授權會在服務的前、中、後設立督導時間點。志工督導雖然不會介入志工的服務過程，但能適時協助處理。

◆第三級的授權

志工督導對志工的信賴程度在1～70%之間，並可再劃分為中度信任（50～70%）、中低度信任（30～50%）與低度信任（1～30%）。督導會對志工的服務提出相關的建議，志工仍可以自行規劃服務內容，但必須與督導討論並獲得認可後，方可進行。志工須按時回報服務狀況，提出遭遇的問題；督導則得花費更多心力協助志工解決相關的問題。

◆第四級的授權

通常是對新手志工、正在學習新服務技能的志工等。志工無法自己規劃服務內容，必須完全依照督導的規定，按部就班執行任務。第四級授權確保志工按照或機構的要求執行，督導須全程陪同與監督，以確認志工是否按照指導進行服務。志工與督導之間因信任程度不高，彼此的關係較為緊張。

督導與授權程度的設定，應考慮志工的個人特質、背景、專業能力、過去服務表現、服務年資與服務工作、主管或督導的信任程度，以便進行調整。必須充分瞭解志工的近況，適當調整授權程度。

(三)如何促成志工內化？

最好能透過督導使志工將重要的價值及技巧「內化」在心中，在督導關係中包括五項內化的作用（修正自王玠譯，1990）：

1.知性的學習（intellectual learning）：督導透過直接指導與具體協

助，以提升志工知識。督導鼓勵志工閱讀相關資料，主動向專家討
教，透過自我評估、自我要求來提升技巧。

2.模仿作用（imitation）：督導是志工模仿的對象，志工觀察督導如
何與案主、同事相處。從溝通情況、處理焦慮、面對兩難的問題、
鼓勵互惠合作等表現中判斷督導能力，志工觀察督導的溫暖、接
納、尊重、包容、瞭解、興趣、成熟、自信、信任、鼓勵等正向特
質。當志工領悟督導的專業性，加上本身對助人過程知性的學習
後，在實際工作中，自然會模仿督導，表現出好的行為。

3.內射作用（introjection）：交換意見、坦承的溝通討論都有助於關
係的建立及維繫。督導製造溫暖、支持、安全的情境，使志工不必
擔心被批評責備，能表達心中的疑惑。督導的角色是中介者，是志
工深度表達與回饋的管道。督導與志工之間直接且開放的討論，幫
助志工發覺自己的情緒反應，進而更客觀處理問題。

4.認同作用（identification）：督導與志工建立同盟關係，包括志工
對督導同理、督導對志工經驗的回應、督導表達對志工的感覺等。

5.理想化和反映作用（idealization & mirroring）：是屬深度又不刻意
的內化過程。志工在過程中觀察學習督導如何處理自己的弱點，進
而克服自我懷疑，發展強有力的自信。

整體來說，志工督導的角色包含行政管理、教育、支持等，甚至還
包含仲裁的角色。在這些角色之間，志工督導經常出現衝突或兩難。當督
導權力運用不當時，便影響志工參與的意願。

(四)問題與挑戰

在督導過程中，常面臨以下重要問題與艱難挑戰：

◆行政管理與情感維繫何者為重？

運用志工的機構往往會指派專人負責志願服務的工作，這意味著負

責承辦的人員，必須完成所有的行政工作，也必須管理志工的服務狀況及相關紀錄。執行機構內志願服務相關制度以及與志工建立關係、聯繫志工間的感情，還要擔任機構與志工間的溝通橋樑。

在落實制度的過程中，必須要將法、理擺在情誼之前。這對想要與志工建立良好人際關係的督導而言，兩者之間難免有衝突。若將與志工的情誼維繫為優先，可能導致破壞規則的狀況，使制度不易維持。一旦有人違反規則，或許有更多的人要求比照，使得督導更為困難。如何適度約束志工，以及人與事之間的處理與區分，也是志工督導所必須解決的難題。

◆應該與志工建立什麼樣的關係？

志工督導所要面對的是整個志工團隊，而並非只有單一志工。如果要與每一位志工都建立良好的關係，必將花費大量時間與心力，也會耽誤督導或其他的業務工作。與志工的關係要建立到什麼程度，才能讓志工感受到機構的用心？也能維護機構的志願服務制度，使機構的志願服務能達到設計時的目標目的。

志工的服務必然影響著服務對象與相關工作人員，而志工本身的狀況，也影響服務工作的成效與品質。對志工督導而言，須多面向的努力，在規範之下，與志工建立彼此信任的督導關係。合理地對待每一位志工，建立以尊重為基礎的關係。當與志工溝通時，能為志工安排合適的任務，並適時提供幫助與回饋；以多鼓勵而非批評與責備的態度，確保志工在規定的程序中進行服務。主動擔任志工與機構間的橋樑，協助志工培養適當的工作態度與價值觀。

最後，以陳武雄（2015）提出志工督導應採的專業方法。從督導原則、督導程序與督導評估三方面為重點，說明如下：

1.在督導原則方面：重點包括有效提高志工人員的參與感和向心力；確實協助志工人員處理困難和解決問題；深入瞭解和積極發展服務

內容和進度；向機構政策和團隊目標負責；評估志工人員的服務效果和發現應予改進的方向；從督導工作中發現並培養領導人才。

2.在督導程序方面：重點包括鼓勵志工自動提出問題；激發志工勇於提出看法；與志工集思廣益以提出處理問題的方法；於討論過程時，善於歸納以提出具體討論與建議；撰寫督導摘要紀錄並提出工作報告；敏感察覺領導階層和志工人員的反應，即時研析因應。

3.在督導評估方面：重點包括確實瞭解志工是否按時參與督導並熱烈討論；對志工人員所提各項問題是否能獲具體答案，提出明確回應；瞭解對於志工所提問題若未能適切予以解答或處理，志工是否能諒解；洞察志工的工作情緒是否保持平和，對於參與是否增進；檢討本身對於督導工作是否持續擁有高度興趣；全盤分析志願服務方案是否能夠順利推展、是否有須改進之處，如須改進應儘速提出可行的改進方案。

案例——青年參與，改革力強

行政院青年輔導委員會在2010年出版了《擁抱世界做朋友》、《青年改革力》、《閃耀的青春亮點》等書，敘述許多青年志工的故事，在此整理介紹幾個有特色的團隊。

一、結合文化創意，使台灣觀光大步走

胡至柔在網上看到行政院青輔會徵求「政策研發團隊」，決定試試看。思索關心已久的台灣就業市場及產業轉型問題，他號召六名好友組成政策研發智囊團，「夢想家」於焉成形。

夢想家團隊提出了「養生文化」和「古藝文化」兩項方案，以發展台灣在地優勢，他們認為台灣雖有世界級的湖光山色，卻缺乏整體規劃。團隊依個人特質分派工作，從大架構到小細節，希望發展精緻服務業，推動具有在地特色、精緻的「文化創意產業」。

二、騎上鐵馬，讓風呼嘯而過

在交通發達的城市騎腳踏車確實不方便，騎在慢車道總是擔心擦撞汽機車，騎在人行道又擔心撞到行人。就讀台灣大學的王宏恩和同校共七人組成「鐵馬團隊」，共同擬定短、中、長期台灣腳踏車相關政策，希望讓單車族都有暢快的騎車環境。

第一步，他們從法律面著手，蒐集目前台灣腳踏車法律與硬體設施發展現況，搭配國外自行車經驗以及政府和民間政策，試圖為台灣的自行車環境繪出新的樣貌。在台灣自行車與「悠遊」、「自在」很難劃上等號，而大部分地區找不到單車停車位，導致單車與汽機車互相占用停車位。追根究柢，自行車的地位不明是最大原因，他們主張制定相關法令並加強宣導，提升台灣腳踏車騎乘人數，當騎乘自行車人數增加，政府便可進一步規劃自行車專用道。

小組最長程的目標，是騎乘人口數增加後，在人口密集地方與各地古蹟保留區等觀光景點試辦無車區，通勤全以腳踏車與大眾運輸取代。

三、從醫學生的角度，看高齡化社會中的橫向整合服務

面對高齡化社會醫療的課題，國防醫學院的醫學生谷大為利用假期投入志工，從過程中探討社會老化的議題。他思索自己能做些什麼，進而組成了團隊，提出「以提升高齡社會照護能量為導向的醫學教改新思維」。結合醫學專業在不同領域做橫向的學習，這樣才不會只從單一角度看事情。例如資訊工程可將老人照護結合在APP，可以設計一個APP隨時監控失智老人的行動，避免走失，若有人從床上下來，就會發出通知，聯繫家人。

四、未來的波麗士大人，政策創意一把罩

六位中央警察大學刑事系的學生與一位法律系的學生，組成「疑！警邢廳女孩」，團隊號召人張依君組成團隊，以探討「青少年犯罪預防」、「建構治安網路」、「提升警察服務品質」三大議題為主，他們以參考日本知名漫畫「家栽青少年」的概念提出了「商家紅綠燈」跟「霹靂小戰警」的行動方案，試著提供青少年一個良好的成長、學習環境；「治安網路Web 2.0」建構人民與地方、地方與地方、中央與地方之間完善無漏洞的治安網路。

五、五顏六社五味屋，替孩子童年上色彩

「五味屋」團隊是由一群來自花蓮在地，關心社區發展的青年共同以公益雜貨鋪「五味屋」為核心，規劃工作坊、籌辦營隊，為花蓮弱勢孩童發聲。

五味從各種角度，有不一樣的說法，有一說，「五味」指是人生旅途當中的酸、甜、鹹、苦、辣，經營雜貨鋪如同經營生活，需嚐盡人情冷暖，才知個中滋味。另一種說法，五味是「頂真」、「勤儉」、「感心」、「親切」、「好用」等五項具有花蓮在地的特色。

六、尋回八煙的舊時光之美

台灣大學建築與城鄉所的研究生曾惠君與林依陵組成「八煙動起來：水、石板屋與熱血青年」團隊。希望喚醒八煙居民重視在地景色，除了保有共同的文化資產外，還希望進一步發展小觀光，帶動農村經濟的發展，促進老化社區重拾嶄新能力。他們希望透過拜訪當地

居民、舉辦社區活動，藉此凝聚在地共識；進行水圳修復，維護在地景色，並進一步以地方特色推廣觀光，設計、籌劃發售相關文化商品。

七、文藝工程師，讓傳統戲曲發光發熱

邱致清以台灣民間歌仔戲為主軸，用心找尋使傳統戲曲在現代社會發光的行銷方式。受到李潼的激勵，他開始關注李潼的家鄉蘭陽，他發現這塊土地不僅好山好水，更是台灣歌仔戲的原鄉。

邱致清致力研究中國傳統戲曲源流與民間歌仔戲，連續三個月的努力，成為日後政策研擬和小說創作的基礎。

當目光投注到歌仔戲，他發現這項傳統文化在當今社會中要發揚光大，困難重重，不論歌仔戲或其他傳統戲曲，在台灣都已經式微。逐漸趨於小眾市場，成為社區型活動。若又讓傳統戲曲繼續擴大市場，不能只有改造戲曲迎合觀眾，更要改造演出通路和整個產銷流程。

除了上述七個例子，另外很特別的是一位身障者以個人力量，完成作青年志工的行動。本身是視障、聽障的文化大學財金系學生盧冠良，2008年開始擔任華山基金會按摩關懷志工，2014年7月環島，到全台各地陪伴長輩聊天、以按摩紓解長輩的身體不適。盧冠良出生雙眼便失明，8歲一場發燒又讓他的聽力受損，但是他不埋怨，而是致力幫助更多與他一樣的社會弱勢，成立「手愛心視障生活關懷協會」，希望讓更多視障者靠按摩專業找到穩定工作，這次與華山基金會接洽，一個人踏上獨居老人按摩關懷巡迴之旅，走訪15縣市、每縣市停留一天，自己搭火車，到當地則由華山基金會社工引導到個案家，服務200人次以上獨居長輩。環島全程也都記錄在「手愛心視障生活關懷協會」網站（http://blindlove.tpcnice.com/）。

Part

3

做專案

Chapter *9*

做專案管理

第一節　專案及專案管理

一、專案

(一)以專案落實理想

　　金融機構提供的是「金錢銀行」，人力網站提供的是「人力銀行」，處理志工付出的有如「時間銀行」。貨幣交易有形的物質交換，可是時間銀行帶來的，表面上是實質服務，但在累積時間的過程中，使志工心靈上有收穫，人際上有交流，進而帶給社會的成長，這些不一定能衡量。但是當自己需要幫助時獲得助力，常是用錢也買不到的。有許多人先付出無酬的服務，日後可以享受他人給予的照料。有時自己無法照顧遠方的親友，也可以就近到某個非營利組織去服務，而親友則可獲得居住地附近的志工給予照顧，這就是某些機構所訴求的「在台中擦台北長輩家中的窗戶」（彭懷真，2012b）。

　　但要如何達到這樣的理想呢？「時間銀行」該如何運作以產生成效呢？一定是靠一個個計畫，尤其是特別的專案。管理學大師杜拉克（Peter Drucker）說：「計畫若不導入辛苦的實務工作，就只是一種美好的意圖而已。」專案管理機構PMI（Project Management Institute）將專案定義為：「經由一段期間的努力，以完成一項特殊的產品或服務」。計畫通常是有大型、長期的目標，要落實需分解為一組專案；而專案又可分解成任務，任務依序分解成幾個工作單位（work units）。因此專案是具特殊性而必須達成的有限任務，常見的有：衍生性專案（derivative projects）、平台專案（platform projects）、突破性專案（breakthrough projects）或研發專案（R&D projects）（許棟樑、林俊仁編譯，2009）。專案必然具有某種程度的不確定性，專案的發展是基於獨特的任務，這些任務需要多久時間完成、有多少資源及有多少經費，各種假設及預估結合

在一起必然形成某種不確定性。專案的屬性包括（楊愛華、楊敏、王麗珍等譯，2008）：

1.目的：專案通常僅執行一次，並有明確定義的目標。
2.生命週期：從緩慢的成長而漸具規模，而後達到巔峰，然後慢慢衰退，最後終結。
3.相互依存：專案通常會與其他專案有所關聯。
4.獨特性：每個專案都有其獨特性，沒有兩個專案完全相同。
5.考驗：相較於其他管理者，專案管理者的工作面對更多的考驗。

專案常與功能性部門競爭資源及人力，隨著專案激增，專案間爭奪資源亦將趨激烈。選擇專案的形式時須考量以下重點（許棟樑、林俊仁編譯，2009）：

1.定義專案，包括目標的描述及預期結果。
2.決定各目標完成所需進行的主要任務，並決定各任務在組織中的位置。
3.將任務排序，並分解成合適的工作群組。
4.決定各工作群組所需負責的單位。
5.列出專案特殊的特徵或假設，例如：技術需求、可能的專案規模、人力配置上的問題、可能的部門衝突及之前的經驗。
6.依序進行上述工作，在確認各式組織結構的優缺點後，進行組織結構的選擇。

對專案組合程序（Project Portfolio Process, PPP）而言，最重要的投入是組織的目標及策略，然後依序執行下列步驟（楊愛華、楊敏、王麗珍等譯，2008）：

步驟1：建立專案委員會。
步驟2：定義專案分類及標準。

步驟3：蒐集專案資料。

步驟4：評估資源的可用性。

步驟5：減少專案數量並設定標準。

步驟6：透過專案的分類來排定優先順序。

步驟7：選擇要執行的專案。

步驟8：執行專案程序。

專案計畫書應該包括：哪些專案應該提出計畫？專案計畫書的準備程序應該如何組成及分配人力？準備專案計畫書應花費多少成本？專案的成本預算應該如何估計？其策略為何？合乎道德嗎？技術性問題的本質及如何解決？當計畫被接受時要如何執行？更要考慮後勤規劃及專案監督，團隊的成員介紹，及其以往的相關經驗。基於這些，撰寫專案，必須包含：概述（overview）、目標（objectives）、整體取向（general approach）、合約事項（contractual aspects）、排程（schedules）、資源（resources）、人員（personnel）、評估方法（evaluation methods）及預估潛在問題（potential problems）（許光華，2006）。

(二)志工專案計畫

有些志工活動是例行的，就不必另外規劃專案，若要決定是否以專案進行，挑選專案篩選模式的主要有以下六點（許棟樑、林俊仁編譯，2009）：(1)真實性：模式應該反映出管理者的決策狀態，包括組織及管理者的多重目標；(2)能力：應該精密，以處理不同的時間區段、模擬不同的專案內外部狀況，設法做好的決策；(3)彈性：要能評估出在條件範圍內不同的結果；(4)容易使用：具有合理的便利性；(5)成本：資料蒐集及模式構建的成本應該要相對小於專案成本，並要確保成本小於專案所能帶來的效益；(6)易於電腦化：要能夠便於產生及儲存資訊到電腦資料庫，將資料廣泛運用。

　　志工的小型專案設計時都應該考慮「6W+1H+1I」等重要因素，也就是：Why（目的）：實施的目的；Who（分工）：由誰執行；Whom（對象）：方案參加的對象；What（性質）：實施的重點；When（時間）：在什麼時候實施；Where（地點）：方案在什麼地方實施；1H+1I 是指 How（程序）：如何實施及If（假如）：專案實施可能遭遇的困難問題（陳武雄，2015）。

　　一位管理者負責志工業務時，有幾項主要的人力管理重點需特別注意。包括：(1)擬定志工人力計畫；(2)確立計畫的使命；(3)為志工說明願景；(4)接觸潛在志工；(5)對潛在志工面談；(6)正式的說明；(7)規劃執行訓練方案；(8)預算的估算，包括訓練、投保、貼補、誤餐、設備等。志工管理者本身要具有志工管理的知識態度與學習，妥善拿捏感性與理性的分際，公平對待每位志工。主動關懷與協助有助於提高志工的向心力。

二、成功的專案管理者

　　運用志工本身就是一種專案。所有負責志工計畫的專職人員，都是「專案管理者」（Project Manager, PM）。專案管理者必須對專案的起始、規劃、實行與完成都負起責任。責任相當廣泛，主要可以區分為三個範疇：對組織的責任、對專案與客戶的責任、對專案團隊成員的責任（許棟樑、林俊仁編譯，2009）。

　　專案管理是有效率（effectively）又有效益地（efficiently）將專案成功執行的一種程序與方法；所關切的是如何將一項任務能：如期（時間）、如質（品質）、如量（範疇）及如預算（成本）的達成，充分滿足需求目標。專案管理將管理知識、技能、工具及技術綜合運用到志工活動上，使其能符合專案需求。

　　經驗豐富的專案管理者所管理的專案也可能會失敗，專案管理者必須在專案的成本、時間與績效上有所取捨，也須在技術與管理兩面向上對

專案的過程與進展有所取捨。管理者要使一個專案成功，需把握「用合適的人、持續溝通協商、找足夠的錢、把握時間節奏、處理問題」，依序說明如下：

在「用合適的人」方面，有些人物特別重要：(1)資深的專案團隊成員，與專案有長期的關係；(2)專案管理者需與之密切溝通的人；(3)掌握專案中關鍵技術的人。管理者主要的工作就是：獲得資源與獲得人力。人力以具備高品質的技術能力、敏感性高、強烈的問題導向性格、強烈的目標導向性格、高度的自尊等特質為優先。

在「持續溝通協商」方面，每一位管理者都必須處理各種特別的需求，獲得高階主管的支持是相當重要的，應該建立並維持一個穩固的資訊網絡，在專案進行上必有彈性。專案管理者必須具備優秀的協商能力，因為專案管理者所需面對的所有作業幾乎都必須持續溝通協商。

在「找足夠的錢」方面，應設法爭取資源。

在「把握時間節奏」方面，能夠有效排程，並控制流程。

在「處理問題」方面，專案管理者面對複雜問題，專案管理者的功能是整合多方面的觀點，並確保能在需要的時間及地點取得合適的知識與資源。建構專案的基本目的在於完成特定的目標，將任務組織為專案形式的目的，清楚劃分獨立或小型志工團隊的權責。

設計好的政策是專案管理者的主要責任，設計志工工作時每項工作都應該有目標。以政策來管理，就是藉著劃定志工的職權範圍來管理。一旦工作的目標確立，就要擬定政策，政策是比價值觀更明確的原則。在機構可針對每一項價值觀，擬定一系列政策。也可以說，政策之於價值觀，就像行動之於成果（李淑珺譯，2000）。管理者藉此回答這個問題：「如果讓志工完全自主決定如何達成目標，哪些事情會讓我擔心？」

若要考慮該擬定哪些政策時，有三個基本問題。第一個是：「志工常常為哪些事情徵求督導同意？」志工徵求同意，督導須決定答應與

否，找出決定時的考慮因素，就可以得到政策擬定的基礎。督導不必一天到晚為這些瑣事煩心，也可以確保志工可以會自行做出明智的決定。也要考慮：「志工通常要我為哪些事做決定？」同樣地，專案管理者在決定時必定遵循某些原則。如果讓志工知道這些原則，自己能作決定，大家都可以節省許多時間（李淑珺譯，2000）。

專案管理者常面臨來自四面八方的挑戰，例如：(1)服務對象及任務環境；(2)及早定義並修正問題；(3)制訂及時且經過權衡的決策；(4)確保個別的管理者不會犧牲整體方案的績效。專案的執行進度很難如規劃般精確進行，不確定性總是伴隨著。專案若要成功進行，需要專案管理者具備使用規劃、預算、時程及控制等工具的能力，而這些對於新的專案管理者來說，通常無法全面熟悉。

對志工的專業管理，特別需要充權（empower），如此可以：(1)善用團隊成員能力來滿足專案目標。成員會自主地尋求更佳的方法以達成任務；(2)專業能力的使用不會被局限；(3)團隊成員明瞭自身的責任；(4)可能達成團隊的綜效；(5)團隊成員可即時得知其自身績效；(6)成為評估團隊績效的工具（張英陣，2001）。

管理者依照不同的組織形式來規劃及安排，各項做法先從研擬志工管理計畫書開始。建立志工管理計畫的第一步是決定機構為什麼要招募志工。志願服務以組織化的方式來實踐服務的理念，為需要協助的人提供服務。在推展志願服務的過程中，來自於社會各階層的志工，固然可以為社工組織提供幫助，但相對地也帶來管理上的挑戰。

工作分解結構（Work Breakdown Structure, WBS）就像專案的行動計畫一樣，並非一成不變。工作分解結構的一般形式是：將第一層的任務排在左側，然後以縮排的方式排列其他各層次。WBS也可以把一個專案分解成任務、子任務、工作包等構成的等級式結構（楊愛華、楊敏、王麗珍等譯，2008）。

實施專案管理最困難的部分，就是協調及整合專案的不同要素，

志願服務與志工管理

200

實現在績效、進度計畫和預算各方面的共同目標，使整個專案達成目標。為一整合性管理（integration management），或界面協調（interface coordination），目的是處理多個小組之間過程的工作。

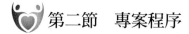 第二節　專案程序

一、生命週期

(一)特性

　　依據美國專案管理協會的定義：程序指為達到某一結果所採取的一連串行動。專案的流程藉由一連串的程序步驟所組成，每一專案的起源都是從構想發起，經過一連串的流程而完成，直到專案產出的產品或任務能順利達成預期品質或目標才結束（許棟樑、林俊仁編譯，2009）。

　　專案生命週期表示一個專案的起始和終止，包括新增（new）、核准（approve）、有效（release）、凍結（frozen）、無效（delete）及作廢（scrap）六個階段。「定義專案生命週期可決定專案的起始和終止之間會有哪些行動應被納入或排除，因而能用在連結專案與專案組織的持續性作業上。」專案生命週期大致上確定：每個階段應完成何種技術性的工作？每個階段應由哪些人參與（穆春香，2010）。

　　本篇第十一、十二章所介紹的大型專案生命週期，有三個共同的特性（許光華，2006）：

1.初期，成本和人力需求的程度很低。會隨專案的持續進行而逐漸增高，最後又會在結束前急速降低。
2.初期，風險和不確定性最高，成功完成的機率不高。隨著專案的持續進行，成功機率會逐漸增高。

3.初期，利害關係人對於專案最終產出的影響最大。隨著專案的持續進行，影響則逐漸減少，此現象主要歸因於對錯誤的更正及成本的改變會隨著專案的進行而增加。

(二)五大程序

　　任何專案的生命週期，大致可區分成「啟始」、「計畫」、「執行」、「監控」及「結束」等五大程序。此五大程序在專案進行中彼此間相輔相成，有連貫性與上下銜接的因果關係，不同的程序間也會產生相互影響（楊愛華、楊敏、王麗珍等譯，2008；許棟梁、林俊仁編譯，2009）。

◆啟始程序（Initiating Process）

　　意思是「確認一個專案應開始進行，並獲得對它的執行承諾許可」。資源總是有限的，此程序需釐清哪些專案為值得先行推動？另一些專案則要先行排除？並針對要推動實施的專案發展出該專案的目標。另一方面須就執行專案先行組成專案核心團隊，以進入規劃的階段。此程序中最主要的成果是「專案執行的許可，以獲取專案所需的資源與對專案的支持」。

　　本程序的工作內容主要是：(1)確認執行專案所需的作業事項；(2)決定專案需完成的作業事項；(3)明確定義專案的整體目標；(4)明確定義管理者與利害關係人對專案的期望；(5)確認專案的範圍；(6)選擇並組成專案初步規劃工作的團隊；(7)專案有關的工作說明；(8)獲取專案執行計畫的核准；(9)確認專案管理者權限、指揮鏈與各支援溝通管道。

◆計畫程序（Planning Process）

　　意思是「規劃設計出能讓專案的需求可明確被執行的部分，以達成專案所設定的目標」。須先清楚分析專案過程中所必須執行的工作、確認所需要的資源與人力、針對期限規劃出時程表、預估專案所需成本並編列

預算、確認所要運用的方法與技術、流程與步驟，明確定義預計達到的成效與結果。此程序主要產出為「專案執行計畫書」，以作為專案執行的依據與專案成效評估的標準。

工作內容主要是：(1)明確定義專案工作及專案的範圍，包括在時間、資源及結果等重點；(2)將專案所需執行的工作內容及流程分解，完成專案任務所需的工作清單；(3)釐清執行專案所必須工作任務先後順序，並列出順序；(4)詳盡預估各項工作任務所需完成時間，訂定出專案執行的標準時程；(5)根據專案完成工作清單，預估所需的人力及資源與所需的成本，以便編寫專案預算；(6)明確定義專案組織及成員工作權責、執掌，建立共同遵循的溝通管道及工作紀律準則；(7)製作完成專案工作執行計畫書，獲得管理者與利害關係人核准同意；(8)運用專案管理技術、工具、方法與手段，強化工作成效。

在計畫程序中，明確定義整個專案所需執行步驟和工作清單，提供核心學習、分享及建立溝通的共通平台。如能在此一階段確實做好工作任務分解，並列出清單，即可在執行前很清楚該做哪些工作任務的目的、期限及專責負責人，確認所需資源，如此可避免各專案同時執行時的資源分配衝突、專案成員溝通不良及任務責任歸屬不清等問題。

◆執行程序（Executing Process）

意思是「運用適當的人力及相關資源，共同去完成預定的計畫」。督導依循專案執行計畫書內容執行各志工管理者專責的工作任務，各成員間透過協調、溝通與合作的方式進行任務，經由有效率的管理進而達成專案的預期目標與結果。

工作內容主要是：(1)執行合約；(2)根據計畫書執行專案任務並運用相關物資及資源；(3)經由溝通協調解決團隊相關問題；(4)定期召開專案會議確認進度及做相關決定；(5)追蹤進度並撰寫專案報告；(6)整合各種資源以順利執行專案工作。

　　志工管理者需建立具有向心力及共識的專案團隊，依循專案計畫執行各項任務，將各工作項目及任務進行分工，針對時程良好管控，確保專案的品質與規範、成本、時程等的進度。

◆監控程序（Monitoring Controlling Process）

　　意思是「藉由監督與管制的手法來評量專案進度，針對超出計畫的問題，採取必要的預防與修正作業，以確保專案目標的達成」。主要工作是依照管理者與利害關係人核准專案工作執行計畫書，依所訂的工作任務與時程、品質、成本基準，衡量進度，分析工作執行成效與預算的使用情況。對異常工作項目採取必要的改進方法與預防措施，以確保專案整體的進度、成本、品質，使其控制在合理的執行範圍內。

　　工作內容主要是：(1)控制並管理專案進行中所有與計畫不符的項目；(2)針對異常事項採取必要的對應行動與應變措施，確保進度、品質及執行成效；(3)針對專案進行中的變更請求（包含需求、時程、成本、品質等）進行評估，訂定變更計畫；(4)依據變更計畫調整專案；(5)依變更需求，重新調整工作目標，呈報管理者與利害關係人同意；(6)解決因專案變動造成資源運用的問題。

◆結案程序（Closing Process）

　　終止決策的決策輔助模式有兩大分類：

1.專案成功或失敗的程度。
2.專案滿足預設目標的程度。

　　若決定結案，是專案或階段性任務完成的最終結果，有條不紊結束所有作業，此程序為專案的收尾工作，工作任務主要為文書作業，包括：專案組織的裁撤及相關專案人員的歸建、剩餘資源及預算處理、最終標的接受與轉移、專案文件的分類建檔與結案報告的撰寫等。

(三)工作內容

工作內容包括：(1)確認與接受專案的最後成果；(2)與管理者及主要利害關係人共同檢討結果；(3)發展專案的「經驗學習」檔案，確保透過專案所得的經驗以便日後改進；(4)專案文件建檔、儲存與移交；(5)解散專案組織團隊，成員歸建；(6)撰寫及提出「結案報告」。

(四)報告種類

配合專案管理的目的有不同形式（穆春香，2010）：

1. 例行報告：主要是一般的基本資訊，根據日程表上所記錄的資訊進一步整理而成。
2. 例外報告：通常用在專案管理的制定，發表專案成員應該負責的決策或應該瞭解的事項。發表例外發生時所做的決策，此書面資料需通知相關管理者。
3. 特別分析報告：用來發布管理部分專案或專案期間所產生特別問題的研究結果，通常涵蓋了其他專案管理者感興趣的議題，說明對其他專案有何助益。
4. 審查之後的正式報告，需說明專案目前的狀態、未來的狀態、關鍵作業的狀態、風險評估、可提供其他專案借鏡的內容等。

專案報告設計時有三種常見的難題：

1. 專案本身輸入資訊太過詳細，不必要的細節會導致報告難以閱讀，阻礙成員找到所需的資訊。
2. 大量詳細的輸入資訊需求會導致資料的準備草率，此報告的有效性會遭到質疑。
3. 準備及包含不必要的細節會耗費成本。

在專案執行的各個程序中，主要任務都是為了確保專案的完成。在專案執行所遇到的問題及變異解決方式，是整個團隊腦力激盪集思廣益的結果。因此明確地將專案資料留存，可以作為將來新專案推行時的參考。

二、排程

(一)原則

排程（schedule）是將事前對專案做好的規劃轉換成執行的時程表，為專案管理中最主要的一項，不僅可當作監督與控制專案作業進度的基礎，也同時將預算納入考量。最主要原則有三（楊愛華、楊敏、王麗珍等譯，2008）：

1.完成時間極小化（make span minimization）：目的在於使專案內的各活動能儘量在最早能開始運行的時間開始執行，並使最後一個活動的結束時間能最早。
2.成本極小化（cost minimization）：專案成本分為活動成本（activity cost）和資源成本（resource cost）兩大類，活動成本主要是因活動而造成之成本，目標為減少專案所有活動進行之總成本，避免因專案逾期造成的延遲成本。
3.淨現值極大化（net present value maximization）：若各活動中的現金流動顯著且頻繁，須考量淨現值的問題。

(二)排程技巧

◆PERT與CPM

計畫評核技術（Program Evaluation and Review Technique, PERT）與要徑法（Critical Path Method, CPM）是規劃與控制大型專案（如花博、世

大運）時最常用的技術與方法。主要目的在於運用網路規劃技術，探討如何以最少的資源於最短時間內完成既定的專案。計畫評核技術利用機率來表達作業時間的長短，藉此計算出專案可在某段時間內完成的機率。要徑法的作業時間則是固定且已知的，可用來同時控制時間與成本。所有作業都處在以下三種情形之一：具有後續作業但沒有先行作業、具有先行作業但沒有後續作業、同時具有先行作業與後續作業。藉此可獲得：(1)專案作業的圖示；(2)預估專案所需時間；(3)哪些作業是及時完成的關鍵；(4)在不延遲完成的前提下，各項作業可容許的延遲時間（整理自許棟樑、林俊仁編譯，2009）。

◆網路圖

　　網路圖為專案的規劃、排程、監督與控制提供一致性的架構。在圖中應標示出所有作業、工作包與工作單元之間的關係，指明某些人力或資源必須在某段時間提供某作業所用。如此可幫助促進跨功能部門之間的溝通、可預估專案完成時間，又可指出所有關鍵性的活動，若該活動延遲則專案的進度也跟著延遲。另有一些時間充裕的活動，該活動延遲並不會造成專案延遲，支援該作業的資源可以暫時外借而不會延誤進度。

　　網路圖指出各活動應該開始的時間，又指出作業間應如何協調，以避免資源或時間產生衝突，標示哪些作業必須同時進行。藉由指出作業間資源相依的情形，來減少衝突。根據所提供的資訊，可算出專案在各種時間內完成的機率，或為達到某個機率值所必須完成的時間（黃秀雲，2015）。

◆甘特圖

　　甘特圖是最常被使用的方法。運用橫向的時間表，表達出一連串的任務在規劃與實際上的進度。可以將專案裡每個任務實際的狀態與原先所規劃的進度作比較。優點是涵蓋相當多的資訊依然容易瞭解，當需要進行更新時，只要任務的要求及專案本身沒有任何太大的改變，也可提供了對

現在專案進度的描述。缺點是不適用於具有大量作業的複雜專案。

在每個階段的時間上，並非相互獨立；在同一個時間點上，都可進行規劃、執行及控制，各流程群組以其所產生的成果作為相互聯繫的依據。一個過程的產生結果，又成為另一過程的依據或專案可交付的階段性成果。規劃流程群組為執行流程群組提供正式的專案管理計畫和專案範圍說明書，隨著專案的進展，機動性更新計畫。各流程群組極少單獨執行事件，在整個專案生命週期內，自始至終都以不同的程度互相重疊的活動。若將專案劃分階段，流程群組則不僅僅是在同一階段內，也可能跨越階段互相作用。

三、控管重點

(一)資源配置

在資源間如何取捨、將資源分配給一個專案或數個專案、資源負荷（resource loading）與資源撫平（resource leveling），以及其他解決資源配置問題的方法，在資源稀少情形下進行排程。

時間與資源使用的關係常存在兩種極端：第一種是「時間受限」，專案必須在特定時間內完成，盡可能使用最少的資源。最重要的是時間，而非資源的使用。第二種是「資源受限」，專案愈快完成愈好，但是資源使用不能超過特定數量。

在處理資源的限制分配問題時有兩種基本方法：第一種是「啟發式模式」，以能夠廣泛被使用為優先考慮，是唯一能夠解決在現實生活中發生的龐大、非線性以及複雜問題。雖然排程並不是最佳的，但對於大部分的問題來說已經足夠。前人經驗所累積的模擬技巧可以讓專案管理者快速進行許多不同的排程，從中找出比現行更好的排程。第二種是「最佳化模式」，找出資源限制排程問題的最佳解答（許棟樑、林俊仁編譯，2009）。

(二)控制

控制的兩個基本目的是「調節活動以達成目標」及「管理有限的資源」。重點工作是（許棟樑、林俊仁編譯，2009）：

1. 監控（monitoring）是蒐集、記錄及描述專案管理者或組織中成員所希望知道的各種專案績效資訊。
2. 時間（時程）、成本（預算）和績效（規格）是規劃、監控和控制中最關鍵的事物。
3. 設計監控系統，確認哪些是必須被控制的關鍵因素。嚴密監控專案工作，通常可以驗證，持續密切追蹤將可減少專案末期所需的時間。

事後控制也稱為事後績效控制或檢閱，或事後專案控制或檢閱，應用在事實發生之後。重點包括：專案目標、里程碑、查核點、專案結果的最終報告、績效和流程改善的建議等。

參與的志工對控制的反應可能不一，常見的情況有：第一種，積極且實際參與追求目標；第二種，消極參與；第三種，消極參與和抗拒。通常不積極抗拒目標，也不會努力達成目標的人最多。

四、績效評估

(一)審查檢視

專案審查者／評估者的責任；審查者需絕對的「獨立」，將資訊在有限的時間下正確組合需具備管理能力。審查步驟依序是：(1)集合一群有經驗的專家；(2)讓團隊成員熟悉專案及其要求；(3)對專案進行審查；(4)專案結束後，聽取專案管理的報告；(5)根據先前決定的格式撰寫書面報告；(6)事後持續確認建議是否被採行（許棟樑、林俊仁編譯，

2009）。

　　會導致專案需要績效、成本或時間控制的各自原因如下（許棟樑、
林俊仁編譯，2009）：

1. 績效方面：如發生非預期的技術問題、可用資源不足、當前無法克
服的技術障礙、發生品質問題、顧客要求改變、發生跨部門的糾
紛。
2. 成本方面：需要較多的資源、工作範圍增加、初始的估價過低、結
果不良或不合時宜、預算編列不適當、未及時修正控制、投入預算
改變等。
3. 時間方面：如技術問題的解決時間比預期還長、初始時間估計過於
樂觀、任務的順序錯誤、所需人員或設備投入不足、先行任務未完
成、政府修改規章等。

　　專案管理成熟度由五個層級評定：(1)隨興的，未組織化；(2)簡陋
的（組織中有一些專案程序，但管理不一致，成果也未能預測）；(3)組
織化的（有標準化的程序，成果能預測）；(4)管理化的（具有控管及
評估的程序，結果與計畫更能一致）；(5)有調適能力的（持續改善處
理程序，專案成功已屬常態，績效持續改善）（許棟樑、林俊仁編譯，
2009）。

(二)成功或失敗

　　專案的成功主要由下列向度所決定：第一，專案是否能有效達到在
預算與時程上的目標；第二，是參與者及授權團體的滿意度；第三，是否
有結餘、是否贏得好的名聲等。

　　專案失敗的主要因子有：錯誤的專案組織、未能獲得高階長官充分
支持、任命錯誤的專案管理者或督導、規劃不良、沒有使用先前專案完成
的報告，其中可能有許多建議未能正確進行時間及成本的估計、起步過

晚、專案管理者或督導陷入任務的分配而忽略了合適的時間規劃。專案人力有所變動,但可用時程未更新、專案的審計及評估過於頻繁。專案沒有進行成本效益分析而繼續存留、未能進行合適的風險分析及評估(許棟樑、林俊仁編譯,2009)。

 第三節　申請政府的專案

一、整體狀況

　　志願服務專案應包括志願服務人員的招募、訓練、管理、運用、輔導、考核及其他服務項目。另為提升志願服務工作品質,保障受服務者之權益,志願服務運用單位應對志工辦理基礎及特殊訓練,並發給志願服務證及服務紀錄冊。志工執行服務時,服務運用單位應確保志工在符合安全及衛生的適當環境下進行服務。

　　自「志願服務法」公布施行後,政府陸續依該法之規定訂頒各項相關子法,例如:

1.「志願服務證及服務紀錄冊管理辦法」(90.4.20訂頒)。
2.「志工基礎教育訓練課程」(90.4.24訂頒)。
3.「志工倫理守則」(90.4.24訂頒)。
4.「志工服務績效認證及志願服務績效證明書發給作業規定」(90.4.24訂頒)。
5.「志工申請志願服務榮譽卡作業規定」(90.4.24訂頒)。
6.「志願服務獎勵辦法」(90.6.21訂頒)。
7.「役男申請服替代役辦法部分條文」(90.8.10訂頒)。

　　基於上述訂頒的子法,有各相關表格,申請者需加以瞭解。申請政

府補助的專案，多方蒐集資料為宜，任何專案的內容應包含「經費的來源」。政府為了推廣志願服務，有很多單位都設計好現成的表格、計畫提供有意進行志願服務計畫者申請。可以向教育部青年發展署、衛生福利部及各縣市政府社會局處、各縣市青年志工中心等政府單位申請經費。在本章中介紹適合社會人士的計畫，下一章最後則介紹適合青年申請的方案。

二、適合社會人士申請

在書面文字的格式方面，可以上網參考衛生福利部的範例。重點經進一步說明如下，申請者按照這些要項，依序填入即可。

志願服務計畫（範例）

壹、依據：志願服務法暨相關規定。

貳、目的：為_____，以提升弘揚_____

參、計畫期程：○○○年○○月○○日至○○○年○○月○○日止

肆、服務項目及內容：

　　一、○○○○

　　二、○○○○

　　三、○○○○

伍、服務時間：每日○○○○○○，視實際需要分配及調度。

陸、服務地點：

　　一、○○○○○……（○○縣或○○社區或○○學校等）

　　二、○○○○○……（○○縣或○○社區或○○學校等）

柒、志工召募對象：

捌、志工訓練方式：為提升志願服務工作品質，保障受服務者之權益，對志工辦理下列教育訓練：

一、基礎訓練：訓練期滿發給結業證明書。訓練時間及課程如下：

〇〇〇年〇〇月〇〇日～〇〇〇年〇〇月〇〇

(一)志願服務的內涵（2小時）

(二)志願服務倫理（2小時）

(三)自我瞭解及自我肯定、快樂志工就是我（2選1，2小時）

(四)志願服務經驗分享（2小時）

(五)志願服務法規之認識（2小時）

(六)志願服務發展趨勢（2小時）

二、特殊訓練：強化志工專業知能訓練，並以熟悉服務工作場所為主，由本單位，安排曾經接受基礎訓練志工，依服務工作性質施以講習訓練後，再正式擔任各項服務工作，並授與志願服務證，以維護民眾權益。課程如下：（最好先確定時間，由目的事業主管機關或運用單位訂定，課程應確實訂定，最基本不少於基礎時數一半為原則）。

(一)〇〇〇〇〇（〇小時）

(二)〇〇〇〇〇（〇小時）

三、在職訓練：（運用單位視實際需要開辦本項訓練及相關訓練）。

玖、志工之權利義務：

一、志工應有以下權利：（略）

二、志工應有以下義務：（略）

拾、志工之待遇：志工應屬無給職，並應為志工辦理意外事故保險，必要時，並得補助交通、誤餐及特殊保險等經費。

拾壹、志工之管理及輔導：（略）

一至四：（略）

五：紀錄冊之管理依照內政部九十年四月二十日台（九〇）

內中社第九〇七四七七七號函頒「志願服務證及服務紀

錄冊管理辦法」辦理。

拾貳、志工之考核：（略）

拾參、志工之獎勵：（略）

拾肆、本計畫應於每年結束後2個月內，應將辦理情形函報主管機關

暨目的事業主管機關備查。

另外，針對「祥和計畫」有專門的表格要填寫，格式如**表9-1**。

表9-1　祥和計畫——志願服務隊申請表

所屬機構		主管機關編隊序號	（免填）		
隊（團）名			電話		
隊（團）址			傳真		
志工督導（業務承辦人）		職稱			
電子信箱		網址			
隊（團）長		電話			
參與服務情形	□殘障福利服務 □老人福利服務 □婦女福利服務 □少年福利服務 □兒童福利服務 □諮商輔導服務 □家庭福利服務 □社區福利服務 □綜合福利服務	志工基本資料	志工總數	男：＿＿＿人。女：＿＿＿人。合計：＿＿＿人。	
			年齡別	12歲以下：＿＿＿人。12歲至18歲未滿＿＿＿人 18歲至30歲未滿＿＿＿人。30歲至50歲未滿＿＿＿人 50歲至65歲未滿＿＿＿人。65歲以上：＿＿＿人	
			教育程度	研究所以上：＿＿＿人。大學（專）：＿＿＿人。 高中（職）：＿＿＿人。國（初）中：＿＿＿人， 國小以下：＿＿＿人	
			職業	學生：＿＿＿。工商企業人士＿＿＿。公教人員＿＿＿ 家庭主婦：＿＿＿。退休人員：＿＿＿。其他：＿＿＿	
備註：					

申請日期　年　月　日

志願服務與志工管理

214

送申請文件時，要瞭解政府的規定，將公文、志願服務運用計畫、運用單位組織章程、單位立案登記證書影本、志工基本資料清冊等依序排列。

如有疑問，主管機關為了使個單位容易落實該法，依據各單位及民眾的詢問，編有「志願服務法」釋義彙集。在此舉兩個例子：

問題一：志工如同時於不同單位從事服務工作，志願服務紀錄冊如何申領？遺失如何辦理補發？（930202內授中社字第0930011440號）（920728內授中社字第0920072713號）

問題二：非為目的事業主管機關可否自行印製志願服務紀錄冊？

如果不是青年的志工方案，最好接洽「各縣市志願服務推廣中心」，各地的名稱不相同，但都是服務推廣的據點。在**表9-2**根據民國104年7月的資料，整理各縣市志願服務推廣中心的電話及電子信箱。

表9-2 各縣市志願服務推廣中心聯絡名冊

中心名稱	承辦單位	電話	電子信箱
台北市社區暨志願服務推廣中心	財團法人廣青文教基金會	(02)25812360	cv101@kuang-ching.org
新北市志願服務推廣中心	社團法人中華民國天元慈善功德會	(02)29819090	vtc@vtc.org.tw
台中市志願服務推廣中心	朝陽科技大學	(04)24375973	tcvsc.swdept@msa.hinet.net
台南市志願服務推廣中心	台南市政府社會局自營	(06)2986649	huiyi@mail.tainan.gov.tw
高雄市志工資源中心	社團法人高雄市服務與學習發展協會	(07)7256343	kvc.yes@gmail.com
桃園縣社區培力暨志願服務推廣中心	元智大學	(03)4638800#2179	joe751130@gmail.com
		(03)4638800#2178	aspiresar@gmail.com
		(03)4638800#2178	milkunehsin@gmail.com
		(03)4638800#2179	minglong0513@gmail.com
宜蘭縣第三部門發展中心	社團法人宜蘭縣非營利組織聯盟	(03)9313833	yilannpou@gamil.com

（續）表9-2　各縣市志願服務推廣中心聯絡名冊

中心名稱	承辦單位	電話	電子信箱
新竹縣志願服務推廣中心	社團法人新竹縣志願服務協會	(03)5510823	c1985110@hotmail.com
苗栗縣志願服務推廣中心	財團法人生命之愛文教基金會	(037)374809	anmey6@gmail.com
彰化縣志願服務資源整合推廣中心	社團法人彰化縣志願服務協會	(04)7784810	vol500@hibox.hinet.net
南投縣志願服務推廣中心	社團法人南投縣生命線協會	(049)2243509	nantou.volunteer1995@gmail.com
雲林縣志願服務推廣中心	招標中	(05)5523372	ylhg25336@mail.yunlan.gov.tw
嘉義縣志願服務推廣中心	社團法人嘉義縣志願服務協會	(05)2060785	ccasa.ccasa@msa.hinet.net
屏東縣志願服務推廣中心	社團法人屏東縣志願服務協會	(08)7379716	t7860.ptc@msa.hinet.net
花蓮縣志願服務推廣中心	花蓮縣政府新聞暨社會處自營	(03)8224483	Lookforlove82@nt.hl.gov.tw
台東縣	無		
澎湖縣志願服務推廣中心	澎湖縣政府社會處自營	(06)9274400#531	gch600103@mail.penghu.gov.tw
基隆市志願服務推廣中心	社團法人基隆市志願服務協會	(02)24321011	kl.cvsa@msa.hinet.net
新竹市志願服務推廣中心	社團法人新竹市至愛服務協會	(03)5259785	vol.hccg@gmail.com
嘉義市志願服務推廣中心	社團法人嘉義市志願服務協會	(05)2223858	chiayi.volunteer@gmail.com
金門縣志願服務推廣中心	金門縣政府社會局自營（尚未正式掛牌）	(082)318823#62512	kmkf1213@mail.kinmen.gov.tw
連江縣	無		

案例——結合生命教育的國際志工專案

基於全球化之背景，以及國際社會合作互助之趨勢，傳統的公民觀念已因時代的變遷受到挑戰，公民不僅是一國的公民，而是整個地球村的公民。

台中護專（已併入台中科技大學）自2010年首次辦理國際志工服務，赴中國大陸雲南辦理生命教育志工服務，接著辦理泰北健康衛教志工服務生命教育志工服務，以部落及幼兒園為服務對象，受服務人數400人。在該服務活動過程中，規劃有學童、教師及社區民眾的課程，每個課程均以生命教育為軸心，設計具生命教育認知課程，包含生命典範、典範在周遭等，以圖畫、歌唱、影片觀賞及座談分享等方式，鼓勵思考並顯現生命價值的真諦。學生設計環保、衛教、飲食、孝親、品德及禮儀等課程，也增加了社區居民生命教育課程規劃，期能提升居民心靈舒緩及正向思考，增進生活品質提升，謝昌達（2012）對此做了研究。

東南亞是台灣附近的「外國」，許多大學生第一次的「國際志工」就是去東南亞，到緬甸擔任志工改變了很多人，陳巧蓁實際從事緬甸國際志工，在2009年以「大學校院學生之世界公民觀開展——兩個國際志工服務團隊之緬甸行」撰寫碩士論文，以兩個於2008年至緬甸從事教育服務之大專校院團隊為研究對象。經由國際志工們所獲得的學習及反思進行資料的蒐集，探討國際志工於跨界層次實踐領域中，世界公民觀的開展情況。她發現：藉由緬甸文化與緬華文化的多元文化學習，國際志工產生跨文化跨族群理解並學會尊重，促進跨文化與跨族群對話與共生；經由服務表現出感同身受的關懷，以及易地而處的同理心，是培養世界公民有效之管道。

弘光科大國際志工服務隊近年服務地點以泰北為主，來自護理系、醫工系、老福系、健管系、文創系、餐旅系的18位學生志工2015年暑假到緬甸北部偏遠小學，提供當地學童衛教、華文教學、油漆教室等服務，隊員們克服重重困難，指導小朋友正確洗手觀念，又因環境衛生不佳，全隊幾乎都拉肚子咬牙硬撐十二天的服務行程。

緬北偏鄉生活環境比泰北落後更多，生活條件也更加嚴苛，當地小朋友在竹子、鐵皮搭成的簡陋教室上課。國小因水井乾涸，沒水沒電，為了灌輸勤洗手觀念，校方還特地運水來讓志工教小朋友洗手、刷牙，縱使用水洗手頗為奢侈，還是一個步驟、一個步驟仔細地教。期盼未來供水改善之後，小朋友會記得「勤洗手保衛生」觀念。志工隊進行家訪調查，看到緬甸偏遠地區住家比教室更簡陋，只用竹子、茅草搭成，根本禁不起風吹雨淋，而工作機會少，阿公阿嬤隔代教養孫子孫女的情況普遍，又靠家庭代工微薄收入糊口。

輔仁大學緬甸志工團隊2015年是第二年前往緬甸臘戌華人僑校進行志工服務。臘戌是緬甸北部重要貨物集散地，為滇緬公路起點，最主要的邊境貿易夥伴是大陸，當地華人很多，有約十所華文學校。但當地長期缺乏華文教師，華文教學的教案資源也相當有限，因此志工團隊特別規劃多元教學方式，結合繪本、戲劇、表演等來提升學生的學習興趣，教導當地學生瞭解中華文化。

為協助臘戌僑校建立華文圖書閱覽中心，輔大志工團隊長期在校內募集華文圖書攜帶至當地，也安排志工深入當地作田野調查，以保留當地華人歷史。

高雄醫學大學2015年則是第六年長途遠征到非洲馬拉威服務，志工團隊在當地舉辦的教學營，規劃了衛生教育、科學教育、文化教育、軟實力及環保課程共五大項，志工團隊也幫助當地學校教室的課桌椅、資訊設備與電腦軟體等的更新。

這是教育部青年署今年共補助116個國際志工服務隊之一，1,238名青年前往世界各地19個國家從事海外服務。

另外，來自全台各地的8名家扶中心大專生在暑假前往吉爾吉斯擔任國際志工以幫助當地貧童。每名志工帶著象徵自己專長與優勢的調色盤、放大鏡等創意道具出場，希望在為期兩個多星期的志工服務行動中，可以為吉國的貧童帶來不同的體驗。這些大學生都是家境困難，有些自己罹患罕見疾病，仍然投入跨國服務的行列。

台灣年輕人走向世界做志工，另外紅十字會舉辦為期十二天的「僑商青年國際志工服務營」，共有36名來自美洲的青年僑胞回台參

　　加，包括社福機構服務、兒童服務、弱勢家庭農事服務及環保服務等工作，並到榮民之家、畢士大教養院進行老人服務及關懷訪視，又到美崙山體驗救災訓練、富源社區原鄉部落弱勢家庭農事服務及瞭解客家文化、參觀太魯閣國家風景區等志工服務及文化體驗。

Chapter 10

服務學習專案

第一節　從關懷到服務

一、服務需要學習

　　東海社工系的新生可以選一門「關懷服務學習」的課，這門課我負責了幾年，希望幫助學生瞭解「關懷」是服務學習的基礎，也是志願服務的基礎。

　　什麼是「關懷」，英文是care，care也有「在乎」、「照顧」等意義。先要從心裡在乎，才會有後續的照顧行動。大學新鮮人剛走出高中校門，生活圈通常不大，少有機會接觸到不同背景的人、奇特現象、各種社會事件。透過這門課，期待學生「不再單純」，能打開大門，廣泛認識與接觸，更能打開心門，勇於探索不熟悉人們的心理。如此，日後遇到各種背景的人們，能夠更自在、自然、自信地與對方互動。

　　近年來，服務業愈來愈重要，占國民生產毛額的一半以上，從業的人員遠超過農林漁牧或製造業。各大學裡，為了滿足服務業人力需求而開設的科系，愈來愈多。服務業最大的特色是必須面對「生張熟魏」，這成語形容好些工作必須與熟識或陌生的人打交道，顧客千百種，俗話說：「全世界最遠的距離就是把對方口袋的錢放在自己的口袋。」要賺對方的錢，自己得和顏悅色。如果「不在乎對方」，少了關懷之心，是無法成功服務的。

　　你從小就是顧客，不容易體會銷售一方的心情。打工的經驗很可貴，尤其是需要「生張熟魏」的銷售服務，面對各種客戶，很快就累積與人相處的經驗。知道在什麼樣的場合、面對什麼樣的人，該如何察言觀色，進而說出適宜的話，做出適宜的動作。

　　但光靠經驗是不夠的，經驗偏向個人，如何能在短時間獲得豐富的經驗呢？最好經過「有系統學習」。所以不同學門都有相關的課程，各種

的知識、理論、案例，使學生能在短時間之內培養服務的能力。例如服務工作中最難處理的是「奧客」，百般刁難的少數客戶讓服務者頭痛不已，如果沒有好方法，服務者一定會精疲力竭，甚至不想做下去。

以社會工作領域來看，由於要面對不同類型的案主，其中有很多人是因為性侵害、婚姻暴力、虐待子女，被迫接受服務的「非自願案主」，社會工作者即使想幫助對方，對方也常抗拒。因此更要學習相關知識與服務的技巧。我專門研究與講授「非自願性案主」的課程，希望透過課程使原本生活單純的學生能多認識那些問題重重的案主。社工唯有更好的準備才可能提供有效的服務，才可能促使這些非自願性的案主不至於重複錯誤的行為。

服務需要記錄，如此才不會淡忘。服務需要分享，如此才會鼓舞自己與他人。畢生致力於社區服務，協助無數兒童的美國權威心理學家、哈佛大學教授羅伯‧寇爾斯（Robert Coles）寫了《服務的呼喚——理想主義的實踐》一書，又寫了《故事的呼喚》。他認為故事的整理最能夠幫助故事的主角，又幫助閱讀故事的人。在《服務的呼喚》（宇沙、葉葇，1997）裡，他用動人的文筆分享了自己和家人的志願服務經歷。

寇爾斯於1960年代來到美國南方亞特蘭大做田野調查，他研究學校的種族隔離政策對黑白學童的影響，起初他的努力不被信任。他想進入「學生非暴力聯合委員會」進行採訪，卻始終得不到黑人學生領袖的認可。寇爾斯只好問他們有沒有他幫得上忙的地方，學生領袖回說：「你可以幫我們把這地方打理乾淨！」寇爾斯隨即開始清掃起來，像是抹地板、擦灰塵、刷浴室、在廚房間洗杯盤。一連幾個月的清掃，讓他終於有了一個正式的職稱：清潔工。

寇爾斯描述的是他親身體驗到的，他說：「事實上，一個人從投身加入服務的行列，享受為人服務的滿足感，到忍受其所帶來的種種痛苦，這些經驗都會內化成自己生命的一部分。為人服務的呼喚，是在呼喚你翻開人生的新篇章——而之前的故事、篇章，以及其中的得與失，當然

都影響。」

　　寇爾斯的人生交織於「故事」與「服務」之中。1972年，《時代週刊》的一個封面故事稱寇爾斯為「美國最具影響力的在世精神科醫生」，這樣的殊榮，對他而言真可謂實至名歸，他所說的故事尤其撼動人心。

　　我閱讀台北醫學大學（《愛在偏鄉蔓延》）、清華大學（《種籽、萌芽、扎根》）、中原大學（《那年夏天，我們走出教室——非洲、愛滋、7+1》）等校的學生如何實踐所學，上YouTube及公民新聞報去瞭解。這些無數大學生羨慕的高材生自發性的奉獻，展現出理想主義的服務，都是一種自發性的自我奉獻，工作態度是利他的。投身志願服務工作者是以促進個人、團體和社會福祉為目標，並且在提供服務的同時，展現個人的人格和尊嚴。

　　從事志願服務的人大多富有理想主義色彩，認為改善社會，為世界人們解決問題是自己責無旁貸的任務。許多非營利機構的負責人普遍具有社會責任的觀念，認為自己對不幸的人具有道德責任，也由於這份責任，才使他們貫徹服務的理念。光輝的一面是促使人類精神生活豐饒富足的重要因素，德國哲學家康德曾說：「世界有三種最美的事物，那就是天上的星星、地上的小花和人類心中的道德良知。」因為有道德良知而能散發純粹的愛與關懷，不為一己之私而多為他人謀福。

二、定義

　　我國已經進入十二年國教，高中職免試入學有各種比序項目，在多元學習表現之下，有八小項主軸，全台十五個就學區可以自行選擇是否納入。其中「服務學習」一項，在104學年度已經有台北區、桃園區、竹苗區、中投區、彰化區、嘉義區、台南區、高雄區、宜蘭區、澎湖區等十個學區納入，只有雲林、屏東、台東、花蓮、金門等五個學區不納入。以

最受矚目的台北區來看，在十五種比序項目裡，僅挑選志願序、均衡學習、教育會考成績及服務學習等四項。由此可看出，「服務學習」在教育體系中的重要性。

Jacoby（1996）定義服務學習（service learning）是一種經驗教育，在學生投入強調人群與社區需求的活動中，同時有計畫促進學生的學習，「反思」與「互惠」是服務學習的兩個關鍵概念。反思是反省和思考，對自己所做的事情及經歷的過程，加以深思，進一步判斷事物的連結關係。互惠強調互相教導學習，提供服務者協助被服務者面對問題、解決問題並幫助成長，另一方面被服務者也幫助服務者瞭解問題癥結。服務學習以課程為基礎，教育學生參與有組織的服務活動，藉由服務活動的方式反思，增加對課程更進一步瞭解，更廣泛訓練，並加強公民責任感。

黃玉（2009）指出，服務學習是一經驗教育的模式，透過有計畫安排的社會服務活動與結構化反思過程，滿足被服務者的需求，並促進服務者的學習發展。

黃富源（2002）認為，服務學習是學習者針對個人或社區的特定問題或需求，進行有組織、有計畫的學習，以獲得新的知識，在此過程中，培養反省思考及與他人合作的能力。此種活動在學習地點上更具彈性，從傳統的教室學習擴展到社區，與真實的生活情境相連結。

黃玉（2009）歸納出理想服務學習方案或課程應具備五項核心特質，分別為協同合作（collaboration）、互惠（reciprocity）、多元差異（diversity）、以學習為基礎（learning-based）、以社會正義為焦點（social justice focus），以下進一步說明之：

1. 協同合作：被服務的社區和提供服務的學生共同設定服務目標，決定服務進行的方式以滿足雙方的興趣、需求與期待。雙方是平等、互利的關係，在合作過程中雙方分享責任和權力，一起努力和共享成果。

2. 互惠：在合作的基礎上互惠，彼此既是教導者也是學習者。

3. 多元差異：包含多元族群，不同年齡、社經背景、性別、地區、能力等，服務者與被服務者均有機會接觸與自己背景、經驗不同的人。在服務中調整自己的刻板印象與偏見，尊重別人的不同，藉此必然帶來觀念的轉變與自我的成長。「多元差異」也表示服務機構的選擇、安排、方式、時間等，能提供學生多元選擇，以適應不同學生的興趣、能力與需求。抱持彈性，讓不同的人可以能充分展現他們的能力。

4. 以學習為基礎：強調學習與服務的連結，設定具體學習目標，經由服務的具體經驗，來達到學習目標。

5. 以社會正義為焦點：看重社會的參與，促使社會朝向正義。服務學習方案從設計、進行、反思、完成、評量均由雙方一起參與，雙方目標的完成同等重要。

另有幾個相關的名詞：

1. 專業實習（internship）：學生從事於強化他們職業或生涯發展的活動。

2. 督導見習（practicum）：學生在與專業領域有關的場所工作以代替教室內的學習。

3. 社區服務（community service）：學生從事於一些滿足社區需求的活動，作為整合課程學習的一部分。

服務學習始於1960年代，當時學生漸漸重視社會正義，因此在許多校園中蓬勃發展。到1980年代末期，在諸多有識之士努力下，美國教育委員會結合了校園盟約（campus compact）的力量，結合超過1,000所大學及學院，逐漸奠定服務學習的理念與做法。在1994年柯林頓總統史無前例地親自致函全美各大專院校校長，請託他們鼓舞學生，建立為國家社會展現服務的精神。

台灣雖早就有勞作教育或類似服務教育之做法，但運用服務學習

之概念推動教育並進而成為一種新的教學法，是20世紀末的事。許多大學院校在接受概念、採行實驗措施，在反省、質疑、檢視過程中摸索前進，並對於服務學習中採用結合專業、從做中學，於參與服務後反省內化的紮根設計持正面看法，也深覺服務學習之推動，有助於教學中「知、情、意、行」目標之達成。

　　教育部於2007年5月9日函頒「大專校院服務學習方案」推動大專校院服務學習，並於2007年10月編輯完成《大專校院服務學習課程與活動參考手冊》，作為大專校院開設服務學習正式課程的參考。接著有了「教育部補助大專校院開設具服務學習內涵課程作業要點」，鼓勵學校辦理服務學習相關業務及課程實施。至98學年度，全國已有125所大專校院設置服務學習專責單位於各校內，120所大專校院將服務學習課程納入正式課程學分。

三、功能

(一)強化課程主題學習

　　服務可以帶來哪些學習呢，黃玉（2009）說明服務—學習能強化課程主題學習，包含：

1.特定課程內容學習。

2.一般課程學習，例如：批判性思考、問題解決技巧等。

3.學習如何學習，例如：學習成為主動學習者、學習成為獨立學習者、學習從經驗中達成學習、學習應用所學於真實世界、學習整合知識與經驗等。

4.社區學習，主要是從社區學到的知識與技能，例如：學習社區中特殊的部落或族群、學習特殊的社會議題等。

5.人際學習目標，是所有學習者都必須投入的。

(二)目的性的公民學習

在目的性的公民學習目標包含：

1.課程主題學習，協助學生瞭解並準備參與社區情境。

2.民主的公民學習，協助具有現代化公民素養。

3.多元學習，協助學生參與多元社區，學習多元文化。

4.政治學習，協助學生參與社區工作，從中學習政治相關事務。

5.領導能力的學習，協助學生在社區中學習領導議題。

6.人際互動之學習。

(三)對學生、學校、社區機構的功能

服務─學習融合「服務」與「學習」之目標，彼此充實與支持，注重「學校」與「社區」的結合，學生以社區為服務場所，必然對社區有所影響。推動服務學習，對於學生、學校、社區機構有不同的功能（尹美琪，2002；黃玉，2009），整理如下：

◆對學生的功能

1.人際互動關係的成長。

2.能運用所學知識、提高技術性技能。

3.強化好奇心、經常反思、改變觀念。

4.增進批判性思考的能力。

5.改善非學業方面能力，加強學生的公民素養與社會責任感，培養正面價值觀、領導統御能力及對公民權利義務的認知。

6.增加學習後記憶保留的比率。

7.提供未來職業選擇的指引與經驗，幫助學生探索職業興趣。

8.學生參與服務學習者，通常會持續志願服務。

透過服務學習，青年角色因而轉變，例如：(1)從資源使用者轉變為資源提供者；(2)從被動觀察者轉變為主動學習者；(3)從服務消費者轉變為服務製造者；(4)從無助者轉變為社會改變的參與者。

◆對被服務的人、社區或機構的功能

1.讓社區的需求被發現。

2.帶給被服務者希望。

3.服務具感染性，能吸引更多人參與。

4.社區和服務機構獲得與教育單位建立合夥的機會，促使社區或服務機構有新的思考。

5.社區和服務機構對志工學生提供社會教育。

◆對校方、授課教師的功能

1.鼓勵教學的創新與改革，使教學更豐富、有生氣。

2.使學校覺察社區的議題。

3.鼓勵各學科間的協同教學。

4.提供校內資源給機構或社區，有助於建立正向的關係，必要時各方面可以相互支援。

5.師生共同執行課程，使學生成為主動的學習夥伴，而非被動的知識接受者，帶動師生關係的轉變。

6.教學環境由傳統教室擴展至周圍社區或不同機構，由虛擬情境轉變為現實環境，為學校創造提高學生學習興致與效果的教學環境。

整體而言，服務學習增進學生的知識、技能、人際網絡並對生涯發展有所幫助；對被服務者、社區或機構而言，能提升公民意識，為機構帶來新契機；就校方及教師而言，則可在教學之中，造成創新及改變，與其他網絡人士有好的連結，給予學生不同於課堂內的教學環境。

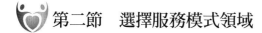

第二節　選擇服務模式領域

一、模式

(一)Sigmon（1996）的服務與學習模式

Sigmon（1996）提出大學中有四種服務與學習模式關係類型，以下用英文的大小寫加以說明，大寫者顯示重要性高。

1.service-LEARNING：重視學習技能的運用與學習目標的達成，服務對象的需求與感受並非重點。類似正規課程安排的「實習」。
2.SERVICE-learning：著重做好服務，但未真正深入反思服務帶來的學習意義。類似「傳統社區服務」。
3.service-learning：服務與學習皆不是重點。
4.SERVICE-LEARNING：服務與學習目標同等重要，服務者與被服務者彼此都是教導者也是學習者，即為「服務學習」。

服務學習最理想的論述，應該是SERVICE-LEARNING所呈現的意涵。服務學習是經驗教育方法之一，透過細心安排設計的學習機會，學生能夠藉由從事社區的實際活動，促進實際參與經驗和技能學習的發展，同時滿足社區發展的需求，在互利互惠的過程中，共同達成預定的目標。

表10-1列出志願服務與服務學習在各項指標的差異。

(二)美國的服務學習分類

美國的服務學習有幾種類型（劉杏元、劉若蘭、楊仕裕、林至善，2009）：

1.一次或短期的服務學習：由學校安排半日或一日的，或安排一兩次

表10-1 志願服務與服務學習的差異

比較指標	志願服務	服務學習
基本精神	以服務為主體，不求回報。	服務與學習並重。
法律依據	志願服務法。	無，但教育部有擬訂相關政策。
參加意願	尊重志工自由意願。	部分具強制性。
參加對象	有意願者可經由運用單位甄選後參與。	以在學學生為主，依學校課程要求參與。
服務項目	各運用單位需要協助的業務。	依據學生能力與興趣以規劃。
服務時間	依據運用單位的需要及考慮志工的時間。	以學生在學時間為主，由學校或自己安排。
服務地點	由運用單位安排各種適合志工服務的場域。	各種適合學生服務的場域。
推動單位	公民營機關、機構、學校、法人或經政府立案團體均可。	以學校為主。
服務專案	依據運用單位的需要規劃服務方案。	可與課程結合達到學習目標的方案。
後續制度	評鑑考核、獎勵表揚。	成績考核、獎勵表揚

資料來源：修正自賴兩陽（2002）、林欣諭（2014）。

的服務活動。服務活動目的在協助學生認識服務機會，引導學生進行服務領域。通常這類活動的目的在介紹服務機會及機構，引發學生的興趣，屬於探索階段。必須在服務前、後安排反思活動，如此能帶來學習及成長。

2.長期的課外服務學習：因時間較長，多利用課餘時間進行，目的是藉由持續性接觸所服務的對象、場所及議題，配合結構化的省思活動，增進學生對服務對象、場所或議題的認識。對服務活動的意義進行探索，澄清服務中所產生的疑惑。

3.結合課程的服務學習：機構選擇、目標安排，均與課程內容及主題密切配合。參加這類服務學習的動機各有不同，但教師的課程設計及引導學生的動機，在課程中不僅提供學生實作的機會，幫助學生課程的學習。學生實際貢獻所長，透過反思與回饋，進一步對認識社會問題，喚起公民意識與行動。

4.密集經驗的服務學習：數月乃至數年的服務活動參與，因為長期密集與被服務者生活在一起，持續進行反思，會帶給參與者直接的影響，促使他們理解與行動。

(三)服務學習課程與活動重點

就學校教育制度而言，服務學習之推動，可結合課程或活動進行，說明如下：

◆在結合課程方面

大專校院服務學習結合課程的部分，主要分為校訂共同課程、通識課程及專業課程三類：

1.校訂共同課程：此屬學校訂定的共同課程，大多屬必修。如許多學校實施的勞作教育，但不同於校內清掃工作。此類課程融合社區服務歷程，安排基礎理論講座，以及課堂教師引導與討論，切實協助學生達到課程所訂定之學習目標。雖是共同必修課程，但也可針對不同科系，適度修正其內容。

2.通識課程：屬通識課程中心所開設之課程，提升學生人文素養、社會關懷、文藝欣賞與土地情操等發展全人人格的面向，多屬選修。

3.專業課程：各系所開設的相關專業領域課程，特別安排服務社區的作業項目，促使學生應用課堂所學知能。

◆在結合活動方面

可透過非正式課程進行，例如，服務性社團活動或志願服務活動。服務活動多經由校內單位安排行程，透過指導老師或行政人員的協助，學生自由參與。目的是協助校內課外活動組及行政與教學單位，瞭解在現行活動業務之下，積極融入服務學習精神與內涵。

二、執行領域

綜合整理各校網站，服務學習以下列七類居多：

1. 關懷生命類型：如養老院、孤兒院、醫院、青少年中心、安養中心、臨終關懷中心等等。
2. 愛心活動類型：如愛心園遊會、義賣籌款表演活動、淨灘、掃街等活動。有些配合社團活動所舉辦的山地服務工作隊、兒童夏令營、社區兒童育樂營、生活營等。
3. 公益服務類型：如公益團體、機構——生命線、消保會、喜憨兒、伊甸園、董氏基金會等等；政府機關志工——如環保局、高美館、科工館、歷史博物館、文化中心等等。
4. 社區服務類型：社區道路、公園認養；國小導護愛心哥哥姊姊。
5. 校園服務類型：打掃校園、生活服務教育、友愛社區。
6. 國際服務類型：國際志工海外服務。
7. 其他：經由指導老師充分瞭解及同意者。

 第三節　服務的階段

一、學習循環階段

Fertmam、White與White（1996）針對發展有效的服務學習方案設計，提出「服務學習模型」（service learning model: cycle of learning），將「服務學習」的學習循環區分成四個階段：準備（preparation）、服務（service）、反思（reflection）及慶賀（celebration）（黃玉，2009）：

(一)準備階段

實施方案前的準備工作，包括：透過各種管道，確認服務主題，與服務之雙方共同擬定選擇服務之計畫。學生在此階段應學習傾聽、溝通、問題解決等服務技巧。重點是：

1. 確定服務成員組成團隊，安排活動中所需的訓練。
2. 事先瞭解服務對象，包括相關的社會議題及事件、服務機構的資料與發生問題時的解決方式等。
3. 確定所進行的服務學習方案與課程學習目標有所連結，並讓學生明確認識可行的方式。

(二)服務階段

實際從事服務工作，學生依據社區及機構待解決的問題之需要，提供有意義的服務。重點是：

1. 所從事的服務工作是實作、具挑戰性，與社區實際問題有關。
2. 服務的內容有些是直接接觸被服務對象，有些是間接服務的協調募款、活動策劃等。
3. 採循序漸近的方式，由外部活動參與，再進入直接接觸，協助學生適應服務的模式與環境。

(三)反思階段

反思（reflection）的字根來自於拉丁字reflectere，意指「倒回」（to bend back），像鏡子反映實體的影像，思索潛藏在實際體驗中的意義。有意義的反思，應從過去的經驗開始。經驗是反思的主體，反思是為了賦予經驗意義，並發展新的瞭解和評價，以及重新再實作。

「反思」是經驗學習最重要的一環，也是帶來影響最重要的因素。

反思學習將過去的經驗、行動、學說的瞭解加以調和，學習者以對過去認知的再探究及對自己心理歷程的意識、覺知產生有意義的瞭解（陳木金，2007）。反思進行的時機，包括行動前的準備、行動中的反思以及行動後的反思等，行動中反思指實踐過程中所進行的立即式反思，從而產生解決問題的能力（蘇以青，2004）。

　　反思階段的重點是：What？（覺察自己在做什麼）、So What？（服務所帶來的意義與學習是什麼）、Now What？（如何將目前所學的知識與經驗運用於未來）。進行反思時，可以透過結構化的機制或形式來進行，例如：撰寫服務日誌、工作報告、小組座談討論、心得分享、讀書會等。**表10-2**說明引導反思的設計重點。

◆撰寫服務日誌的參考

　　撰寫服務日誌強調服務經驗對自己產生意義的對話，也提供省思自

表10-2　引導反思的設計

階段	重點
活動前	See——我看到什麼？ Can——我可以做什麼？ Want——我想要什麼？ Do——我要做什麼？ Why——我為何做？ How——我如何做？
活動中	See——我看到什麼？ Think——我思考什麼？ Learn——我學什麼？ Mean——有什麼意義？
活動後	Learn——我學什麼？ Feel——我覺得如何？ Change——我改變什麼？ Can——我可以做什麼？ Use——我如何應用？ Plan——我如何計畫？

資料來源：修正自謝昌達（2012）。

己經驗，促使自己思考，並連接社區服務與課堂學習。日誌可帶來新的思考、情感，不僅是文字寫作而已，更需深入觀察、分析、批判與思考。以下提供一些方向，作為撰寫日誌的參考：

1.What（什麼）：我今天做了什麼？看見了什麼？聽到了什麼？接觸了什麼？

2.So What（所以，什麼）：我的所見所聞帶來什麼感想與思考？我學習到了什麼？對我有什麼意義？服務過程中，我想到了什麼新問題？

3.Now What（現在，什麼）：這些經驗使我看事情、看世界、看自己產生什麼改變？對自我認知有什麼改變？我能做什麼？對我看社區服務及社會正義有什麼影響與改變？

◆反思活動需具備的條件

Eyler、Giles及Schmiede（1996）強調反思活動需具備四個條件才得以完整有效（修正自胡憶蓓，2008）：

1.持續性（continuous）：反思活動宜於服務前、過程中及服務之後持續地進行。

2.聯繫性（connected）：適宜的反思活動應注意學生的智能發展，並能與學習相連結。

3.挑戰性（challenging）：鼓勵學生以寬廣的角度，去挑戰問題，澄清謬誤與矛盾，培養富批判的思考能力。

4.相關性（contextualized）：適宜的反思活動應配合服務學習活動，引領學生透過服務學習經驗及反思，建構對問題的理解。

(四)慶賀階段

是分享的過程，讓參與服務學習活動過程的個人或機構，一起加

入，分享彼此的學習與成長，包括學生、被服務對象、機構督導人員、指導老師。藉由分享活動，肯定學生的參與及貢獻，將經驗傳承，激發承諾與服務熱忱，期望學生於服務後感到光榮與成就，肯定自己的價值。同時能受服務者認同、肯定。服務者與被服務者彼此互惠，並同獲喜悅。

慶賀是自然的，有助於關懷文化的建立。慶賀活動是平等的，可由服務者與被服務者共同策劃，採用同樂會、座談會及觀摩會等方式進行，藉由頒贈感謝狀、感謝卡、服務證明或表演等，增進榮譽感及彼此鼓勵。

綜合上述，服務學習方案引領學生從準備到慶賀階段，依序經歷四個階段的過程，從中有助於理解服務學習如何從在學校所學的知識和理論，轉化成服務時的運用方針。

二、申請教育部補助

為了推廣服務學習，教育部於民國96年頒訂服務學習方案並出版《課程與活動參考手冊》。對大學生來說，向教育部青年發展署申請是比較容易開始的。政府自民國80年起推動青年參與志工服務，於民國90年加入國際「全球青年服務日」（Global Youth Service Day）活動，與全世界一百多個國家共同推動，十多年來超過一萬餘名青年志工團隊、數十萬名青年參與青年志工服務活動。政府於民國97年底成立「區域和平志工團」，召喚國內青年在國內及國際間積極參與扶貧、濟弱、永續發展等志願服務。適用12歲以上、30歲以下之青年及青少年。補助對象是青年自組團隊，每隊人數為6～30人。補助範圍有以下幾個面向：(1)社區服務面向：協助社區營造、弱勢關懷、社區輔導等；(2)環境服務面向：協助環境人文、生態保育、節能減碳等；(3)文化服務面向：協助文史調查、古蹟保存、導覽解說等；(4)科技服務面向：協助資訊輔導、數位科技、科技能力等；(5)健康服務面向：協助健康促進、衛生醫療、休閒旅遊等；(6)教育服務面向：協助教育輔導、語言教學、閱讀推廣等。

多年來政府為了推動區域和平志工團，鼓勵青年積極參與志工服務，有所補助。該計畫網址是https://gysd.yda.gov.tw/gysd/cht/index.php?code=list&flag=detail&ids=51&article_id=1575。補助重點是：一般性青年志工服務方案的補助款部分，申請補助單位應自籌活動總經費百分之二十以上。經費補助項目包括志工教育訓練經費（場地費、講師費、平安保險費、交通費、誤餐費、印刷費、事務機器租用、文具耗材等）及其他服務方案執行必要費用，「財產採購」、「設備維護」、「雜支」及「行政管理費」、「講師費」、「出席費」等無法申請補助。各項標準重點如**表10-3**。

同一申請單位每年最多以補助兩案為原則；全國性團體及其分級組織合併計算，每年最多以補助五案為原則。由青年發展署審酌青年志工參與服務人數、服務對象規模、服務地區、服務時間、服務內容、指導業師投入程度等因素核給補助額度。一般性青年志工服務方案，每案補助額度以不超過新台幣三萬元為原則。

這些補助案的審查標準，包括：(1)服務企劃創意及規劃執行能力；(2)社區資源整合運用能力；(3)團隊合作與運作；(4)服務之學習效益；(5)接受服務對象之改變與影響；(6)服務延續與發展性等。

教育部青年發展署加強青年志工服務補助服務行動構想以區域和平

表10-3　加強青年志工服務補助經費編列標準參考表

項目	單價及說明
交通費	略
餐費	早餐：不超過50元／人，午餐及晚餐：不超過80元／人。
茶點費	不超過50元／人。
場地費	依活動規模及參與人次編列，核實報支，最高補助15,000元。
保險費	每人每天保額以不超過二百萬元為原則。
印刷費	活動手冊、講義、成果報告等印製費，每份以不超過300元為原則。
事務機器租用、文具耗材	辦理活動所需之器材設備租用及文具耗材，核實報支。

志工團網站（www.gysd.yda.gov.tw）線上格式為準。最重要的是填寫「教育部青年發展署加強青年志工服務補助服務行動方案計畫書」，格式如**表10-4**。

　　另外需繳交的有「青年志工自組團隊家長同意書」，18歲以下未成年者須填寫家長同意書，並以有學校老師、立案非營利組織機構人員或青年志工家長擔任團隊指導者為原則。在審定結果公告後14日內將家長同意書交給所屬青年志工中心。辦理之後，要填寫「教育部青年發展署○○

表10-4　加強青年志工服務補助服務行動方案計畫書

團隊名稱				
提案名稱				
團隊人數	人			
隊長基本資料				
姓名				
指導者基本資料（若無指導者則無須填寫）				
姓名		服務機構與職稱		
提案說明				
服務對象				
服務時間／週次	自民國　　　年　　　月　　　日至　　　年　　　月　　　日，共　　　　週			
服務總時數				
受益人次				
服務地點				
緣起	促成服務行動的緣由或理念，至少100字。			
目的	期望透過服務行動達成的效果及產生的影響，至少100字。			
活動內容	活動的實際辦理內容規劃概述，至少250字。			
實施方法	執行活動內容的具體做法及團隊分工情形，至少250字。			
預估經費	預算項目	單價	數量	總價
	保險費			
	交通費			
	文具耗材			
	預算總經費新台幣：　　　元			

年加強青年志工自組團隊服務滿意度調查表」。辦理志工專案結束後,當然要撰寫成果,報告表的格式如**表10-5**。

負責專案的還要依照該署所要求的,完成「領據」、「總經費支出

表10-5 加強青年志工服務補助成果報告表

結案資料檢核:□成果報告表 □領據 □總經費支出明細表 □本署補助款支出原始憑證

團隊名稱							
服務行動方案名稱							
預定服務期間	月 日至 月 日	實際服務期間/天數		月 日至 月 日,共 天			
服務地點							
青年志工	預計參與服務人數 人						
	實際參與服務志工總人數共 人(A)（其中男 人,女 人;18歲以下 人;原住民 人)						
服務時數(B)			服務總時數:（A)×(B)= 小時				
接受服務者	總人次 人次						
	服務滿意度調查表回收份數: 份（其中男: 人,女: 人)						
接受服務者滿意度（%）	題項	非常滿意	滿意	有點滿意	不太滿意	不滿意	非常不滿意
	1.服務方式滿意度	人次	人次	人次	人次	人次	人次
	2.服務內容滿意度	人次	人次	人次	人次	人次	人次
	3.服務態度滿意度	人次	人次	人次	人次	人次	人次
	4.團隊合作精神滿意度	人次	人次	人次	人次	人次	人次
	5.服務能力滿意度	人次	人次	人次	人次	人次	人次
	6.服務成效滿意度	人次	人次	人次	人次	人次	人次
	7.整體滿意度	人次	人次	人次	人次	人次	人次
執行時間	□青年志工訓練: 年 月 日起至 年 月 日□方案執行: 年 月 日起至 年 月 日□檢討暨反思: 年 月 日起至 年 月 日						
計畫執行概況與成果評估	活動執行概況與檢討建議（內容字數1,000字以內）。青年志工服務心得或受服務者分享（內容字數1,000字以內）,並上傳活動代表性照片5-10張,亦可上傳活動動態影音紀錄。						
隊長							

明細表」及「支出憑證黏存單」，表示支出都符合規定。有任何問題，可以向青年志工中心接洽。該中心設立專屬服務窗口、服務專線、服務空間、供青年志工查詢使用之電腦，接受民眾親臨中心現場或以電話、網路等形式諮詢，也輔導在地青年志工自組團隊，建立在地志工組織資源網絡、召開區域青年志工聯繫會議、辦理青年志工教育訓練及專案活動。

如果需要下載文件，**表**10-6整理了區域和平志工團下載專區之各類表格文件。

表10-6　區域和平志工團下載專區各類表格文件

分類（性質）	表格名稱	發布單位
志願服務法	志願服務法（另開視窗下載pdf檔案）	青年發展署
Logo圖檔	區域和平志工團Logo	青年發展署
Logo圖檔	區域和平志工團六大面向Logo	青年發展署
青年志工自組團隊	青年志工自組團隊——交通費領據	青年發展署
青年志工自組團隊	青年志工自組團隊成果報告格式	青年發展署
青年志工自組團隊	○○○年自組團隊線上報名教學	青年發展署
青年志工自組團隊	教育部青年發展署青年志工自組團隊服務活動遇颱風或其他天災狀況之掌握及回報管控原則	青年發展署
青年志工自組團隊	青年志工自組團隊服務滿意度調查表	青年發展署
青年志工自組團隊	教育部各級學校暑假防颱注意事項	青年發展署
加強青年志工服務補助作業要點	教育部青年發展署加強青年志工服務補助作業要點	青年發展署
加強青年志工服務補助作業要點	（相關附件）教育部青年發展署加強青年志工服務補助作業要點	青年發展署

案例──好多大學都以創意推動服務

　　為鼓勵大專青年服務社會，投入縮短教育優先區中小學生學習落差的行列，教育部補助各大專校院學生社團及民間團體辦理「104年教育優先區中小學生暑假營隊活動」。104年暑假，共補助546個營隊活動，參與志工人數11,674人，受服務學校為558校，共計36,121位中小學學生參與活動，參加對象以中輟生、原住民、單親家庭及新住民子女為優先。

　　各營隊活動內容除了考量當地社區特色及學校需求外，並配合大專青年專長及社團特性來規劃。如佛光大學甲上志工服務隊規劃辦理「安徒生閱讀　小書蟲的書叢」營隊活動，在活動設計上，以安徒生童話為主軸，並結合兒童繪本、兒童文學、電影、教育劇場等，讓小朋友在學習與活動的過程中，體驗不同的學校生活，提升正向的邏輯與思考。明新科技大學咖啡魔術社則是辦理「魔林再現」營隊活動，活動的內容包括課業輔導、活動結合魔術、氣球製作與自然科學，使學習更生活化，並增加表演及課外活動經驗。

　　靜宜大學在服務學習領域，表現一直很出色。例如於民國93年起學生自組「小豆芽資訊志工團隊」，長期到南投偏鄉舉辦資訊親子營。103年到南投縣名間鄉新民國小舉辦「哎呀！相機不見了」資訊親子營，推廣最新的電腦資訊應用軟體、數位相機發展歷史、功能元件及攝影技巧，提升偏鄉數位學習資源及環境。資訊親子營教導學童及家長瞭解數位相機、攝影技巧及應用數位紀錄及剪輯，並將資訊教育融入闖關遊戲，增進親子互動。

　　為縮短城鄉數位差距、關懷偏遠國小、幫助弱勢學童提升資訊科技的能力，吳鳳科技大學的資訊志工團隊將單位汰舊換新、檢測維修後的個人電腦，贈予嘉義縣東石國小與型厝分校。除了長期教導偏鄉國中小資訊科技課程、協助偏鄉產業義賣活動亦幫助嘉義縣市社福單位資源整合等等。

　　329全球青年服務日，教育部青年發展署新北連青年志工中心在萬里區「新北市遊民中途之家」與「仁愛之家」，舉辦青年志工關懷社

區服務。景文科技大學、醒吾科技大學、致理科技大學、耕莘健康管理專科學校、中和高中、忠孝國中等校志工投入。活動分為長輩關懷組，學生陪伴長輩散步聊天，逗老人家開心；巧手技藝組，由學手工藝有成的住民教導學生編織手環，農藝學習組則與住民一同栽種香草植物。

「新北市高齡照顧存本專案」，鼓勵學生及市民擔任布老志工或世代志工，投入服務長者行列，盼減輕家庭照顧壓力。例如由貢寮國中的學生，擔任世代志工陪老人家聊天，布置共餐會場，為長者打菜服務，要來和龍崗里的阿公阿嬤一起互動，有七、八十位的長者參與。

「貢獻，是積少成多；服務，是默默行善；追逐夢想，是腳踏實地；改變，就從當下開始。」清華大學學生事務處連續三年出版國際志工成果集，分別是2010年的《種籽》、2011年的《萌芽》、2012年的《扎根》。第一本記錄2008年暑假70餘名國際志工分別前往尼泊爾、印尼、迦納、坦尚尼亞及中國等地進行海外服務的情形。前往尼泊爾的同學在協助義診的過程中深刻體驗當地醫療與衛生知識的不足，於是教導當地學童良好的生活習慣及基本的衛生觀念。前往非洲的團隊在當地學校協助課業輔導，更透過拜訪不同的學校，深入瞭解當地的教育情形及其環境，以尋求幫助提升的方法。「雖然這裡（坦尚尼亞）的物質資源不算太好，但這裡的人民有想進步的慾望，雖然他們的生活並不像台灣，但他們的臉上總是掛著喜悅的笑容。」前往非洲的同學們對於非洲人的熱情及活力留下深刻印象。七個團隊70名志工，有著不同的感人小故事，將所有志工所受到的震撼與感動編撰成冊，這本《種籽》就記錄了清華大學國際志工的努力，作者為清華大學學生共59名，同學們來自不同的系所。

《愛在偏鄉蔓延：台北醫學大學學生志工社團服務行腳》、《白袍下的熱血──台北醫學大學在非洲行醫的故事》、《愛從赤道零度開始──台北醫學大學醫者烙印非洲之旅》。服務，是他們共同的信念；傳承，是他們不變的執著。大學生離開習以為常的舒適圈，本書記錄了台北醫學大學的學生志工社團，自發性地深入台灣中南部、深

山部落及離島，甚至遠赴萬里外的史瓦濟蘭等缺乏醫療資源的角落，
竭盡所能，克服人力物力的種種限制，以提供專業醫療服務的關懷足
跡。

《那年夏天，我們走出教室——非洲、愛滋、7+1》記錄民國96
年中原大學師生前往非洲馬拉威協助當地愛滋診所建立電子病歷的過
程，整理了8位師生與當地醫療人員、愛滋病患者、社區民眾互動的
故事。主要依照馬拉威志工團的籌劃、推演、實現過程分為「第一單
元：意外的旅程」、「第二單元：艷陽下，我們敲打著鍵盤」、「第
三單元：馬拉威初體驗」、「第四單元：曲終人不散」。透過志工服
務的過程導引出幾個重點，一是志工服務的正確概念與實現，二是對
於不同文化的尊重與理解。

Chapter 11

台灣特色專案

第一節　企業及慈濟志工

一、企業志工

「企業志工」（corporate volunteering）和「企業公民」（corporate citizenship）不同。「企業公民」的範圍除了志工部分，還包括投資社區整體發展、企業產品再生回收、能源運用等環保工作，也包括投入人道關懷，貧富世界差距援助及資源分享等議題。

「企業志工」指為了善盡企業對社會的責任，由企業主動將員工組成志工團體，提供服務機會，鼓勵員工參與。「企業志工活動」是有策劃、有管理的活動，主要在以企業正式的資源和領導下，推動和促使員工加入志願服務行動。動員和運用到的資源包括金錢、人力資源、企業慈善理念、行銷和公關等。

企業志工，不僅不會降低企業的生產力，反而會提高工作效率，志工方案也可成為員工教育訓練方案，達到企業、員工和社區三贏的成果（張英陣，2003）。許多企業，為提升公司形象、凝聚員工向心力，並回饋消費市場所在區域的公民社會的社區意識，發起了「企業社會責任運動」（Corporate Social Responsibility Movement）。鼓勵及帶領員工參與志工服務，有些讓員工貢獻部分上班時間投入志工服務。經由企業志工的推動，志願服務的機會和管道也更加豐富和多元。

聯合國志工部門列出企業志工的優點（www.undp.org.eg/unvs/CV.htm），參考邱貴玲（2005）的整理，說明如下：

1.對企業而言：增進企業形象和社會聲望；增進團隊能力、員工士氣、認同、向心力、忠誠和工作表現；增加企業競爭力，吸引員工加入。

2.對員工而言：增進個人能力和事業發展潛能，增加工作以外之社會

經驗；增加和不同部門、不同職位的同事工作以外的互動；改善員
工的工作效率、加強團隊精神、個人信心、社會網絡和人際關係。

3.對社區／社團：改善社區的生活品質、找出社區的問題和解決方
法；增加社區內的才能和生活動力，增加社區志工人數，建構社區
人才資源網；將人力從企業的市場資源轉運用在公共領域和社會建
設。

企業志工的志願服務活動有主要三個來源：首先是公司內員工自行
發起的志願服務活動；其次由公司贊助的志願服務活動；第三種是由第三
部門社會團體主動接觸或自行提案，公司認可後提供員工和相關資源支援
的志願服務活動。

從「企業角度」來看，「企業志工」為公司帶來許多廣告和行銷以
外無法達到的種種好處，例如為公司所在地帶來正向的社區意識，又讓員
工有更強的動機發揮個人能力和潛力。當然，還是提升企業的社會形象的
一大利器，進而吸引更多人才加入。所以，「企業志工」對企業來說，對
外是一項本少利多的公關活動，對企業內部也是一項員工職業訓練的副產
品，對公司團隊精神和內部凝聚力具有絕對的正面功能。

從「員工角度」來看，員工可以自組志工團隊集體行動，聚沙成
塔，完成一個個特定的志願服務目標，如幫弱勢團體架設網站、幫偏遠貧
困地區學童設計教材、幫社區老人規劃旅遊活動等等。這些經驗都可以讓
參與的員工貢獻自己的專業能力，還可以提升員工的工作信心和人際互動
技能，發展更積極的生活觀。

在實例方面，不勝枚舉，挑選一些有代表性的加以說明。

民國87年1月台灣大哥大公司，開始建設基地平台。同年11月台灣大
哥大公司用戶突破100萬戶。次年，成立「台灣大哥大基金會」積極推動
社會公益活動。設立企業大學、整合產業、學界資源培育專業人才。

民國93年5月29日，該公司前往台灣北海岸三芝麟山鼻，展開「海洋

保育親子一日活動」。將員工的親子活動擴大規模，以企業志工型態，帶領員工和家屬從事海洋保育。相同活動也在高雄的旗津海灘舉行，南部的員工和家屬參加。在經營團隊的支持下，將員工福利活動和志工活動結合一起，以寓教於樂的方式，由員工帶領家人參與。整個活動籌劃數個月之久，由台灣大哥大公司公共事務處負責規劃，和黑潮海洋文教基金會、荒野協會，一起籌劃執行。

台灣大哥大也參與贊助獨居老人行動電話、救災部門通話費和行動電話等公益活動。另外，台灣大哥大和「得勝者基金會」的合作計畫包括：鼓勵員工參加志工隊，擔任「得勝者計畫」的種子學員，訓練員工對青少年工作的興趣，進而投入青少年志工活動中。

台灣大哥大公司的企業志工文化發展，是一種由上而下的運作型態，主要由經營團隊提出，由公司策劃，鼓勵員工加入。

整體而言，國內的企業志工，多數沒有明確的目標和理念。但以台灣大哥大和富邦愛心志工社來說，愛心賑災、慈善、環保等社會議題是志工活動的主軸。又如研華科技以「提升教育品質」為主要企業志工發展方向，運用公司和業界的科技專業人材，推動出獨特的志工活動，如TIC創新事業競賽。台灣微軟承襲總公司的公益活動重點是「縮短數位落差，推廣資訊教育」，台灣花旗銀行則以該公司的產品特色作重點，加強「理財教育」和「社區發展」。

在優惠機制方面，台灣大哥大的志工活動在假日舉行，主要以員工福利親子活動方式進行，除了活動經費提供外，對員工沒有特別的優惠。富邦愛心志工社，則由公司慈善基金會提供經費支持，對員工本身，也沒有優惠機制。研華公司和台灣微軟都有「帶薪服務」機制，讓員工可以在上班時間請假參加公司支持的企業志工活動。研華員工可以在工作時間參加TIC100創新事業競賽的活動，台灣微軟也讓員工在上班時間報導自己所參與的「圓夢計畫」，所需的交通費和餐會都可向公司申報。

台灣花旗銀行，除了員工可以在上班時間帶薪參加志工活動，如到

紅十字會協助捐款資料整理或前往理財教育教學。公司也鼓勵員工在同一個機構團體長期服務，在同一個團體服務時間一年超過50小時，公司則對該機構團體捐款500美元，讓員工對該團體的服務貢獻有更多實質的支持。

永慶房產集團啟動「愛圓滿接力」計畫，串連全省千家門市萬名員工投入敬老、愛老及弱勢關懷的公益活動，義演是由「喜樂小兒麻痺關懷協會」主辦，活動盈餘全數挹注「伯立歐家園基金」。該協會長期關懷照護身障朋友，義演是由永慶不動產、有巢氏房屋及台慶不動產共25位夥伴擔任機動組志工，負責場內外路線引導，並適時協助身障朋友安全行動，讓活動進行順暢。負責號召此次志工群的永慶不動產淡水站前加盟店店長分享：「得知這項慈善義演需要志工協助時，大家都很主動搶著報名，有夥伴告訴我，工作之餘參與公益活動是舉手之勞，這種無所求的公益心令我非常感動。」

聯邦快遞連續多年有專門的「志工關懷週」，單單是亞太區就有約1,000名志工投入36項在地社區活動。2014年來自12個亞太區市場的聯邦快遞工作人員，在9月20日到28日期間投身公益活動。與富邦慈善基金會攜手為樂山教養院的院童舉行了同樂日，集結50位聯邦快遞志工與50位院童一起唱歌跳舞，希望透過志工的支持，推動一個無障礙共容的社區。

安侯建業聯合會計師事務所自2007年成立KPMG志工隊，至今共有三百多位志工投入，出隊服務近40次，服務逾千名的弱勢朋友。2014年有25位志工至幼安教養院進行一日企業志工日活動。上午安侯志工們分組和院童互動，下午為教養院壽星舉辦慶生會，替18位壽星切蛋糕、許願。安侯建業和幼安一直有密切的互動，諸如義賣、活動等都彼此合作。

中華航空公司近百位志工團到南投縣偏鄉爽文國中，搭配學校英語日活動，提供搭乘飛機體驗服務，同學們人人手持護照卡，全程以英文通

過臨櫃購票、通關登機等關卡。志工將大禮堂當機艙，讓同學們享受機艙內的同等服務，學習搭機禮儀。由機師、機務、空服、地勤等各單位同仁所組成的愛心趴趴走志工團隊，每個月都自費造訪偏鄉，為偏鄉孩子打造夢想航班。除了登機體驗外，空姐們也以各國不同的造型裝扮，搭配投影片介紹世界12個國家的文化之旅。志工團們也捐贈他們為爽文國中募集而來的二手書籍及運動器材等獎勵品，技藝學程學生們則準備了自製的手工餅乾回贈。

　　台新銀行則採取「公益接力」的方式，持續辦理。例如2015年3月，台新銀行通路營運事業處組成百人志工團，彩繪育幼院外牆。端午節時，台新銀行公益慈善基金會拜訪偏鄉社福團體，將員工旅遊結合志工活動，陪伴無法返家過節的教養院憨兒們歡度佳節，在花蓮縣西林國小舉辦貼畫創作及大地遊戲，與「中華民國發展遲緩兒童早療協會——花蓮辦事處」所關懷的部落學童度過愉快週末。台新銀行作業服務處則關注「桃園縣心燈啟智教養院」，訂購「台東縣牧心智能發展中心」粽子幫憨兒過節，也與憨兒們一起縫製應景的端午香包，香包內添加憨兒親手種植的香草。台新銀行個金資產管理處也於6月中旬前往桃園「仁友愛心家園」，與憨兒們歡度佳節。為讓端午氣息也能飄香東部地區，台新鼓勵員工認購台東「李勝賢文教基金會」自製的艾草平安淨身皂和艾草香磚、「台東牧心智能發展中心」手工製作的乳酪堅果饅頭，也認購「台中市自閉症教育協進會」的肯納夢工場手工皂禮盒，作為端午贈禮，希望為社福團體帶來實際的收益。

二、慈濟志工

　　台灣佛教慈濟慈善事業基金會的志工制度是最有名的，我會接觸到是從「邱定彬」開始，他寫《十八歲夏天以後》，請我寫序，我因而認識了慈濟的志工體系，持續研究。

　　我與邱定彬有相近的生命軌跡：高中念師大附中，大學時讀台灣大學社會系社工組（現在已經是台大社工系），碩士時研讀社會福利（他讀中正大學社會福利研究所，論文題目是「慈濟社區志工的發展及其意涵：以嘉義慈濟組織為例」）。我們都長期參與志願服務，對宗教領域的服務長期熱心，對關懷的工作不落人後，卻也在服務的過程中經歷諸多挫折。所以當我先讀這本《十八歲夏天以後》充滿著年輕生命力的生活記載時，非常喜歡，彷彿回到我青春慘綠少年的時光。這本《十八歲夏天以後》日後拍成兩集電視劇。

　　和作者一樣，我也曾因功課的挫敗和生命的痛苦想要尋死，還好我們都走過這段陰霾的歲月，我們都很幸運地成長，靠著在信仰路上體會到「愛最偉大」而走出生命裡的幽谷。我和作者一樣是愛說愛寫的人，積極熱誠透過各種的溝通向社會表達真誠的分享，並且對自己的生命做更深入的探索。

　　青年人非常需要和大社會有所連結，一個以宗教服務為連結是很好的選擇。宗教界總是有大量的愛，嫉妒紛爭少一些；有很多可以做的事，很少的政治力的干擾；此地有很大的成長空間，又沒有太多的限制；有很多的機會，並且給予做錯也沒關係的氣氛。宗教領域的教義也能使人有較深的自我探索、全面的自我檢視，並且有各種智慧的觀念。

　　邱定彬與許多慈濟人一樣，能夠在宗教社會服務裡長期投入，從部分時間的付出到全時間的工作，從帶領一小群人到成為龐大志願團體的靈魂人物，一定經歷了各種酸甜苦辣。但是他不後悔，以親身經驗激發更多人有相同的熱心。每當我們覺得疲憊、辛酸、委屈，甚至是被誤解、被攻擊，感到力不能勝之時，都該多想想好些從事志願服務的朋友還是執著的，還是在為別人的苦難無怨無悔地辛勞著。

　　人生苦短，數十寒暑，能夠做的事情很有限，面對的問題卻好像無窮無盡。最好能早些走出心靈的愁苦，在年輕的歲月就學習做個有光有熱的人，並且終身實踐理想。我們也都需要透過前人親身的體會來參考學

習。

慈濟1966年即在花蓮紮根，是當時少見的本土慈善組織，然後在全球各地開枝散葉，從最初的濟貧慈善工作開始，擴及不同面向。全球超過50個國家設有慈濟據點，會眾人數逾一千萬。

以環保志工為例，2008年大愛感恩科技成立，由環保志工回收寶特瓶抽絲製造成紗。2009年累計台灣超過五千個環保點，超過69,000名志工。到了2012年，志工超過50萬。**表11-1**中說明慈濟的志工類型及主要負責工作。

慈濟基金會在各國設有慈濟分支會或聯絡處。自1991年因救助孟加拉颶風重災，慈濟開啟海外救援工作起，累計援助了全球60個國家，橫跨歐、美、亞、非、大洋洲等五大洲。由慈濟美國總會向聯合國提出申請，已於2003年12月獲得聯合國認可為非政府組織之一。慈濟開展了「四大志業，八大法印」，即慈善、醫療、教育、人文、國際賑災、骨髓捐贈、環保、社區志工八大項目齊步推展，各項目環環相扣。慈濟基金會有專門的志業中心，是相關幕僚管理單位及志工協調聯繫單位。

在對慈濟志工的研究方面，舉三篇論文為例。賴家陽（2002）以「慈濟志業中心制度化分析」為主題。王全清（2006）在「非營利組織志工服務與學習之研究——以佛教慈濟功德會志工為例」中得到的結論

表11-1　慈濟的志工類型及主要負責工作

志工類型	主要負責工作
福田志工	清掃會所
香積志工	於活動中，供應餐食
環保志工	資源回收分類
巧藝志工	運用巧思，將回收物做成各類飾品
包裝志工	檀施書籍和慈濟月刊
人文真善美志工	文字、攝影、錄影、剪輯
翻譯志工	日文、西班牙、英文等外文翻譯
敬老志工	關懷獨居老人或安養院

有：(1)參與動機是志工服務與學習的原動力；(2)組織文化是志工服務與學習成敗的基石；(3)健全組織是志工服務與學習發展的利器；(4)服務工作是志工實現理想最佳的舞台；(5)學習訓練是志工有效服務的保證；(6)成長改變是志工生涯發展最完美的註解。林曉君（2008）的博士論文則是以「非營利組織領導者領導歷程與轉化學習之研究——以慈濟基金會為例」，進行剖析。在主題方面具有創新性、前瞻性。近年來，「僕人領導」是特別受重視的可貴觀念，慈濟的成就也與僕人觀念緊密結合，研究者的分析具體呈現此結果。在領導學方面，兼顧特質論與情境論，能將領導者的內在修行與外在領導行為一起思考分析，突破了傳統領導研究的兩分思維。

在著作方面，舉三本書加以介紹。首先，《慈憫醫眾生》說明慈濟從1966年開始，透過實地訪視濟助貧苦個案，號召醫師、護理師、藥劑師跟著慈濟志工施醫施藥。慈濟人醫會是在1998年正式成立，在北區、中區、雲嘉南區、高屏區、東區有十幾個義診團隊。

《髓緣二十愛流轉》介紹慈濟骨髓幹細胞中心建立了三十七萬筆資料，三千一百多人捐出造血幹細胞到全世界28個國家地區提供給等待移植的病人。較諸其他國際骨髓資料庫，有頗高的捐贈比率，背後是志工團隊的付出。從捐贈、受髓到醫療照護，在在見證了人性光輝。本書呈現慈濟骨髓幹細胞中心成立二十年，捐、受贈者及其家屬的心聲，以及長期投入勸募「造血幹細胞捐贈」之慈濟人醫會成員與關懷小組志工的心路歷程。

《讓世界和解：全球慈青與清修士的實踐之路》則是介紹「慈濟大專青年聯誼會」，簡稱慈青。最早起源於花蓮師專，由一群跟隨證嚴訪貧義診的年輕人所組成；1992年慈濟大專青年聯誼會正式成立，「秉持佛陀慈、悲、喜、捨的精神，以啟發良知、發揮良能，培養現代青年」為主旨，希望以此發揚「大愛無國界」的人文精神，海外也有許多年輕人選擇加入慈濟青年聯誼會。該書以海外慈青的故事為主，希望藉由他們的人生

經驗，讓人瞭解為何他們選擇加入慈青，使更多人能進一步認識慈青對社會的貢獻。

生活在海外的年輕人，大多數是跟隨著爸媽走進慈濟的。大家所做所想，是如何幫助別人。年輕人看在眼裡，很容易比年紀大的人，更早對生命產生深刻的領悟。因此這些年輕人自動聚在一起，成為彼此生命中很特別的朋友。

若經費許可，他們每年回到台灣參加研習營，和來自全世界的慈青見面交流。平時他們用網路彼此串聯，分享的多半不是物質上的欲望，而是如何利他與修行。

當某一個城市的慈青發起有意思的行動，另一個城市的慈青若認同，或許會配合行動，有時好幾個城市的慈青一起行動，在網路的串聯中，完成很多的「跨國行動」。像是在「節能減碳」的號召下，新加坡慈青推廣素食，有二百多位年輕人因此開始吃素；澳洲墨爾本慈青每月兩次挨家挨戶回收電池，兩年內回收大約兩萬顆電池。

很多事情在實際行動之後，慈青們發現沒有想像中的困難，因為改變世界的第一步，應該是先改變自己。當這些接受不同文化薰陶已具備世界觀的年輕人，步出校園時，也可能不將成就自己放在第一位，而是先想到他人。對他們而言，慈青不是個名詞，而是精神。

 第二節　花博及聽奧志工

一、花博志工

2010台北國際花卉博覽會，簡稱台北花博或台北國際花博，是台灣第一次正式獲得國際園藝家協會及國際展覽局認證授權舉辦的園藝博覽會。2010年11月6日至2011年4月25日，展期171天，累計入場人數896萬

3,666人，平均每日入場5萬2,000餘人。2011年4月26日起舉行花博感恩週，開放服務志工等參觀。

走進2010台北國際花卉博覽會園區，處處可以看見穿著印有花博圖案背心的志工，臉上總是有親切笑容，或發送園區導覽文宣給遊客，或回答各種問題，或指引遊客方向，或維持隊伍秩序。來自各行各業的志工構成行動服務站，隨時隨地提供遊客所需服務，是重要的潤滑劑，讓花博運轉順暢。

在招募及訓練方面，開幕前招募志工，原本估計至少需要10,000名志工，結果民眾報名踴躍，花博開幕前，已經招募到30,000名志工，創下國內大型活動志工人數最多的紀錄。許多社團團員集體報名，例如中華民國紳士協會、台灣傳神居家照顧協會、中華民國嚕啦啦社會服務協會、台灣國際扶輪社等。銘傳大學、華夏技術學院、致理技術學院等大專院校，則有老師帶整班學生來當志工，讓學生從中學習服務的精神。

報名擔任花博志工至少必須年滿15歲，最高年齡則無限制。報名者必須先接受12小時一般志工課程，然後再上12小時花博特殊課程，最後一關是到園區實地測試，通過了才能正式成為花博志工。

在服務情況方面，共有30,000名志工，經常排班服勤的志工約有16,000名。四個園區每天服勤志工的人數，平日為2,000人，假日增至2,200人，服勤時間從上午8:30到晚上9:30，分為五班，每班三小時。以一般性志工人數最多，主要是指引動線、解答遊客問題，另外專業志工如各展館的園藝志工、園藝導覽志工、醫療志工等。

在福利方面，花博志工服勤能支領一次30元交通費，誤餐費80元，每日最多支領兩次，每日最多值勤兩班為上限，服勤一日最多可支領190元。

邱則堯（2012）以深度訪談法探討志工參與花博的動機和經驗，發現志工在參與花博時的參與動機並非完全利他性，出現一些以休閒與互動交友，或是希望兼有志工／觀眾角色並容類型。不同年齡層的志工參與大

型活動的動機存在差異，青年志工傾向自我成長型，中年志工傾向接觸人群型，老年志工則是以休閒取向為主。服務經驗使志工對花博產生特殊的情感，凝聚志工們對花博的認同感，這樣大型活動的經驗提升志工和對台灣的光榮感。

二、聽奧志工

第21屆夏季聽障奧林匹克運動會於2009年9月5日至9月15日在台北市舉行，是第一次在亞洲舉辦，亦為首次由台灣主辦的全球性體育賽事。分為20大項競賽種類，計有15項個人項目和5項團體項目（其中柔道、空手道和跆拳道在本屆起首次成為聽障奧運會比賽項目），共有80個國家和地區及近三千名選手參加。

按照2005年澳洲墨爾本聽奧選手與志工的比例2比1，原本預計招募4,500名志工左右，報名訓練人數9,768名，實際運用的志工超過8,000人。

參與志工最年長的72歲及最年輕的15歲，分為一般志工、外語志工和手語志工，皆須接受120個小時的課程，包括基礎及工作項目培訓與手語訓練等。

和一般體育志工不同的是，由於聽奧志工必須面對來自世界各國的聽障選手，因此除了基本的各項志工服務培訓課程之外，「國際手語」的訓練課程成為聽奧志工最特殊也是不可缺的一環。雖然依據分配工作的不同，並非每位志工都需要進行國際手語訓練，但對於這個相當難得能夠與外國聽障朋友交流的機會，還是有不少志工們願意參加國際手語的培訓課程。

聽障奧運運用大專院校志工的人數為7,524名。許多學校都投入，以台北市立大學的人數最多，大約有1,350人支援，大部分的人是一般志工，擔任場地部、維安部或是管制人員，多數屬於保齡球場地與桌球場地，有一部分人在製證中心與補證中心協助選手登錄，還有各場館的手語

志工。比較特別的是有50名的外語志工以及90名的大四生來協助頒獎。

第三節　體育及世運志工

一、體育類志工

　　行政院體育委員會（2001）的體育志工實施要點將體育志工分「體育指導志工」及「體育服務志工」兩類，體育指導志工是協助體育知能諮詢、休閒運動推廣且年滿18歲，具備體育專業知能並持有相關證明者，並分成A、B兩級。體育服務志工是協助辦理行政、庶務等相關事宜，通過體育志工研習基礎訓練且身心正常之熱心人士。

　　劉照金（2003）將體育志工依服務的性質分為：公立體育場志工、學校體育志工、社區體育志工、職場中體育志工及運動賽會志工等五種類型。體育志工也是各層級與各類型運動組織的第一線工作人員，傳遞（delivering）服務給觀眾。

　　在研究方面，對體育志工的研究主題包括：中外體育志願服務的比較、體育志願服務的價值、體育志工的動機與心理、體育志工的管理、體育志願服務的法律問題、體育志願服務的組織、體育志願服務的發展等（盧志成、劉華榮、李建國，2012）。

　　如果沒有志工，體育、運動或休閒的服務就無法運作。龐大志工團隊的協助，是使各項賽事能夠順利、圓滿舉辦的重要幕後功臣之一，所提供的各項服務，也為主辦單位撙節經費。志工的參與已經成為各項比賽舉辦的基本要素。體育志工的熱情、奉獻及專業，是運動精神最佳的實踐者，用行動來支持令觀眾感動的賽事。

　　大型運動賽會的舉辦，對主辦國家或城市而言，具有提振國家或市民榮耀，及促進團結的效果；並可由社會力量與民眾參與的過程，作為活

化城市發展的策略。當然，舉辦重大的國際活動，事務繁多且龐雜，主辦單位為正式工作人員編制外，志工的角色是不可或缺的，影響活動能否成功舉辦。與一般長期性的志工計畫相比，大型運動會的志工計畫不同的是：(1)賽會時間短；(2)須一次大量招募，並能有效率的動員；(3)國際化程度高；(4)整合的難度高；(5)成員異質度高。

各國運動員、教練、行政人員，主辦單位的裁判、行政人員，各運動協會組織的人員，各媒體工作者，當地政府的各單位、各國貴賓等，還有成千上萬的觀眾……。這麼多人，如何管理？志工的管理只是其中一個小環節，但影響整個活動的進行。國內已注意到運動志工對舉辦大型賽會之重要性，並進而探討賽會志工管理（劉兼銘，2006；謝定中，2007）。大型運動賽會中志工不僅提供服務，同時協助許多方面之工作。根據奧運官方網站，每一位志工至少要提供十天的服務，主要做的是：(1)歡迎所有的訪客；(2)載運選手及教練；(3)幫助科技運作，使資訊能順利且正確地傳達出去；(4)引領觀眾入座；(5)回答觀眾的詢問等。

在醫療、控管、技術、國際關係、語言、行政庶務等，都需要仰賴志工，以克服財務限制，但管理的難度甚高。大型賽會需要大量志工人數，上千甚至上萬的志工不僅需要適當的管理，同時應有周全的訓練才足敷應付必要工作。賽會志工的招募、訓練、演練和督導均屬於人力資源規劃和管理。

二、世運志工

世界運動會（World Games），2001年在日本秋田舉行第6屆，選手4,000人，志工3,200人。在2005年於德國杜易斯堡舉行的第7屆，選手3,400人，志工2,471人。高雄市於2009年舉行第8屆，為台灣首度舉辦國際大型綜合運動賽會。

以2009高雄世運志工計畫為例（方信淵、陳敏弘，2009；周佳蓉、

高明瑞、李伶娟，2010），要做的事很複雜，服務的志工分為接機志工、隨隊志工、貴賓接待志工、駐點翻譯志工、行政志工、醫護志工、貴賓室志工、膳食志工、諮詢志工、倉儲志工、媒體志工、計時計分志工、競賽志工、頒獎志工、驗票志工、交通志工、認證志工、保險志工、迎賓志工、文化志工、旅館志工、博覽會志工等22類，是相當異質、多元的。

原本採「社會局主導志工招募與訓練，並依各局處需求分發志工」的模式。招募計畫經由網路宣傳，有2,000人以上報名。2006年世運暖身賽前，志工招募方式再次調整為社會局招募，但由各局處訓練；暖身賽後轉變為各局處也可以自行招募，因而志工的招募、資格、訓練與管理等標準不一。

分散式的志工招募與訓練模式，在各暖身賽時發現一些問題，例如：志工團難以運作、缺乏志工人力資源統籌管理架構、難以確認志工職責範圍、需釐清需求能力與人力規劃、不容易掌握人力需求運用數目等問題，因而調整管理模式。2007年4月高雄市府內召開「2009世運組織委員會工作部門會議討論案」正視此問題；經社會局與志工管理的社團顧問、外國專家討論後，2008年9月後成立「志工指揮中心」，統一招募、訓練、任務分派。

高雄世運會組織委員會基金會（KOC）於2008年9月以後正式將世運志工管理工作委託民間團體「社團法人台灣志願服務國際交流協會」（IAVE）執行，於KOC的後勤支援部成立「志工指揮中心」，改採用「中心化」概念。新的志工指揮中心在志工管理工作上同時考量與賽事管理及運動賽事實際比賽經驗相結合，以達到有效的賽事與志工間的網絡管理。「中心化」概念涵蓋培訓、招募、獎勵、福利、職責名稱等中心化，以統一志工訓練、權利義務。但現實上也因應高雄世運KOC組織體制，使志工督導未納入志工管理中心化，而是由各局處的專業指導與督導業務。

　　志工協調與督導分工為較複雜的模式與各賽會主辦單位（學校）及各局處進行志工業務的溝通協調。各相關局處則有專人擔任，稱之為「志工業務督導」，負責賽會前的志工專業訓練及與志工指揮中心的長期對口，負責世運志工業務與事務協調。大致的運作如下：

　　KOC志工指揮中心→志工組長→志工督導→志工小組長→志工

　　賽場管理與志工指揮架構：

　　賽場管理者（賽場實質總指揮、國中小校長擔任）→賽事管理者（體育協會人士擔任）→志工組長（社會局人員、協助賽場志工事務）→志工督導（各局處負責人員，協助賽場志工事務）

　　賽會場地的志工管理主要由「志工組長」及「各組志工督導」共同協助督導；社會局安排30餘位「志工組長」負責各賽會場地的志工協調及管理，此專人皆由社會局的正式人員擔任；而各局處的「各組志工督導」負責局處業務（如頒獎、計時計分）的業務協助。

　　高雄世運早在2004年底啟動招募個人志工，雖招募數千人，但未能有效經營管理，導致志工大舉流失。此外，對於志工之人力需求也因賽會內容未能確定，難以預測人力編組內容與數量。雖然2008年9月後新的志工指揮中心有效達成此次世運志工任務，但最終以團體方式招募志工還是以學生為多，志工的社會參與來源略嫌狹隘。大型賽會如不採用團體志工，若僅是個人志工將更挑戰志工管理單位之經營能耐。應有一志工管理專責單位，並能於賽會舉辦前兩年即妥善規劃志工人力需求與安排，於賽會舉辦兩年前首先招募一般個人志工（約30～35%之所有志工），進行志工管理事務培訓，預作賽會種子與組長志工，安排未來協助志工招募、培訓與其他活動宣傳、熱身賽志工、與賽會時的任務編組志工管理等工作；接著招募特殊專業且需訓練之志工（15～20%，如特殊語言、隨隊、VIP接待、計時計分）等，進行深度培訓。再於賽會一年前開始招募賽會

所需志工之半數，以團體型為主，如學校、社團、企業、社區志工。如此可增加志工參與的廣度與深度，同時達成志工保留管理及深化志工參與等功能，使志工能按部就班，進入賽會需求狀態，並成為真正的賽會工作夥伴。

由於KOC後勤支援部所處之組織架構位置需要與其他高雄市府局處橫向連結不易，又因為此組織架構與溝通聯繫的複雜度，因此未能明確設定或統一執行的操作標準或流程，常使志工在訓練或服勤期間面對標準改變等而無所適從。此外，由KOC後勤支援部負責志工招募與認證，其他局處亦難以有效掌握人力狀況與業務需求。建議未來賽會組織架構宜簡化為單一舉辦主體，所有溝通協調於此主體單位架構內進行，避免多頭馬車、協調困難、標準不一。

世運總計招募18個社會團體及35所學校共計8,389人，並與其簽訂合作備忘錄，並於2009年4月前完成全程訓練及認證，取得志工認證資格4,653人，實際服勤共有4,443位志工。另外有服務貴賓、交通局、警察局、文化局等單位的志工1,500人。

志工來源多元化，成員包括市府各局處現有志工團隊、各大學院校師生、民間社團、社區志願服務團隊與個別熱心加入之社會菁英，並有14位具第三外語專長的外籍志工擔任認證中心駐點外語翻譯志工。

採用三階段的訓練計畫，所有志工須經過三項訓練：(1)核心訓練：內容包括世運賽會項目與發展歷史、世運基金會運作與規劃、志工團運作規劃、國際禮儀與接待技巧、賽事會場應變等；(2)專業訓練：主要是志工任務編組之專業（如保險、賽場管理、語言、禮儀、媒體等），劃歸各相關局處各自訓練；(3)賽前測試訓練：各場館志工組長與業務督導帶領志工場地的賽前測試練習，發給志工因應手冊，並實地瞭解賽會時可能發生的狀況。當志工完成核心與專業訓練後，於賽前測試期間發給志工工作證。核心訓練由KOC執行、專業訓練由各局處執行、賽前測試訓練由各局處與賽場專責人員執行，也有針對小組長等的領導訓練。

　　在福利方面主要有：制服、優惠賽會購票、服務證明書、保險、誤餐便當、參與選手之夜、閉幕式門票。在獎勵方面主要有：服務獎章、中英文榮譽狀、其他紀念品。另有多場表揚活動：誓師大會、志工運動會、高雄縣志工嘉年華會、大專團隊志工合作備忘錄簽署、「擦亮主場館、志工挺世運」2009志工誓師大會、2009志工感恩晚會活動等。

　　學生為志工的最重要來源，占近七成，因而志工的平均年齡層偏年輕化，但參與對象多元。74%為女性；以來自高雄縣市為多占68%；年齡分布，19歲以下占9%，20～30歲占63%，30～50歲占12%，51歲以上占15%。參與服勤的世運志工加入時間以2008年9月以後加入者為多（66%）。平均服務時數為60.83小時，其中有2,319人服務超過50小時，獲得世運志工獎章。社會局世運後的統計指出，賽會期間，志工總服務時數為270,206小時，以每小時工資95元計，世運志工提供服務折合經濟產值達2,566萬9,570元（方信淵、陳敏弘，2009；周佳蓉、高明瑞、李伶娟，2010）。

Chapter 12

奧運世大運專案

第一節　奧運志工

一、全球化的奧運

　　全球化是什麼？全球化如何展現？全球化的組織有哪些？全球化的活動有哪些代表？台北花博、高雄世運、倫敦奧運、台北世大運等大型國際活動都是最鮮活的實例。全球化是20世紀最重要的特徵之一，是21世紀人類社會的最強大動力。「全球化」一詞取代了在20世紀末存在過的一些概念，如世界化、國際化、跨國化、一體化、西方化、相互依存、趨同、多元文化共在等。

　　全球化的定義與解釋主要有（彭懷真，2012c）：

1. 世界各地社會彼此關係的凝聚，將本土事務調整為適合遠方經濟實體的事務，或是讓對方的事務與自己相互融通。
2. 全球化是現代制度或現代性在全球的擴展。
3. 全球化就是克服空間障礙在全世界的自由傳遞，例如「世界村」（global village）的出現。
4. 全球化是資源在全球範圍內的自由流動和配置。
5. 全球化是資本主義的全球化或資本主義的全球擴張。
6. 高等（或精緻）文化與大眾（或普及）文化兩者之間的界限逐漸消失，在全球化浪潮的衝擊下，原先被壓抑在邊緣的消費文化呈現了各種型態，還對精英文化構成有力的挑戰。
7. 社會關係及交換在不同空間之轉化的過程，導致活動、互動、權力的跨洲或跨區域的流動。
8. 數位化的資本主義突破地理疆界所給予的限制，將社會場域予以數位化，形成了新的社會場域政治經濟學。

　　全球化的過程已經在政治、社會、經濟和文化關係逐漸發展世界性的規模，已經對個人的經驗和日常生活造成深刻的影響。由於現代資訊和科技突飛猛進，各地文化生活受到世界影響的程度超過昔日。奧運、世運、世大運等成為知名品牌，已經全球流行，不再只屬於個別國家。

　　全球化中最關鍵的力量是「國際組織」。全球性國際組織為大多數國家參與的組織，或具全球性的政治、經濟與社會組織。例如聯合國（UN）、國際貨幣基金組織（IMF）、世界銀行（WBG）等。要進入這些組織非常困難，年輕人或志工即使有心參與，通常不得其門而入。

　　在經濟全球化方面，最重要的是「世界貿易組織」（World Trade Organization, WTO），第二次世界大戰後透過關貿總協定等組織使得國與國的貿易障礙大大降低。在經濟活動方面，提升自由貿易；在商品方面，較少或消除關稅；在資金方面，減少或消除資金控制、消除對當地產業的津貼補助金；在知識產權保護方面，對知識產權法律進行協調，強調知識產業的重要性。截至2015年4月，世界貿易組織共有161個成員。

　　但是，參加奧運的國家數超過參加聯合國或世界貿易組織的。奧運的歷史也比聯合國或世界貿易組織要悠久。國際奧林匹克委員會（International Olympic Committee, IOC）成立於1894年6月23日，是一個非政府性、非盈利性和永久性的國際體育組織；它依照奧林匹克憲章領導奧林匹克運動，為奧林匹克運動會及其五環會徽的專責管理單位，也是領導奧林匹克運動和決定有關奧林匹克運動問題的最高權力機關；對每四年舉辦一次的奧運會擁有一切權力；它與其會員國以及國際單項體育組織相互承認。總部設於瑞士洛桑，已經有205個會員國。奧林匹克運動會（Olympic Games）是國際奧林匹克委員會主辦的國際性綜合運動會，每四年舉行一次。

　　奧林匹克運動會最早起源於兩、三千年前的古希臘，現代奧林匹克運動會自1896年開始每四年就舉辦一次，每次會期不超過十六天，早已經成為世界和平與友誼的象徵。2012年是第30屆倫敦奧運，2016年在巴

西舉行的是第31屆。

　　表12-1整理了近三十年來八屆奧運的選手人數與志工人數。英國奧委會把倫敦奧運的志工稱為「Games Makers」，即「成就賽事的無名功臣」。大型的國際賽會是一典型的勞力密集服務業，夏季奧運平均1名選手有5～7名志工協助提供服務，冬季奧運則平均1名選手有8～15名的志工協助。

　　僱用大量的志工，不僅滿足主辦國人民大眾的奧運參與熱情，而且也節省相當大筆的資金。除了安全、飲食和競賽管理等少數部門外，幾乎奧運會的各個部門都有志工的身影，翻譯、司機、醫生、嚮導等許多服務都大量僱用志工。即使是屬於非常專業的部門，也都傾向於擴大啟用志工，如洛杉磯奧運會整個財務部門的雇員和志工的比例達到120：450，雇員尚不到志工的三分之一。

　　巴塞隆納奧運會的開幕式中有4,280名志工是大專院校的學生，在新聞中心工作的400多名從社會上招募來的志工工作則非常熟練。僅此二項，就為巴塞隆納奧委會節約了6,000萬西幣的開支。雪梨奧運會共使用了46,967名的志工為賽會服務。如果得支付薪金，就會增加1.4億澳幣的開支（中華台北奧林匹克委員會，2004）。

表12-1　第23～30屆奧運的選手人數與志工人數

屆別與年代	主辦城市	選手人數	志工人數	志工人數為選手人數的倍數
23屆1984年	洛杉磯	6,829	28,742	4.2
24屆1988年	漢城	8,391	27,221	3.2
25屆1992年	巴塞隆納	9,356	34,548	3.7
26屆1996年	亞特蘭大	10,318	47,466	4.6
27屆2000年	雪梨	10,651	46,967	4.4
28屆2004年	雅典	10,500	45,000	4.3
29屆2008年	北京	11,000	75,000	6.8
30屆2012年	倫敦	10,820	70,000	6.5

資料來源：整理自奧林匹克官方網站，http://www.olympics.org/

二、一位倫敦奧運志工初步參與過程

倫敦奧運有多達24萬志工報名，正式參與的志工有7萬人。每一位志工是怎麼獲知訊息、參與甄試、接受訓練的？運用「敘事研究」的方法，參考了網路上一位志工參與的四篇記錄。作者原來的分享有八千多字，在此摘要改寫成一千八百多字，避免在其中顯示可以辨識身分之處。由此摘要可以瞭解志工參與倫敦奧運從申請到受訓的大致過程，依照參與階段修正及整理如下：

1. 上網登錄申請意願：先是填答數頁的表格，需巨細靡遺回答多項個人資料及過往履歷。

2. 主辦單位回覆：隔了一陣子，信箱捎來一封郵件，要求點擊某個連結以進行下一步，又是一個長篇表格，包括幾段的申論題，再寫下一段段長篇大論。

3. 被主辦單位接納：在一陣子後，上網檢查電子郵件見到通知，要求前往奧運志工登記網站，登入帳戶，閱讀其中的信息。被告知獲得志工的職缺，並希望我能空出5月初的部分天數，參與奧運測試項目及一天的訓練課程。

4. 受訓報到：到達比賽舉辦場地，準備接受4小時的訓練行程，先閱讀志工手冊。訓練課程正式「鳴槍起跑」，參與志工裡，男女各半且膚色種族各異，以年長者居多數，或許是組委會精心熟慮的決定。因為相較於年輕人雖熱情有餘，但經驗更豐富，遇事更能穩如泰山的銀髮族更具備了志工任務所需的持重人格特質。

5. 訓練初始：是一位年輕帥哥用充滿激昂的語氣，感謝我們的熱情參與，他先給大家帶了一頂高帽子，說欲申請登記為志工的人成千上萬，我們雀屏中選絕非運氣，而是奧委會萬中選一的結果。接下來輪番上陣的各組別經理在兩個小時生動地向我們介紹了該項運動的歷史簡要、場地簡介、志工任務和其他相關安全要求。事實上，在

我被選上後，已經透過Google進行瞭解。

6. 訓練及分組：在聽完兩個小時的簡介後，隨即進行唱名分組，並由小組副理各自帶開，以進行更細節的說明。我被安排編入某個小組。在小組副理帶領下，這群堪稱聯合國部隊的成員，先領取了接下來數天要穿著的深藍色志工制服，在其解釋下，明瞭任務包括了貴賓室的接待及提供相關各方面的語言服務。我們接待的嘉賓或是奧運組委會的成員，或是包括英國及各國的皇室貴族與各界政要名流。至於語言組成員的任務則包括提供記者採訪時和之後開記者會的即席口譯，另外在運動員接受禁藥查驗時或受傷時亦須提供語言翻譯的服務。

心得與感想：事實上，當我靜靜聽完整個任務介紹時，當下可真是有點想打退堂鼓；我本來天真的以為此種無償的志工職務就是那種「簡單事少離家近」的輕鬆差事；我還奢想自己可以在與大家喝茶閒聊之餘，可觀看免費賽事，但怎知最後竟是分配到擔綱如此「艱巨」的職務。

7. 第二輪訓練及練習的準備：依著電郵的指示，我登上為奧運專設的步行天橋，循著不算太清楚，但也不是太難找的標示走到了發證處，經過簡單的詢問及身分查驗後，櫃台服務人員示意我對攝影機露出靦腆的笑容，刷刷刷，不到數秒的工夫，包括一天的訓練課程及為期四天測試賽的通行證即印刷出來。順著動線進入安檢站，再依照標示繼續前進，約半個小時的路程，終於到達之後數天的落腳處，比賽舉辦場地，我走入球場旁緊鄰的白色大帳幕報到，準備接受下來的訓練行程。

8. 第二輪訓練及練習：在結束了短短半天訓練課程的三天後，我終於正式上工了。此次為期總共四天的測試項目，是奧組委會於七月正式奧運前，特別安排的預習演練。在我服務的球場，共有男女各四隊勁旅，角逐此測試賽的金盃。到了早上九點半，志工小組成員陸續到

來，大夥在禮貌寒暄後，便一一自我介紹，除了其中約占半數的英國本地人外，本組尚有精通西班牙語、韓語、印度語及華語的外籍志工，以便對球員提供翻譯服務。接著小組經理向大家說明，往後數天的任務編排及流程安排後，全體即各就各位至各駐站當班。

我們的服務區域，主要位於球場最高處，一棟視野絕佳的貴賓包廂中；除了無限供應的美酒佳餚外，亦提供全面且即時的各式賽程訊息。我們任務之一是查驗來客的識別證上，確實標有「第X區」的數字，始可放行。但整個早上下來，常見一些假藉上廁所或其他各種不同名義的來客，欲進入其中一探究竟；當中又以「狡詰」的新聞記者占大多數。

心得與感想——測試賽期間，多雨冷到讓人想哭的低氣溫，當中午用餐休息時，我蜷著抖縮的身軀，手中揣著一杯熱茶，呆對著眼前冰冷的三明治，卻是食慾全無。唉！我心中不禁苦笑自白，自己大概是在家吃飽沒事幹，又好管閒事的來此自找罪受。總之，第一天，我們這組雜牌軍，彼此的默契不足，各組別間的協調配合也不良，我只能說，整個狀況，是既混亂也無序。屢屢可見因相互衝突的指令及前後不連貫的信息，徒使大家做了許多白工；往往當有些站點人力不足的同時，有部分站點卻見人力資源浪費的情形……。

第二節　近年世大運志工

一、近五屆情況

有「小奧運」之稱的世界大學生運動會（Universiade，簡稱世大運、大運會）是一項供大學生運動員參加的國際綜合性體育活動，主辦組織為國際大學生體育聯合會（International University Sports Federation, FISU，簡稱國際大體聯）。FISU在1949年正式成立，總部在比利時的布

魯塞爾，負責協調超過100個國家的大學生體育聯盟的活動。組織設在單數年舉辦夏季和冬季世界大學生運動會，在雙數年舉辦世界大學生錦標賽。Universiade（世界大學生運動會）一詞來自University（大學）和Olympiad（奧林匹克），意味著大學生的奧運會。

奧運是全球化的，世大運也是全球化的，也可以說是以青年為主的全球化活動。世大運裡的志工，更是全球化的具體表現。文化是存在於人類社會中的一切人工製品、知識、信念、價值及規範，經由學習得到的，是代代承續的社會資產。社會有各種團體和制度，以維持個人生活的需要，其中為了健康的功能，社會也有各種組織，使其成員得以滿足對健康的需求，包括運動及運動競技。

文化的特殊是社會分工的產物，常隨著年齡、種族、性別和職業有所不同，有些文化表現是某些特別團體才有的。在一個社會中，大眾普遍參與的成分，可以稱為「主體文化」（dominant culture）。又有選擇性的參與，或在特殊情況參與的文化，選擇性和特殊性參與的結果，產生了次文化（subculture）。次文化有各種類型，包括年齡的，如青年次文化。

運動員以年輕人居多，三十幾歲就算是資深了。二十幾歲居多，不滿二十歲的青年選手也很多。這個年紀是不太可能競選公職，也不容易掌握企業王國，但可以用各種方式參加奧運、世大運等活動。

運動員年輕，使奧運順利舉行的工作人員也多數是年輕朋友。無數人以各種方式參與這項全球性的活動，為世人帶來精彩的歷史紀錄，也為這一世代乃至未來的人類，留下美好回憶。

2011世大運由中國深圳主辦，「深圳世大運會」整體籌備經費約30億人民幣，折合台幣約135億元。在俄羅斯喀山舉行的「2013年世大運」，主辦單位表示投資6億歐元，約240億台幣。2017年台北世界大學運動會所需經費為487億餘元。如此龐大的經費，當然需要管理。與人力有關的也是複雜的問題，更需靠管理運作。

表12-2為2007～2015年各屆世大運志工比較表。

表12-2　2007～2015年各屆世大運志工比較表

年份	2007	2009	2011	2013	2015
城市	曼谷	貝爾格勒	深圳	喀山	光州
人數	9,759人	8,573人	約127萬人（賽會志工2.2萬人、25萬城市志工、100萬社會志工）	19,970人	37,072人
來源	選自曼谷內三所大學	97.5%來自塞爾維亞，2.5%來自國外地區。其中65%的志工為學生；貝爾格勒大學的志工占40%	其中912名來自香港、99名來自歐盟、38名來自喀山	根據志工服務單位而招聘各大學相關科系學生，也有當地學校老師、學生和企業及國際志工（分別來自俄羅斯聯邦共和國81個區域及38個國家之國際志工）	大專院校學生及社會大眾
訓練	無資料	・一般培訓：團隊合作、志工服務、時間管理、溝通技巧、基本禮儀 ・特殊培訓：志願者可在特殊培訓中，發現自己較有興趣的部門進而深入加強培訓	・一般培訓：中國、深圳歷史及文化、世界各國文化與習俗簡介、世大運歷史知識、國際禮儀、法律常識、安全風險與防範、心理調適、志工基礎技能、服務理念及規範、體能訓練等 ・進階培訓：各組別志工必備知識、技能的培訓；城市及社會志工在服務時必須掌握的知識和技能	・一般培訓：世大運之相關歷史、背景、交通、溝通技能、志工服務、跨文化溝通、團隊合作、媒體、醫學等基礎知識 ・進階培訓：責任範圍的規範及知識和外語能力 ・場館培訓：場館相關人員的資訊、場館使用權限規範、設施使用權限規範、安全管理等	・基礎培訓：針對所有提出申請的志工進行第一階段培訓，內容為：賽會概況、籌備進度、志工的角色和態度、國際禮儀、緊急事件處理 ・在職培訓：完成基礎培訓的志工；基礎志工規範和各領域工作內容，主要工作職責和緊急急救技能 ・進階培訓：完成基礎及職位培訓的志工；

（續）表12-2　2007～2015年各屆世大運志工比較表

年份	2007	2009	2011	2013	2015
城市	曼谷	貝爾格勒	深圳	喀山	光州
			・場館培訓：以志工能力採分級制訓練 ・實習：面授、實務操作、遠距離教學，並結合透過社群網路、手機簡訊平台等進行授課	・實習：與各賽會結合，增加志工實作經驗	主辦城市相關之文化、觀光旅遊及交通等知識，志工服務——針對國際案例、以康樂活動增強團隊意識 ・線上培訓：複習基礎培訓、在職培訓、進階培訓等相關的各種遊戲（包括服務指南）、相關工作內容及活動場所和志工的工作時間訊息。這些培訓進度、過程、出席率和通過任務（作業）均加以評估 ・場地實習：挑選最終適合的志工（須通過文件審核及面試）

　　志工的參與已經成為奧運會與身障奧運會成功舉辦的基本要素。體育志工們透過意志、熱情、奉獻及專業的地位特性和方法，展現對人性最偉大的一面，他們是奧運精神最佳的實踐者，用行動來支持著世界上最令人讚嘆的運動賽事，可以說：沒有志工，現代奧運會根本不可能運作（周學雯，2002；蔡瑞娜，2010）。

　　在獎勵與福利方面，整理如**表12-3**。

二、深圳經驗

　　第28屆夏季世界大學運動會於2015年7月3日至7月14日在韓國光州市舉行。回顧2011年深圳世大運為例，情況大致是：

表12-3　2007～2015年各屆世大運志工工作及福利比較表

2007曼谷	2009貝爾格勒	2011深圳	2013喀山	2015光州
・志工每天工作不超過8小時 ・大會每日支應志工250銖於午餐及飲用水等 ・賽會間提供制服給每位志工 ・志工服務處將提供「志工村」住宿服務給志工 ・志工們有保險以及必要的健康服務，以防在賽會間內發生緊急意外 ・志工服務處會提供心理醫師在志工村的輔導中心，幫助志工解決或輔導心理問題 ・每位志工都有一本志工手冊 ・志工們需接受各自服務領域的訓練及賽前演練 ・志工們需同意盡力協助他們的服務單位 ・志工們需同意工作期間內要	・志工每天工作6～8小時 ・賽會間提供制服給每位志工，如同認證，應有義務穿著 ・賽會期間提供每位志工免費大眾交通運輸，須出示識別證 ・每位志工都有一本志工手冊 ・提供1～2餐免費餐飲 ・在選手村提供心理醫師，幫助志工解決或輔導心理問題 ・志工識別證經特別設計，有五種等級，不同等級有不同的折扣與利益 ・部分大學學院將認證為實習 ・部分大學學院將承認學分，若服務時數達一定標準 ・2009年底前參訪塞爾維亞文化部可享有折扣或免費 ・FISU官方頒發2009貝爾格勒世大運志工證書 ・世大運結束後提供10小時免費網路 ・志工們需接受各自服務領域的訓練及賽前演練 ・志工們同意盡力協助他們的服務單位	・提供制服、識別證 ・提供工作時間內的餐飲、保險 ・賽會間提供免費市區特定的區間大眾交通工具 ・頒發志工證明 ・評選優秀個人志工、工作團隊、機構授予榮譽稱號 ・根據服務時間、服務效果可獲得世大運紀念品 ・推薦參加深圳市志工服務相關獎項評選 ・非當地志工須自行承擔居住地到賽會地點的交通和住宿費 ・自行承擔工作外期間的餐飲費用 ・對於不履行義務的志工，依規定取消世大運志工資格 ・對於不遵守法規出現違法行為的志工，深圳籌委會將保留依法起訴，追究責任權利	・提供制服、識別證給每位志工 ・提供住宿給非當地居民的志工 ・提供工作時間內的餐飲 ・賽會間提供免費搭乘大眾運輸交通工具 ・提供SIM卡給志工 ・場館內有更衣室、休息室、美食廣場供志工使用 ・志願書：每個志工都有一本志願書，上面記錄著他們每個人的志工經驗、工作時數、培訓過程等 ・集點卡：每位志工皆有一張五顆星星的集點卡，凡符合規範及服務狀況並給一顆星星以換取贈品，一星為太陽眼鏡、水壺、手錶、徽章、證書，以此類推，獎勵志工的參與及貢獻 ・激勵活動：籌委會為鼓勵志工及激發士氣，每晚7點在MEGA購物廣場皆舉辦激勵活動供志工參與 ・志工感謝Party：於閉幕典禮後一晚，於Universiade Park舉辦志工感謝Party，活動內容有表演及表揚	・膳食費補助 ・交通費補助 ・提供飲料及點心 ・旅遊津貼 ・提供制服

（續）表12-3　2007～2015年各屆世大運志工工作及福利比較表

2007曼谷	2009貝爾格勒	2011深圳	2013喀山	2015光州
遵守一切世大運志工規則	・志工們需同意工作期間內要遵守一切世大運志工規則 ・與貝爾格勒旅遊組織合作，提供免費導覽觀光給國內外志工 ・免費桌球時間 ・所有運動及娛樂場館折扣（保齡球、健身中心、漆彈、桌球、撞球、溜冰等）		志工，並頒贈感謝狀給未來世大運主辦國之國際志工團	

(一)組織架構

　　深圳世大運會志工工作協調小組為志工招募工作的領導機構，協調小組辦公室為志工招募工作的主管部門，實際招募工作由世大運會執行局、團市委共同組織實施，世大運會各賽區委員會、協調小組各成員單位、各區志工工作領導小組開展招募工作。

(二)志工類別

　　分為賽會志工、城市志工、社會志工三類。

◆賽會志工

　　賽會志工指由世大運會執行局直接或者委託招募、接受執行局管理、以世大運會名義從事賽會志願服務的人員。又分為普通賽會志工、專業賽會志工兩類。賽會志工服務包括語言服務、禮賓接待、競賽運行、場館管理、市場開發、興奮劑檢查、媒體運行、資訊技術、物流、餐飲、環境保護、觀眾服務、醫療服務、安全保衛、交通、註冊、票務等17類。

◆城市志工

　　城市志工在重要交通樞紐、商業網點、旅遊景點、醫療機構、住宿酒店、文化廣場等重點區域和視窗行業開展資訊諮詢、文明引導等志願服務人員，主要涉及資訊諮詢、醫療救助和應急服務三種領域。

◆社會志工

　　社會志工指於籌備和舉辦期間，在社區傳播世大運文化理念，維護社會秩序、優化城市環境，宣導文明行為，促進社區和諧的志願服務人員。主要有交通秩序維護志工、社區治安巡邏志工、城市交通運行志工、公共場所秩序維護志工、醫療衛生服務志工、扶殘助困志工、生態環保志工、公園系統志工、郵政系統志工等。

(三)志工招募

　　來源主要有三方面：院校為主、按照專長委派及社會招募。招募的方式主要採用網路招募，靠特定的網路平台進行，透過網路公布出各種志願服務專案的內容、服務時間、服務地點等，列出相應的招募條件和選拔的目標，符合要求的人就可以報名申請。在招募流程方面，如下所述：

◆啟動階段（2009年10月～2010年3月）

　　由世大運會志工工作協調小組辦公室做好統籌規劃。其中，賽會志工由市志工協調小組辦公室進行招募標準細化、各項指導性檔案、進行招募試點、全面啟動招募工作。各區志工工作領導小組辦公室，需制定相應的招募方案，做好統籌協調、組織動員、接受報名等工作，並對已報名人員進行資料管理。

◆實施階段（2010年4月～2011年8月）

　　重點是：實施賽會志工招募工作；督導各志工招募單位及時完成各項招募計畫；對優秀招募合作單位進行掛牌；依據志工訓練、管理、演練

等階段流失情況，評估志工缺口，調整、補缺，確保志工團隊賽會期間完整性。同時建立各區、各大學、各團體會員與各類城市服務站和社會服務專案配對服務的工作機制。

◆總結階段（2011年9月～2011年10月）

　　總結賽會志工招募工作，評估各招募管道工作成效，召開表彰大會及舉行聯誼交流活動，做好志工成果轉化工作。

(四)志工訓練

　　分為三種：第一是通用訓練，指對全體志工，使其掌握賽會及與志願服務有關的知識、規範和技能的訓練。第二種是場館訓練，指面對賽會志工，使其掌握與相應服務場館有關的場館比賽知識、場館及周邊的布局、內部設施及有關功能、場館管理規章制度、觀眾服務要領等知識的訓練。第三種是崗位訓練，指面對指定服務崗位的志工，使其掌握與服務崗位相關的細則、工作任務、業務流程和作業標準等知識和技能的訓練。方式有面授訓練、遠程訓練、實踐訓練等。

(五)志工的實際運作

　　志工工作由賽前籌辦模式向賽時運行模式轉換，關鍵在於建立場館對接機制，把志工有計畫地編入各個場館。場館對接是賽會的各場館明確志工來源單位，在場館和志工來源單位之間建立工作對接關係，共同推進場館志工隊伍的組建、管理工作，將志工運行工作整合並落實到場館的工作模式。

　　在比賽時，以場館團隊為核心的管理運行模式。場館管理者對本場館內涉及志願服務的事務，包括競賽、技術、安保、交通、觀眾服務、媒體運行、新聞宣傳、醫療衛生等，負完全責任。場館內各個職能部門和競賽專案主要由本場館管理者領導，同時向總部的職能部門和競賽專案報告。

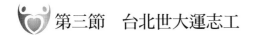

第三節　台北世大運志工

一、行銷邀請

　　第29屆夏季世界大學運動會（簡稱2017台北世大運）於2017年8月19日至8月30日在台灣台北舉行，為台灣首次舉辦的世界大學運動會，也是台灣歷年來獲得主辦層級最高的國際體育賽事。2017年世大運規劃使用70座場館，分別在台北市、新北市、基隆市、桃園市、新竹縣等縣市，其中選手村與6處場館為新建。

　　依規定，比賽項目最晚須在開幕前一年半確定。依照2015年4月1日的資訊，2017世大運預定舉辦競賽項目共21項，含必辦項目14項、選辦項目7項。總共參加選手人數將在2015年底大致確定。以2011年深圳世大運——即第26屆世界大學生夏季運動為例，參賽國家及地區152個，參賽運動員7,865人。

　　世界大學運動會只有十二天，需招募約四萬名志工。要在短時間之內招募及運用這麼多人力，是高難度的考驗。因此需要嚴謹規劃，有效行銷，善用資訊管理。在行銷管理方面，一次性賽會的志工管理與例行性的志工管理不同。短期的賽會應更著重於志工招募的資源蒐集，更要創造及促進社區的支持，從地緣中鼓勵居民擔任志工工作。瞭解志工參與的動機，執行志工招募，賽會管理者需要瞭解如何管理志工。

　　世大運志工招募計畫具有以下行銷的特色（彭懷真，2012c）：

1.是一種事件行銷：配合某個事件或里程碑而宣傳，如強調「世大運」的精神。

2.是一種地方行銷：為了要為某一地區爭取有利機會所做的行銷努力。地方行銷的目的通常是要爭取遊客到某一地區，如2017世大運的行銷重點是「台北」。

3.是一種理念行銷：為了要推廣某一社會理念或議題所做的行銷努力。結合行銷與傳播的概念和技術，用以推廣對社會有益的觀念或議題，又可稱為社會行銷、社會觀念行銷或公共議題行銷，如強調要藉世大運使我國成為「志工大國」。

4.是一種組織行銷：為吸引志工所做的行銷努力。主辦單位運用行銷的方法去爭取社會大眾的認同。

志工計畫行銷強調使命的實現，不以追求利潤為主要目的。志工的招募可縮短成本與收入的差距。為了減少成本的支出，更要注意志工的招募。此招募計畫需要接受公眾及政府的監督，以建立公信度和專業形象。

在資訊管理方面，資訊是服務提供的一環，志工服務一定包含資訊的說明。大型賽會資訊的量非常大，但如何有效利用，協助管理呢？有賴資訊管理的能力。會使用資訊設備不難，資訊管理要上手也不難，難的是透過資訊管理來強化運動賽事和對運動員服務。要更多瞭解資訊管理，才可能更深入瞭解資訊的價值。資訊最可貴的是幫助管理者有高度的「靈敏度」，在閱讀各項資訊後能快速回應外在的變化，也瞭解可能有的因應策略。對志工管理者而言，維持靈敏度有助於判斷，並且調配人力與技術的資源，持續保持競爭力。在應用方面，e化有助於志工人力資源管理工作，例如：

1.人才招募與甄選：傳統的人力招募費時費工，運用人力資源資訊管理可以減輕這些工作的繁雜度。透過網際招募廣告，將人才招募的過程虛擬化，有意願的申請者只要上網瀏覽、登記、寄履歷表，即可等候通知面試。

2.人才資料庫：儲存了志工的個人資料，可以根據不同的檢索需求，例如職種、專長、教育背景等，從電腦迅速找到所要的資料。

3.線上學習：以電腦及網際網路，輔助教學系統，將部分訓練課程編入網路資料庫內，提供訓練平台讓員工瀏覽與學習。不管何處、何

時，志工只要有相關的電腦、網路設備，即可完成指定的課程。

二、志工類型

由於是擔任世大運的志工，在甄選時，需特別注意申請者的國際才能（transactional skills），包括：(1)具有寬廣的視野，尤其是具備國際觀；(2)已經學習並願意持續瞭解多元文化；(3)能與不同文化背景的人共事；(4)能適應不同文化的生活環境；(5)在日常生活中有跨文化互動的技能；(6)與不同背景的人合作的能力。應優先考慮的人員是：具備辨識複雜情境的能力（如同理心、傾聽、幽默感）；情緒管理的能力（高情緒智商、因應風險時不慌亂）；心智成熟（時間觀念強、善於吸收新知）等。

美國訓練發展協會提出外派人員的基本條件有四（趙必孝，2011），對挑選世大運的志工，也是很好的指標：(1)彈性能力：對不同文化及工作情境之調適能力；(2)耐心：在步調不同的環境中都能保持耐心；(3)好的傾聽技巧：願意及有效傾聽他人意見；(4)語言能力：運用多種語言溝通之能力。

表12-4說明初步規劃的五大類志工及服務項目，經過籌備會的討論，已經研擬出詳細的17類，及主要工作內容如**表12-5**所示。

三、志工訓練及福利獎勵

世大運的志工網址為http://volunteer2017.utaipei.edu.tw/files/11-1116-3690.php。

(一)志工訓練

◆訓練分為四大類

1.基礎訓練12小時：採網路授課方式，於2017台北世大運志工服務系

表12-4　2017世大運初步研擬的五類志工

種類	服務項目
行政志工	資訊及其他行政綜合類工作。
場館志工	諮詢、票務、競賽、醫護及維安等工作。
文化志工	行銷、宣傳、媒體、各項儀式等工作。
接待志工	媒體、接待、認證及頒獎等工作。
服務志工	膳食、住宿、物流、環保及交通等工作。

表12-5　2017世大運志工種類及服務內容

種類區分	服務項目	服務內容
行政志工	行政	協助支援各場館相關行政工作。
	資訊	協助賽會相關資訊服務工作。
場館志工	諮詢	提供簡易諮詢、場館內區域出入管控及引導、失物招領、人員協尋、公共廣播及物品寄存等服務。
	票務	協助各場館賽事售票及驗票工作、引導觀眾進退場動線、維持秩序等服務。
	醫護	協助各醫療站處理運動傷害及醫療服務。
	維安	協助維安人員辦理相關工作。
	競賽	協助賽務相關行政作業及支援後勤相關事務等。
文化志工	媒體	協助蒐集國內外報導、撰寫各式新聞稿、媒體接待及媒體相關活動等工作。
	文化	協助辦理選手村歡迎儀式、各參賽國家旗幟確認接收與保管、開閉幕活動等。
接待志工	接待	國內外貴賓、企業參與貴賓、技術裁判及代表團接待服務、協助貴賓室、會議與宴會會場駐點翻譯等。
	認證	協助認證中心人員進行資格審查工作。
	頒獎	協助各場館頒獎典禮流程之進行。
服務志工	膳食	協助配置各場館、貴賓室及宴會場地餐飲服務。
	住宿	協助貴賓各地區住宿及餐飲服務駐點聯繫。
	交通	協助接送機、辦理車輛進出管制、停車證發送與管理等。
	環保	協助各場館及選手村環境清理工作。
	物流	協助倉儲管理與物資配送。

統完成報名後，即可進入台北水e大網站接受志工基礎訓練課程。e化課程由報名志工，自行登錄志工服務資訊網填寫基本資料，由專屬帳號登入志工服務資訊網進入台北e大網站，點選相關志工培訓課程，進行培訓，完訓後方可申請志工特殊課程報名。

2.特殊訓練8小時，主題有四，每個主題授課2小時：2017台北世界大學運動會發展現況概述；服務態度與精神（志工服務概要、美姿美儀、情緒管理、人際關係建立）；志工服務技巧（服務用語、溝通技巧、會場諮詢技巧、基本外語用法）；國際文化禮儀概要（國際禮儀、性別平權課程、各國文化與風俗民情概要、宗教禮儀與禁忌）。

3.志工專業訓練課程，至少8小時，主題有四，每個主題授課2小時：各類別志工工作概述說明及單位簡介；各類別志工分流作業與專業能力；各站作業流程見習及工作實習；綜合討論（含實習心得研討）。

4.領導訓練課程，至少8小時，主題有四，每個主題授課2小時：領導與管理；志工體系與協調；志工輔導與協助；危機處理機制及應用。

志工分成三級，訓練時數及課程不同，說明如下：

C級志工：完成基礎（12小時）及特殊訓練（8小時）者，合計訓練20小時。

B級志工：完成基礎（12小時）、特殊訓練（8小時）及專業訓練（8小時）者，合計訓練28小時。

A級志工：完成基礎（12小時）、特殊訓練（8小時）、專業訓練（8小時）及領導訓練（8小時）者，合計訓練36小時。

◆對志工的規範重點

1.志工應依排定班別值勤，賽會期間全程由志工管理中心排班，至少

48小時，另依個人意願得增加服勤時數。

2.志工依排班表於服勤前到達，並至指定地點簽到簽退，堅守不遲到、不早退原則；遲到30分鐘以上者，當日服勤時數予以減半計算，其他類推。若服務時數扣減逾9小時者，終止2017台北世大運志工資格。

3.2017台北世大運志工制服與志工證於服勤或支援本賽會各項勤務時穿著及配戴，堅守崗位，並以愛心、熱心、耐心之服務態度，履行服務工作。

4.值勤時應隨時留意賽會最新訊息，若遭遇疑難或事故，應立即與志工管理中心聯繫。

5.執行工作應遵守「志願服務法」、2017台北世大運相關規章及管理人員之指導。

在福利方面，重點有：依志工認證有效期間，提供志工團體意外險及醫療險。賽會服務期間依志工認證有效期間，可免費搭乘2017台北世大運交通車。提供志工專屬制服、帽子、水壺、識別證件等所需之裝備。提供志工專屬2017台北世大運紀念品（紀念品兌換主要依志工服勤時數，服勤時數越多，可兌換的紀念品種類越多）。籌委會舉辦之演講、研習或其他活動，視情形保留部分名額供志工參加。不定期舉辦專業培訓課程及聯誼活動，所需經費得由2017台北世大運籌委會各處簽請補助。

(二)福利獎勵

在獎勵機制方面，首先是頒發榮譽狀，頒發標準依據2017台北世大運賽會期間服務時數（含場館實習）。服務具特殊表現或貢獻者，經審查確認者，頒發「特殊服務優異獎」。達100小時以上，且考核結果優良者，頒發「金鑽榮譽狀」，表彰最高榮譽。達80～99小時，且考核結果

優良者，頒發「金獎榮譽狀」。達60～79小時，且考核結果優良者，頒發「銀獎榮譽狀」。達40～59小時，且考核結果優良者，頒發「銅獎榮譽狀」。頒獎安排於志工例會、開（閉）幕典禮等公開場合予以表揚並頒發榮譽狀。在2017台北世大運結束後，辦理「2017台北世大運志工感恩餐會」，並頒發「特殊服務優異獎」。所有志工都可獲得服務證：頒發參與服務志工中英文服務及時數證明。

參考書目

壹、網站

一、國際性的

聯合國志工網www.undp.org.eg

美國獨立部門網站www.independensector.org

美國公民服務法www.compact.org/national/CNS_Summary.pdf

美國和平工作團www.peacecorps.gov

光明基金會www.pointsoflight.org

英國志願服務研究中心網站www.volunteering.org.uk

英國企業志工計劃背景描述www.homeoffice.gov.uk/comrace/active/volunteering/
companies.html

南韓推展志工／企業志工之重要機構："Volunteer21"組織www.volunteer21.org/
volunteer_eng

南韓志工推展現況之報導www.worldvolunteerweb.org/dynamic/infobase/
html/2001/01_01_99KOR_trends.htm

奧林匹克官方網站www.olympics.org

二、我國政府的

內政部全球資訊網www.moi.gov.tw

衛生福利部志願服務資訊網vol.mohw.gov.tw

教育部青年發展署www.yda.gov.tw

教育部區域和平志工團網www.gysd.yda.gov.tw

台北市政府社會局www.dosw.gov.taipei

2017世大運網站www.taipei2017.com.tw

2017世大運志工網volunteer2017.utaipei.edu.tw

三、我國民間的

中華志願服務推廣中心（中華民國志願服務協會）www.vol.org.tw

台灣志願服務國際交流協會www.iavetaiwan.org

台灣公益資訊中心www.npo.org.tw
台灣服務學習學會www.taiwansla.org.tw
東海大學服務學習網servicelearning.thu.edu.tw

貳、中文著作

中央通訊社編（2012）。《志工臺灣：創造臺灣價值 散發生命能量》。台北：中央社。

中原大學友·愛·資數位服務團（2008）。《那年夏天，我們走出教室——非洲、愛滋、7+1》。台北：天下。

中華民國志願服務協會策劃（2009）。「98年度志願服務績效評鑑報告」。台北：內政部。

中華民國社區教育學會、國立台灣師範大學社會教育學系主編（2010）。《高齡志工與社區學習》。台北：師大書苑。

內政部、中華民國志願服務協會編（2002）。「志願服務基礎訓練教材」。內政部。

天下雜誌群政府專案規劃組（2010）。《青年改革力》。台北：行政院青年輔導委員會。

天下雜誌群政府專案規劃組（2010）。《閃耀的青春亮點》。台北：行政院青年輔導委員會。

天下雜誌群政府專案規劃組（2010）。《擁抱世界做朋友》。台北：行政院青年輔導委員會。

尹美琪（2002）。〈專責單位主導之「服務—學習」課程——以輔仁大學為例〉。《通識教育》，9(3)，35-72。

方信淵、陳敏弘（2009）。〈2009高雄世運志工人力分析〉。《2009教育行政與管理學術研討會論文集》。

方祥明（1995）。《不同性質機構志願服務人員影響離職意願因素之研究》。台中：靜宜大學管理科學研究所碩士論文。

王文玉（2008）。《社區志工持續參與健康服務志工之經驗探討》。台中：亞洲大學長期照護研究所碩士論文。

王正利（2004）。《非營利組織領導行為與組織文化對於志工領導效能影響之研究》。高雄：義守大學管理研究所碩士論文。

王玉萍（2012）。《讓世界和解：全球慈青與清修士的實踐之路》。台北：天下。

王全清（2007）。《非營利組織志工服務與學習之研究——以佛教慈濟功德會志工為例》。台北：臺灣師範大學社會教育研究所碩士論文。

王秀燕（2003）。《志工管理者之經營管理理念與組織間合作意向相關性研究》。台中：東海大學社會工作系碩士論文。

王念國（2013）。《讓青春的生命有愛——青少年志工的服務持續因素研究》。台中：靜宜大學社會工作與兒童少年福利研究所碩士論文。

王玠譯（1990）。〈專業督導關係〉。《社區發展季刊》，52，83-87。

王芷嫻（2007）。《社區大學學員參與志工工作行為意圖之研究——以彰化縣社區大學為例》。彰化：大葉大學人力資源暨公共關係學系碩士論文。

王建煊（2014）。《同胞們！莫再沉淪！：我們為什麼不早一點手牽手？》。台北：天下。

王素蘭（2004）。〈家中一寶退休生活擔任志工必要性之探討〉。《網路社會學通訊期刊》，43。

王啟祥（2007）。〈國內博物館志工運用的問題與對策〉。《博物館學季刊》，21(3)，39-52。

王淑貞（2003）。《服務品質的領航——初探北市婦女機構中的督導制度》。台北：政治大學社會學研究所碩士論文。

王翔煒（2000）。〈社會行銷對於志工人力資源招募策略之應用——以金門縣立醫院為例〉。《高雄應用科技大學學報》，30，601-622。

王新閔（2007）。《大學生海外教育志工服務學習之研究——以慈濟大學2006年海外志工服務為例》。花蓮：慈濟大學教育研究所碩士論文。

王篤強、蘇文彬（2001）。〈志願服務部門如何可欲之社會價值：一項初步的理解〉。《社區發展季刊》，93，34-41。

包承恩、王永慈譯（2000）。Frederic G. Reamer原著。《社會工作價值與倫理》。台北：洪葉。

司徒達賢（1999）。《非營利組織的經營管理》。台北：天下。

司徒達賢（2005）。《管理學的新世界》。台北：天下。

宇沙、葉荼譯（1997）。Robert Coles原著。《服務的呼喚》。台北：遠流。

朱永祥（2014）。《陪他們走一段回家的路：國際志工的微小力量》。台北：木馬。

朱郁芬（1998）。《退休老人生涯規劃模式之研究》。嘉義：中正大學成人暨繼
　　續教育研究所碩士論文。

朱麗蓉（2004）。《志願服務法執行之研究——以台南市祥和計畫社會福利類志
　　工隊為例》。嘉義：南華大學非營利事業管理研究所碩士論文。

江宗文（1998）。《公部門志工運用之研究——以台北市政府社教機構為例》。
　　台北：中興大學公共政策研究所碩士論文。

江明修主編（2000）。《第三部門——經營策略與社會參與》。台北：智勝。

江明修主編（2003）。《志工管理》。台北：智勝。

江亮演（2001）。《老人與殘障福利》。台北：國立空中大學。

行政院主計處（2003）。社會發展趨勢調查。

行政院體育委員會（2001）。「行政院體育委員會體育志工實施要點」。

何永福、楊國安（1993）。《人力資源策略管理》。台北：三民。

何秀娟（2004）。《公共圖書館與博物館志工管理比較研究》。台北：政大圖書
　　資訊與檔案學研究所碩士論文。

何慧卿（2013）。《志願服務與管理》。台北：華都。

余佩珊譯（1996）。Peter F. Drucker原著。《非營利機構的經營之道》。台北：遠
　　流。

吳旻靜（1999）。《人力資源管理策略對志願工作者組織承諾之影響——以台中
　　市青少年福利機構為例》。台中：靜宜大學青少年兒童福利學系碩士論文。

吳秉恩、黃良志、黃家齊、溫金豐、廖文志、韓志翔（2007）。《人力資源管
　　理：理論與實務》。台北：華泰。

吳建明（2008）。《非營利組織志工參與動機與組織承諾之研究——以台東縣救
　　國團所屬社會基層團務組織志工為例》。台東：臺東大學區域政策與發展研
　　究所碩士論文。

吳彥璋、鍾志強（2004）。〈社區休閒志工招募與教育〉。《大專體育》，74，
　　136-141。

吳美慧、吳春勇、吳信賢（1995）。《義工制度的理論與實施》。台北：心理。

吳家慧（2005）。《高齡志工有效管理策略之探究——以台北市老人服務中心為
　　例》。台北：輔仁大學社會工作系碩士論文。

吳家慧（2013）。「台北市高齡志工的研究」。台中：東海大學社工社會工作
　　專題報告。

吳家慧、蘇景輝（2007）。〈老人服務中心高齡志工管理策略探討〉。《社區發

展季刊》，118，279-294。

吳淑菁、鄭喬之（2012）。「探討老人需求及社會支持服務的現況」。屏東：屏東教育大學教育心理與輔導研究所報告。

呂亭詠譯（2012）。Charles Mulli原著。《無父之父：查理斯·穆利的人生故事》。台北：前衛。

呂朝賢（2002）。〈對我國志願服務法的若干反思與建議〉。《臺大社工學刊》，7，203-241。

呂朝賢、鄭清霞（2005）。〈民眾參與志願服務及投入時間的影響因素〉。《東吳社會工作學報》，13，121-163。

呂嬌純（2012）。《醫院志願服務者個人與組織環境的契合：緣的闡釋》。台中：東海大學社會工作系碩士論文。

宋世雯（2000）。《成人參與志願服務之工作投入與滿足之相關研究》。高雄：高雄師範大學成人教育研究所碩士論文。

李少華（2003）。《從志工制度談公教退休人力資源利用之研究》。嘉義：南華大學非營利事業管理研究所碩士論文。

李仲辰（2008）。〈美國志工團與青年就業〉。《就業安全》，7(2)，138-142。

李奇仁（2002）。《醫院志願人力資源管理措施對志工工作滿意度與組織承諾之影響》。高雄：高雄醫學大學行為科學研究所碩士論文。

李宗派（2003）。〈志願工作之概念與內涵探討〉。《社區發展季刊》，101，387-398。

李宛蓉譯（2011）。Muhammad Yunus原著。《誰說偉大的事都被有錢人做完了！：你可以改變世界，別只是立志賺錢》。台北：大是。

李明憲（2001）。〈網際網路在志願服務上的運用與展望〉。《社區發展季刊》，39，228-235。

李家同（2004）。《讓高牆倒下吧！》。台北：聯經。

李淑珺譯（2000）。Steve McCurley、Rick Lynch原著。《志工實務手冊》。台北：張老師。

李紹廷譯（2005）。J. Hunter原著。《僕人：修練與實踐》。台北：商周。

李瑞金（1995）。〈台北市銀髮族社會參與需求研究〉。中興大學社會學系研究報告。財團法人台北市行天宮委託。

李瑞金（2010）。〈活力老化——銀髮族的社會參與〉。《社區發展季刊》，132，123-132。

汪明生（2011）。《互動管理與公民治理》。台北：智勝。

汪芸譯（2005）。Charles Handy原著。《大師論大師——韓第解讀十三位管理大師》。台北：天下。

汪芸譯（2006）。David Bornstein原著。《志工企業家》。台北：天下。

汪淑媛、蘇怡如（2010）。〈社工督導功能理念與實踐落差——比較督導者與被督導者觀點〉。《臺灣社會工作學刊》，9，41-84。

汪億伶（2004）。《社區志願組織發展歷程之探討——以台中縣東海村社區志工隊為例》。台中：東海大學社會工作系碩士論文。

沈介文（2009）。《企業倫理》。台北：雙葉。

沈芯菱（2006）。《100萬的願望》。台北：圓神。

沈慶鴻（2005）。〈保護性服務社會工作者工作困境之研究——以台北縣家暴中心疑似性侵害案為例〉。《臺灣社會工作學刊》，4，111-142。

沈黎（2012）。「2011深圳世界大學生運動會志工工作狀況分析」。東海社工系多元人力管理作業。

沙依仁、江亮演（2004）。《社會工作管理》。台北：五南。

周佳蓉、高明瑞、李伶娟（2010）。〈高雄世運會志工參與經驗及志工管理運作模式探討〉。《城市發展專刊》，127-147。

周閔惠（2011）。《家庭主婦從事志願服務經驗學習探究——以台中市某公辦民營婦女服務機構之志工為例》。台中：靜宜大學社會工作與兒童少年福利學系碩士論文。

周瑛琪（2008）。《人力資源管理：跨時代領航觀點》。台北：全華。

周學雯（2002）。《大學生參與運動志工之動機與意願研究》。台北：臺灣師範大學運動休閒與管理研究所碩士論文。

林玉卿（2015）。《用旅行，發現生命的亮點！國際志工成就更完整的自己》。台北：集夢坊。

林吉鶴（2006）。〈我國志願服務法之分析〉。《玄奘法律學報》，5，1-59。

林秀英（2003）。《婦女參與志願服務動機與工作滿足之研究——以花蓮地區祥和計畫志工為例》。台北：臺灣師範大學人類發展與家庭研究所碩士論文。

林佳璋（2003）。〈志工之自我管理〉。收錄於江明修主編，《志工管理》，189-232。台北：智勝。

林念瑩（2010）。《校園志工持續服務意願之個案研究》。桃園：開南大學公共事務管理學系碩士論文。

林東龍、范麗娟（1998）。〈高齡志工壓力之初探〉。《社區發展季刊》，83，
146-156。

林欣諭（2014）。《台中市高中生志願服務與利社會行為之研究》。台中：東海
大學社會工作系碩士論文。

林禹廷（2004）。《公部門志工參與動機與工作投入關係之研究——以台北市區
公所志工為例》。台北：銘傳大學公共事務學研究所碩士論文。

林真夷（2011）。《大學生參與不同類型之服務學習課程與公民參與之相關研
究》。台南：成功大學教育研究所碩士論文。

林淑容（2003）。《志工管理：以高雄市立美術館為例》。嘉義：南華大學非營
利事業管理研究所碩士論文。

林陳烟（2011）。《志工領導人樂觀傾向、團隊情感氛圍與事業網絡鑲嵌關係之
研究》。新竹：新竹教育大學人資處教育行政專班碩士論文。

林勝義（2002）。《中等學校服務學習實用手冊》。台北：行政院青年輔導委員
會。

林勝義（2006）。《志願服務與志工管理——做快樂的志工及管理者》。台北：
五南。

林進修（2011）。《白袍下的熱血——臺北醫學大學在非洲行醫的故事》。台
北：天下。

林進修（2012）。《愛從赤道零度開始——臺北醫學大學醫者烙印非洲之旅》。
台北：天下。

林進修、陳幸萱（2014）。《愛在偏鄉蔓延：臺北醫學大學學生志工社團服務行
腳》。台北：天下。

林進勛（2008）。《高雄縣生命線志工志願服務經驗之研究》。高雄：高雄師範
大學成人教育研究所碩士論文。

林慧亭、林明宗、邱翼松（2006）。〈參與體育志工動機之初探〉。《輔仁大學
體育學刊》，5，276-286。

林慧貞（2007）。〈美國高等教育服務學習方案設計之研究〉。《通識研究集
刊》，11，124-132。

林曉君（2008）。《非營利組織領導者領導歷程與轉化學習之研究——以慈濟基
金會為例》。高雄：高雄師範大學成人教育研究所博士論文。

林寶珠（2007）。《臺北縣區域社會福利服務中心志工參與志願服務動機與工作
滿意度之研究》。台北：臺灣師範大學社會教育與文化行政學位碩士論文。

社企流（2012）。《社企力！：社會企業＝翻轉世界的變革力量。用愛創業，做好事又能獲利！》。台北：果力。

邱定彬（2000）。〈慈濟的組織運作模式：歷史階段與模式類型的分析〉。收錄於官有垣編著，《非營利組織與社會福利：台灣本土的個案分析》。台北：亞太。

邱定彬（2000）。《慈濟社區志工的發展及其意涵──以嘉義慈濟組織為例》。嘉義：中正大學社會福利系碩士論文。

邱則堯（2012）。《大型活動志工參與動機之研究──以2010台北國際花卉博覽會志工經驗為例》。台北：淡江大學未來學研究所碩士班學位論文。

邱春堂（2010）。《國民小學校長社會資本、教導型領導與教師組織承諾關係之研究》。台北：臺北教育大學教育學院教育政策與管理研究所博士論文。

邱惟真（2004）〈訓練與督導：二階段訓練模式之建立〉。《東南企業管理學報》，創刊號，109-122。

邱貴玲（2005）。「企業志工發展趨勢研究：各國政策比較及國內、外企業志工個案探討」。青輔會委託研究。

邱瑜瑾（2009）。〈非營利組織與社會福利服務〉。收錄在蕭新煌、官有垣、陸宛蘋主編，《非營利部門組織與運作》，319-342。台北：巨流。

邱榮美（2014）。《高雄市退休公教人員社會參與之研究》。屏東：屏東教育大學社會發展學系碩士論文。

金桐（2008）。〈「志工倫理守則」中心思想之探討〉。《人文社會科學研究》，2(1)，91-103。

長榮大學（2010）。「2009年世運成果經驗與傳承報告書」專題研究報告。高雄市政府研考會委託。

姜德惠（2006）。〈國小志工團人力資源發展之研究〉。《教育社會學通訊》，71，31-38。

施香如（1999）。〈循環發展督導模式的建構與應用〉。《輔導季刊》，35(2)，8-11。

施純菁譯（1998）。Charles Handy原著。《組織寓言》。台北：天下。

洪秋菊（2010）。《志願服務者留任因素之研究──以臺中縣立港區藝術中心為例》。台中：東海大學公共事務碩士在職專班碩士論文。

胡欣佳（2009）。《高雄市青少年參與志願服務的動機、內在歷程與持續性之探究》。嘉義：中正大學社會福利研究所碩士論文。

胡愈寧、周慧貞譯（2004）。R. K. Greenleaf原著。《僕人領導學：僕人領導的理論與實踐》。台北：啟示。

胡憶蓓（2008）。〈融入服務學習精神之課程設計與發展〉。發表於2008東海大學服務學習研討會。

范美翠（2004）。《志工管理：以財團法人嘉義基督教醫院為例》。嘉義：南華大學非營利事業管理研究所碩士論文。

孫本初（2001）。《公共管理》。台北：智勝。

孫玉綺（2008）。《組織智慧資本對員工組織承諾之研究──以台灣文化創意產業為例》。台北：中國科技大學運籌管理研究所碩士論文。

徐明、林至善（2009）。〈服務學習的基本概念與理論基礎〉。收錄在黃玉總校閱，《從服務中學習》，19-56。台北：洪葉。

徐明、邱筱琪（2009）。〈服務學習方案的實施與夥伴關係〉。收錄在黃玉總校閱，《從服務中學習》，89-130。台北：洪葉。

徐明、楊昌裕、葉祥洵（2009）。〈服務學習的歷史發展與教育功能〉。收錄在黃玉總校閱，《從服務中學習》，57-88。台北：洪葉。

徐邵敏、陳玉娥、顧淑馨譯（2010）。Rick Wartzman原編著。《杜拉克跨世紀講堂》。台北：時報。

柴在屏、李嵩義（2006）。〈學校志工招募步驟及運作策略之探討〉。《中州學報》，23，179-194。

泰燕（2001）。〈醫院中的志願服務工作〉。《社區發展季刊》，93，171-181。

翁雅如、朱浩一譯（2013）。Malala Yousafzai、Christina Lamb原著。《我是馬拉拉》。台北：愛米粒。

翁慧敏（1994）。《退休準備之研究──以台北市屆齡退休人員為例》。台北：東吳大學社會工作研究所碩士論文。

荊寶貴（2010）。《學校志願服務性社團志工管理研究──以彰化縣私立達德商工為例》。嘉義：南華大學非營利事業管理研究所碩士論文。

財團法人光寶文教基金會（2011）。《不光會耍寶：認輔志工守護孩子的故事》。台北：張老師。

馬慧君（1997）。《志願服務工作者參與類型之初探──以埔里鎮五個團體的志工為例》。南投：暨南大學社會政策與社會工作系碩士論文。

馬慧君、施教裕（1998）。〈志願服務工作參與類型之初探──以埔里五個團體的志工為例〉。《社會政策與社會工作學刊》，2(1)，157-194。

高如玉（2011）。《國際志工團隊及泰北僑校間建構夥伴關係之研究》。台北：
　　臺灣師範大學公民教育與活動領導學系在職進修碩士班學位論文。

張志榮（2008）。《醫療志工參與動機與工作滿意度關係之研究——以高雄地區
　　醫學中心為例》。屏東：屏東教育大學社會發展學系碩士論文。

張怡（2003）。〈影響老人社會參與之相關因素探討〉。《社區發展季刊》，
　　103，225-233。

張春居（2003）。《志工的休閒活動與工作投入關係之研究——以救國團為
　　例》。台中：朝陽科技大學休閒事業管理系碩士論文。

張英陣（2001）。〈志願服務運用單位之職責〉。《如何落實志願服務法研討會
　　大會手冊》，19-23。台北：中華志願工作人員協會。

張英陣（2003）。「世界各主要國家志願服務推展現況與策略之研究」。內政部
　　委託報告。台北：內政部。

張英陣、趙碧華（2001）。《公部門運用志工之現況研究報告》。台北：行政院
　　青年輔導委員會。

張菡容（2014）。《醫院志工督導所面臨之人情困境與因應模式》。台中：東海
　　大學社會工作系碩士論文。

張慧君（2014）。《台灣高等教育國際志工服務的教育模式與經驗——以國立暨
　　南國際大學國際文教與比較教育學系為例》。南投：暨南大學比較教育學系
　　碩士論文。

教育部（2007a）。〈大專校院服務學習方案〉。台北：教育部。

教育部（2007b）。《大專校院服務學習課程與活動參考手冊》。台北：教育部。

教育部社教司（2011）。《樂齡學習中心志工手冊：樂齡學習系列教材9》。台
　　北：教育部。

梁惠雯等作（2011）。《玩具工坊樂齡志工的心路歷程——一個人一個故事》。
　　台北：臺灣師範大學社區小學玩具工坊推動實驗室。

清華大學學生事務處（2010）。《種籽：2008國際志工成果集》。新竹：清華大
　　學。

清華大學學生事務處（2011）。《萌芽：2009國際志工成果集》。新竹：清華大
　　學。

清華大學學生事務處（2012）。《扎根：2010國際志工成果集》。新竹：清華大
　　學。

莫藜藜（2002）。〈有效督導之督導策略〉。《社會工作督導實施方式之理論與

實務》。台中：財團法人台灣兒童暨家庭扶助基金會編印。

莫藜藜（2002）。「醫院實施社會工作照會與個案記錄電腦化之方案評鑑──以某醫學中心社會服務處為例」。國科會專題研究計劃成果報告。

許玉芹（2004）。《我國文教基金會志工管理現況之研究》。台北：世新大學行政管理學系研究所碩士論文。

許光華（2006）。《專案管理：知識體系的觀點》。台北：華泰。

許是祥譯（1988）。Peter Drucker原著。《企業的人性面》。台北：中華企管。

許棟樑、林俊仁編譯（2009）。Jack R. Meredith、Samuel J. Mantel, Jr.原著。《專案管理》。台北：雙葉。

許譯中（2006）。《台中市高中職學生參與志願服務之動機及其影響因素之研究》。嘉義：南華大學非營利事業管理研究所碩士論文。

郭玲妃、江盈誼、鄭惠娟、李宏文、陳彥竹、林鐘淑敏、張瓊勻、黃毓芬譯（2000）。Allan Brown、Iain Bourne原著。《社工督導》。台北：學富。

郭瑞霞（2003）。《台灣地區不同類型志願服務之狀況及其差異之探討》。嘉義：南華大學碩士論文。

陳尹雪（2002）。《機構運用志工人力資源管理策略、督導風格及志工離隊意向之研究──以台中縣、市醫院志工為例》。台中：靜宜青少年兒童福利系研究所碩士論文。

陳木金（2007）。〈問題導向學習法與反思學習法在校長學習之應用〉。刊載於《「校長的學習國際學術研討會」會議手冊》，237-252。2007年5月27日國立台北教育大學舉辦。

陳巧蓁（2009）。《大學校院學生之世界公民觀開展──兩個國際志工服務團隊之緬甸行》。台北：臺灣師範大學公民教育與活動領導學系學位論文。

陳佳利（2003）。《台北市青少年福利機構志工制度之探討──志工督導之觀點》。台北：東吳大學社會工作研究所碩士論文。

陳定銘（2003）。〈志工之人力發展〉。載於江明修編，《志工管理》。台北：智勝。

陳怡君（2001）。「職業學校班級氣氛、學生次級文化與學生疏離感關係之研究」。國科會委託研究。

陳明傑（2004）。《醫院志願服務督導管理之研究──以馬偕紀念醫院贊助會為例》。嘉義：南華大學非營利事業管理研究所碩士論文。

陳武雄（1997）。〈我國志願服務工作推展之回顧與前瞻──從祥和計畫之推廣

談起〉。《社區發展季刊》，78，5-13。

陳武雄（2001）。《服務理念與實務》。台北：中華民國志願服務協會。

陳武雄（2004）。《志願服務——理念與實務》。台北：揚智。

陳武雄（2015）。《志願服務——理念與實務》。台北：揚智。

陳金貴（1994）。《美國非營利組織的人力資源管理》。台北：瑞典圖書。

陳政智（1999）。〈非營利組織中志願工作者之管理：從人力資源管理觀點〉。《社區發展季刊》，85，117-127。

陳秋山譯（2008）。Ming-sum Tsui原著。《社會工作督導脈絡與概念》。台北：心理。

陳泰元（2003）。《國人參與志願服務之決定性因素》。嘉義：南華大學非營利事業管理研究所碩士論文。

陳淑琴（2011）。《高雄市國民小學志工休閒活動與工作投入關係之研究》。高雄：樹德科技大學經營管理研究所碩士論文。

陳淑琴主編（2004）。《美猴王——車籠埔幼兒實驗學校主題課程紀實》。台北：光佑。

陳琬淋（2014）。《尋找天堂：北極圈裡的難民營》。台北：我們。

陳瑞昇（2009）。《出走澳洲，不只是打工度假：Mock的28歲，遊「走」好「學」》。台北：雅書堂。

陳靜慧（2013）。《與彩虹共舞：四位彩虹生命教育志工之生命故事》。台北：台北市立教育大學國民小學教師在職進修公民與社會教學碩士學位班碩士論文。

陳麗如（2007）。《從認真休閒的觀點探討志工參與之社會認同》。台中：臺灣體育學院休閒運動管理研究所碩士論文。

陳麗如譯（2003）。Norton J. Kiritz原著。《找資源做益事：NPO的企劃提案》。台北：五觀。

陶文祺（2010）。《社區老人志願服務參與行為之相關因素探討》。台中：亞洲大學健康產業管理學系長期照護組在職專班碩士論文。

彭書睿（2008）。《白浪滔滔愛不怕》。台北：校園。

彭書睿（2014）。《睿眼看天下》。台北：中國信徒佈道會。

彭懷真（1995）。〈要不要找義工〉。《管理雜誌》，225。

彭懷真（2002）。〈低估教育與訓練等人力因素的社工運作〉。《社區發展》，99，84-89。

彭懷真（2008）。〈社群服務學習活動〉。發表於高等教育服務學習研討會。台中：東海大學。

彭懷真（2010）。〈社區活動的強化與志工人力的充權〉。台北：促進中國現代化學術研究基金會第十五屆中國現代化學術研討會。

彭懷真（2012a）。《多元人力資源管理》。台北：巨流。

彭懷真（2012b）。《社工管理學》。台北：雙葉。

彭懷真（2012c）。《社會學》。台北：洪葉。

彭懷真（2013）。〈全球化趨勢下的關懷與學習──對台北舉辦2017世界大學運動會志工管理體系的建議〉。《朝陽學報》，17，1-17。

彭懷真（2014）。《非營利組織：12理》。台北：洪葉。

曾竹寧（1997）。〈美國醫院志願服務工作之探討〉。《社會福利》，128，39-43。

曾育蕙譯（2007）。Muhammad Yunus原著。《窮人的銀行家》。台北：聯經。

曾育蕙譯（2011）。Muhammad Yunus原著。《富足世界不是夢：讓貧窮去逃亡吧！》。台北：博雅書屋。

曾華源（2001）。〈設置地方志工中心可行性之研究〉。行政院青年輔導委員會委託研究。

曾華源（2001）。〈對我國擴大參與志願服務途徑與設置志工中心的建議〉。《社區發展季刊》，93，59-75。

曾華源（2005）。〈我國志願服務法未來修訂方向的幾個建議〉。《社區發展季刊》，111，207-214。

曾華源、郭靜晃（2000）。〈志工人力資源的開拓與整合──以美國志工中心的做法為借鏡〉。《社區發展季刊》，89，128-144。

曾華源、曾騰光（2003）。《志願服務概論》。台北：揚智。

曾進勤（2003）。〈從充權的觀點談高齡人力資源開發運用──以高雄市長青人力資源中心為例〉。《社區發展》，103，261-274。

曾騰光（1996）。《志願工作機構之人力資源管理策略對志願工作者組織承諾之影響：以救國團為例》。台北：張老師。

曾騰光、曾華源（2001）。〈我國志願服務潛在問題與應有的走向──兼論新通過之志願服務法〉。《社區發展季刊》，93，6-18。

游來乾譯（1993）。Peter F. Drucker原著。《有效的經營者》。台北：協志。

程紹同等（2012）。《運動賽會管理：理論與實務》。台北：揚智。

黃文勤（2014）。《社福人員從事志願服務的社會影響與社會交換之研究——以中部地區政府社會救助科及社會工作科工作人員為例》。台中：東海大學社會工作系碩士論文。

黃弘欽（2011）。《高齡志工社會支持與生活滿意度關係之研究》。屏東：屏東教育大學社會發展學系碩士論文。

黃玉（2001）。〈服務學習——公民教育的具體實踐〉。《人文及社會學科教學通訊》，12，20-42。

黃玉總校閱（2009）。《從服務中學習：跨領域服務學習理論與實務》。台北：洪葉。

黃孝如譯（2007）。Charles Handy、Elizabeth Handy原著。《當韓第遇見新慈善家》。台北：天下。

黃秀雲（2006a）。《執行Qualicert國際服務品質驗證提升志工形象——以某醫院為例》。台中：東海大學社會工作系師生論文發表會論文。

黃秀雲（2006b）。〈醫院社會工作人員推行志工服務之經驗與反思〉。《社工專業的風采與躍昇——專業形象、工作模式、績效展現研討會手冊》。台北：中華民國社會工作專業人員協會。

黃秀雲（2015）。《建構服務品質管理系統之研究——以老人長期照顧機構為例》。台中：東海大學社會工作系博士論文。

黃明玉（2008）。《工作困境與督導制度之研究——以兒童保護社工員為例》。台中：靜宜大學青少年兒童福利學系碩士論文。

黃明玉、郭俊巖（2009）。〈兒童保護社會工作實務之督導制度研究〉。《大葉大學通識教育學報》，3，63-83。

黃松林、洪碧卿、蔡雅雯（2004）。〈老人社會福利與子女互動關係之探討〉。收錄在黃松林、趙善如編著，《老人生活需求與社會照顧相關研究》，19-54。屏東：睿煜。

黃松林、洪碧卿、蔡麗華（2010）。〈活躍老化：台灣長青志工之探討〉。《社區發展季刊》，132，73-92。

黃郁雯（2011）。《醫院志工業務承辦人角色勝任能力、人際關係與續職意向之相關性研究》。台中：東海大學社會工作系碩士論文。

黃偉揚等（2012）。《國際綜合運動賽會管理：理論與實務》。台北：洪葉。

黃富順、李欣翰、鄭鈺靜（2008）。《樂在志工——樂齡人生，歡迎逗陣來！》。台北：教育部。

黃富源主編（2002）。《成人學習》。台北：五南。

黃意雯（2012）。《非營利組織志工社會資本與組織承諾之相關研究》。台中：東海大學社會工作系碩士論文。

黃源協（2008）。《社會工作管理》。台北：雙葉。

慈濟真善美志工群（2013a）。《慈憫醫眾生》。台北：經典雜誌。

慈濟真善美志工群（2013b）。《髓緣二十愛流轉》。台北：經典雜誌。

楊宗文、張俊一（2001）。〈非營利體育運動組織的志工管理〉。《運動管理》，1，112-118。

楊孝濚（1996）。〈老人人力資源之規劃與老人人力銀行〉。《社區發展》，74，79-86。

楊昌裕（2002a）。〈服務學習中反思活動的實施〉。《學生輔導雙月刊》，81，60-71。

楊昌裕（2002b）。〈以服務學習的理念推展志願服務〉。《訓育研究》，41(1)，43-54。

楊昌裕（2009）。〈服務學習的倫理議題〉。收錄在黃玉總校閱，《從服務中學習》，281-312。台北：洪葉。

楊重士、郭明珠（2002）。〈團體督導模式──以台中家庭扶助中心為例〉。《社會工作督導實施方式之理論與實務》。財團法人台灣兒童暨家庭扶助基金會編印。

楊淑秀、蔡怡佳、林怡伶譯。Joseph Wresinki原著。《親吻窮人》。台北：心靈工坊。

楊淑玲（1996）。《台北市義勇消防大隊義工制度之研究》。台北：政治大學公共行政研究所碩士論文。

楊愛華、楊敏、王麗珍等譯（2008）。Harold Kerzner原著。《專案管理》。台北：五南。

溫世合（2004）。《醫院志工管理者對組織氣候的知覺與工作投入之研究》。台中：東海大學社會工作系碩士論文。

葉巧玉（2011）。《以照片引談法促進大學國際志工服務學習反思之研究》。南投：暨南大學成人與繼續教育研究所學位論文。

葉至誠（2012）。《高齡者社會參與》。台北：揚智。

葉俊郎（1994）。〈老年人參與志願服務之初探〉。《老人教育》，5，26-35。

管瑞平（2011）。《老人志工──同理心關懷銀髮族》。苗栗：中央社。

管寧譯（1995）。出口正之原著。《樂善好施——參與社會公益的企業》。台北：錦繡。

趙永芬譯（2004）。Charles Handy原著。《適當的自私》。台北：天下。

趙偉（2013）。《臺灣台中的志工活動——創造、積累和投資的志工資本》。台中：東海大學社會學系博士論文。

齊若蘭譯（2002）。Jim Collins原著。《從A到A⁺》。台北：遠流。

齊若蘭譯（2007）。Jim Collins原著。《從A到A⁺的社會》。台北：遠流。

劉弘煌（1996）。〈老人志願工作之運用與社區發展〉。《社區發展季刊》，74，87-98。

劉安婷（2014）。《出走，是為了回家：普林斯頓成長之路》。台北：天下。

劉安婷（2015）。《學會堅強：我考上普林斯頓》。台中：晨星。

劉杏元、劉若蘭、楊仕裕、林至善（2008）。〈服務學習的方案設計〉。載於黃玉主編，《從服務中學習》，127-204。台北：洪葉。

劉秀珠（2004）。《我國特殊教育學校志工管理之研究——以國立桃園啟智學校為例》。台北：世新大學行政管理學系碩士論文。

劉若蘭、楊昌裕（2009）。〈服務與學習的連結——反思〉。收錄在黃玉總校閱，《從服務中學習》，229-280。台北：洪葉。

劉香梅（2001）。〈志願服務獎勵表揚之我見〉。《社區發展季刊》，93，200-205。

劉兼銘（2010）。《2009年臺北聽障奧林匹克運動會志工管理資訊系統之規劃研究》。台北：體育大學休閒產業經營學系碩士論文。

劉淑瓊（2002）。《運用志工參與社區總體營造參考手冊》。台北：行政院青年輔導委員會。

劉照金（2003）。〈志工在體育運動推展的應用〉。《國民體育季刊》，32(4)，17-26。

劉德勝等（2010）。《博物館的人力活泉：全方位的志工經營策略》。台北：舜程。

劉麗雯（2004）。《非營利組織：協調合作的社會福利》。台北：雙葉。

潘中道（1997）。〈志願服務人力的組織與運作〉。《社區發展季刊》，78，48-53。

潘東傑譯（2002）。Charles Handy原著。《大象與跳蚤：見組織與個人的未來》。台北：天下。

潘玟諺（2005）。《博物館義工個人背景、參與動機與工作滿意度之研究——以高雄市立歷史博物館為例》。屏東，屏東教育大學教育行政研究所碩士論文。

蔡佳螢（2001）。《安寧療護志願服務人員參與動機和工作滿足之研究》。台中：東海大學社會工作系碩士論文。

蔡依倫（2001）。《宗教醫院志工組織認同與組織承諾之研究——與非宗教醫院志工作比較》。高雄：中山大學公共事務管理研究所碩士論文。

蔡和蓁、陳武宗、張江清（2008）。〈「社區居住服務」督導者的功能與任務〉。《社區發展季刊》，121，160-176。

蔡宗祐、張思婷譯（2014）。Katie Davis原著。《凱蒂之愛》。台北：遠流。

蔡承岳（2007）。《醫院志工之工作特性、參與動機及情緒失調之探討》。台北：東吳大學心理學研究所碩士論文。

蔡承家、阮惠玉、陳依卿、劉秀華（2013）。〈社區老人的志願服務〉。《高齡老人社區學習》，102，101-119。

蔡美玉（2002）。《高齡志工服務學習經驗之研究》。嘉義：中正大學成人及繼續教育研究所碩士論文。

蔡崇振（1996）。〈推展老人參與社會志願服務之策略〉。《社會發展研究學刊》，2，93-104。

蔡瑞娜（2010）。《高雄世運志工人力資源整合、運用與管理之研究》。台中：東海大學行政及政策學系碩士論文。

蔡漢賢主編（2000）。《社會工作辭典》。台北：內政部社區發展雜誌社。

鄭家欣（2005）。《志願工作管理者現況之探討——以花蓮地區為例》。花蓮：慈濟大學社會工作研究所碩士論文。

鄭純宜、蔡宜津、桂雅文譯（2000）。Katherine Noyes Campbell、Susan J. Ellis原著。《幫幫忙——義工管理求救指南》。台北：五觀。

鄭勝分（2003）。〈志工之法制議題〉。收錄在江明修主編，《志工管理》，47-96。台北：智勝。

鄭勝分（2005）。《歐美社會企業發展及其在台灣應用之研究》。台北：政治大學公共行政學系博士論文。

鄭善明、林慈惠（2009）。〈醫院志工教育訓練激勵與工作投入相關之研究——以屏東縣地區三家醫院為例〉。《社區發展季刊》，124，239-256。

鄭惠娟譯（2000）。〈督導及權力：一個反壓迫觀點〉。《社工督導》，170-

193。台北：學富。

鄭慧蘭（2001）。《高中生公民參與態度與行為之研究——以台北市公立高中為例》。台北：國立臺灣師範大學公民訓育研究所碩士論文。

鄭錫鍇（2003）。〈志工之領導議題〉。收錄在江明修主編，《志工管理》，23-46。台北：智勝。

盧心雨（2002）。〈運動志工的招募、留用策略〉。《中華體育季刊》，16(1)，75-80。

盧志成、劉華榮、李建國（2012）。〈體育志願服務研究進展與前瞻——基於10年文獻分析〉。《成都體育學院學報》，9，38-43。

穆春香（2010）。《教會醫院執行政府社會福利方案之研究》。台中：東海大學社會工作系碩士論文。

蕭茲涵（2011）。《志工管理者之工作及與不符期待志工相處經驗初探》。台北：台灣師範大學社會工作所碩士論文。

蕭新煌、官有垣、陸宛蘋主編（2009）。《非營利部門：組織與運作》。台北：巨流。

蕭福田（2007）。《北緯69度的夏天，格陵蘭——我參加了伊盧利薩特國濟志工營隊》。台北：聯經。

賴永和（2001）。《國民中小學退休教師生活適應及其影響因素之研究》。高雄：高雄師範大學成人教育研究所碩士論文。

賴兩陽（2002）。《社區工作與社會福利社區化》。台北：洪葉。

賴玫凰（2003）。《家庭主婦志工參與動機、督導關係與組織承諾之相關研究》。台中：東海大學社會工作系碩士論文。

賴昭志（2011）。《高齡志工服務學習與成功老化之探究——以台灣柴山、玉山和梅山登山志工為例》。高雄：高雄師範大學成人教育研究所碩士論文。

賴家陽（2002）。《慈濟志業中心制度化分析》。台北：台灣大學政治學研究所碩士論文。

賴樹盛（2008）。《邊境漂流：我們在泰緬邊境2000天》。台北：天下。

錢基蓮譯（2005）。Tracy Kidder原著。《愛無國界》。台北：天下。

龍紀萱（1997）。〈從實務經驗——談志工督導的任務與角色〉。《社會福利》，133，46-50。

謝其濬（2003）。《十八歲夏天以後》。台北：天下。

謝定中（2007）。《非營利組織志工人力資源管理之研究——以2009高雄世運會

招募志工為例》。高雄：中山大學企業管理學系高階經營碩士學程在職專班
碩士論文。

謝昌達（2012）。《生命教育國際志工服務學習方案之研究》。台中：東海大學
公共事務碩士在職專班碩士論文。

謝欣樺（2011）。《大學院校國際志工參與海外服務學習動機與自我效能關係之
研究》。南投：暨南大學成人與繼續教育研究所學位論文。

謝俊義（2003）。〈志工之策略規劃〉。收錄在江明修主編，《志工管理》，
145-172。台北：智勝。

鍾立君（2009）。《義工參與動機與工作滿意度之研究——以花蓮縣與臺東縣生
活美學協會為例》。台東：臺東大學區域政策與發展研究所公共事務管理在
職專班碩士論文。

鍾武中（2015）。《志願服務之參與對人際關係、自覺社會支持、團體歸屬感的
影響——以桃園市社區發展協會的老人為例》。台中：東海大學社會工作系
碩士論文。

顏巧怡（2011）。〈高中資優生與普通生志願服務傾向相關因素之研究〉。《資
優教育研究》，10(2)，61-88。

魏希聖譯（2001）。N. Macduff原著。《志工招募實戰手冊》。台北：張老師。

魏惠娟等（2014）。《樂齡學習中心志工手冊——樂齡學習系列教材》。台北：
教育部。

蘇文彬（2010）。《社會交換觀點下之志願服務》。台中：東海大學社會工作系
博士論文。

蘇玟慈（2011）。《高職學生參與志願服務之組織承諾、組織公民行為對工作滿
足影響之研究——以高雄市為例》。高雄：高雄應用科技大學商務經營研究
所碩士論文。

蘇瑞琴譯（1998）。Emily Kittle Morrison原著。《志工領導》。台北：稻田。

蘇麗瓊、祝珊珊、簡曉娟、石婉麗（1997）。〈廣納社團熱忱推動全縣志願服務
工作——宜蘭縣志願服務推展經驗談〉。《社區發展季刊》，78，99-104。

參、英文著作

Armstrong, M. (2001). *A Handbook of Human Resource Management Practice.* London:
Kogan Paul.

Austin, D. M. (2002). *Human Services Management: Organizational Leadership in Social Work Practice.* New York: Columbia.

Berman, Evan M. et al. (2001). *Human Resource Management in Public Service: Paradoxes, Processes, And Problems*. California: SAGE Publications.

Black, B., & Jirovic, R. L. (1999). Age difference in volunteer participation. *Journal of Volunteer Administration, 17*(2), 28-47.

Boateng, J. V. (2003). Enhancing Business-Community Relations: Corporate Responsibility Movement Case Study. www.new-academy.ac.uk.

Bohlander, George & Scott Snell (2005). *Fundamentals of Managing Human Resources*. Singapore: Thomson Learning.

Bradley, D. B. (2007). *Working with Older Adults in Community*. Western Kentucky University.

Brudney, J. L. (1990). *Fostering Volunteer Programs in the Public Sector*. San Francisco.

Brudney, J. L. (2010). Designing and managing volunteer programs. In D. O. Renz (Ed.), *Handbook of Non-profit Leadership and Management*. pp. 753-793, Jossey-Bass.

Brudney, J. L., & S. Schmahl (2011). *Volunteer Administration: A Survey of the Profession*. Richmond: Association for Volunteer Administration.

Byars, Lloyd L., & Leslie W. Rue (2006). *Human Resource Management*. Boston: McGraw-Hill.

Cnaan, R. A., & Casico, T. (1998). Performance and management issues in management of volunteers in human service organization. *Journal of Social Service Research, 24(3/4).*

Coleman, M. (2003). Supervision and the clinical social worker. *Clinical Social Work Practice Update, 3*(2), 1-4.

Community Service Volunteers (2000). *About Time: Understanding the Motivation to Volunteer*. London.

Connors, Tracy Daniel (2010). Strategic professional development ahead for volunteer resource managers: Improving quality of life through contributions to sustained organizational effectiveness. *International Journal of Volunteer Administration, 27*(1), 37-42.

Connors, Tracy Daniel (2012). *The Volunteer Management Handbook: Leadership Strategies for Success*. John Wiley & Sons.

Cook, C. (2004). Reach Out to Youth-Their Way, E-volunteerism, http://e-volunteerism. com/quarterly/04apr/-cook.html

Corporation for National and Community Service (2006). *Volunteer Growth in America: A Review of Trends Since 1974*. Midlothian, VA: Author.

Council for Certification in Volunteer Administration (2008). *Body of Knowledge in Volunteer Administration*. Midlothian, VA: Author.

Cousins, C. (2004). Becoming a social work supervisor: A significant role transition. *Australian Social Work, 57*(2), 175-185.

Denhardt, R. B., Denhardt, J. V., & Aristigueta, M. P. (2009). *Managing Human Behavior in Public and Nonprofit Organizations*. California: SAGE Publications.

Dessler, G. (2005). *Human Resource Management*. New Jersey: Pearson/Prentice Hall.

Dessler, G., & Chwee, H. T. (2009). *Human Resource Management: An Asian Perspective*. Singapore: Pearson Prentice Hall.

Ellis, J. Susan (1996). *From the Top Down: The Executive's Role in Volunteer Program Success*. Philadelphia, PA: Energize.

Ellis, J. Susan (2002). *The Volunteer Recruitment and Membership Development Book*. Philadelphia, PA: Energize.

Ellis, Jennifer (2005). *Best Practices in Volunteer Management: An Action Planning Guide for Small and Rural Nonprofit Organizations*. Toronto.

Ellis, S. J., Weisbord, A., & Noyes, K. H. (1991). *Children as Volunteer*. Philadelphia, PA: Energize.

Ellis, S., & Noyes, K. (2005). *By the People: A History of Americans as Volunteers*. Philadelphia.

Ellis, Susan (2003). *The Volunteer Management Audit*. Philadelphia, PA: Energize.

Eyler, J., Giles, Jr. D. E., & Gray, C. J. (1999). At a glance: What we know about the effects of service-learning on college students, faculty, institutions and communities, 1993-1999. Retrieved December 12, 2008, from http://www.compact.org/resources/downloads/aag.pdf

Fairley, S., Kellett, P., & Green, B. C. (2007). Volunteering abroad: Motives for travel to volunteer at the Athens Olympic Games. *Journal of Sport Management, 21*, 41-57.

Fertman, C. I., White, G. P., & White, L. J. (1996). *Service Learning in the Middle School: Building a Culture of Service*. Columbus, OH: National Middle School

Association.

Fischer, L. R., & Schaffer, K. B. (1993). *Older Volunteers: A Guide to Research and Practice*. Newbury Park, California: SAGE Publications

Fitzsimmons, James A., & Fitzsimmons, Moa J. (2001). *Service Management: Operations, Strategy, and Information Technology*. New York: McGraw-Hill.

Gabor, P. A., Unrau, Y. A., & Grinnell, R. M., Jr. (1998). *Evaluation for Social Workers: A Quality Improvement Approach for the Social Services*. Boston: Allyn and Bacon.

Ghazali, R. M. (2003). Motivational factors of volunteerism: A case study of Warrens Cranberry Festival. Unpublished Master Thesis of Graduate College of Hospitality and Tourism, University of Wisconsin-Stout.

Govaart, M. (2001). *Volunteering Worldwide*. Netherlands: Krips.

Graff, Linda (2005). *Best of All: The Quick Reference Guide to Effective Volunteer Involvement*. Otobicoke.

Graff, Linda & Graff, Linda (2003). *Batter Safe: Risk Management In Volunteer Programs and Community Service*. Dundas.

Gregoire, T. K., Propp, J., & Poertner, J. (1998). The supervisor's role in the transfer of training. *Administration in Social Work, 22*(1), 1-18.

Gutierrez, L. M., Parsons, R. J., & Cox, E. O. (1998). *Empowerment in Social Work Practice: A Sourcebook*. New York: Brooks/Cole.

Hager, Mark & Jeffrey Brudney (2004). *Balancing Act: The Challenges and Benefits of Volunteers*. Urban Institute.

Hager, Mark & Jeffrey Brudney (2004). *Volunteer Management Practice and Retention of Volunteers*. Washington.

Harris, J. (2003). *The Social Business*. London: Rutledge Press.

Holloway, E. (1995). *Clinical Supervision: A Systems Approach*. CA: SAGE.

Horwath, J., & Morrison, T. (1999). *Effective Staff Training in Social Care from Theory to Practice*. London: Routledge.

Ilsley, Paul J. (1990). *Enhancing the Volunteer Experience*. San Francisco.

Jacoby, B., & Others (1996). *Service-Learning in Higher Education*. San Francisco: Jossey-Bass.

Kadushin, A. (1992). *Supervision in Social Work*. NY: Columbia University.

Kadushin, A., & Buckman, M. (1978). Practice of social work consultation: A survey.

Social Work, 23, 372-379.

Karlis, G. (2003). Volunteerism and multiculturalism: A linkage for future Olympics. *The Sports Journal, 6*, 3. (Onlinepaper)

Kemp, S. (2002). The hidden workforce: Volunteers' learning in the Olympics. *Journal of European Industrial Training, 26*, 109-116.

Kessler, R. (2006). *Competency-based Interviews*. Franklin Lakes, Career Press.

Lasby, David (2004). *The Volunteer Spirit: Motivations and Barriers*. Toronto.

McClintock, Norah (2004). *Understanding Canadian Volunteers: Using the National Survey of Giving, Volunteering and Participating to Build Your Volunteer Program*. Ontario.

McCurley, S., & Lynch, R. (2012). *Volunteer Management: Mobilizing All of the Resources of the Community*. Johnstone Training and Consultation.

McCurley, Steve & Rick Lynch (2005). *Keeping Volunteers: A Guide to Retention*. Olympia.

McCurley, Steve & Sue Vineyard (2001). *Best Practices for Volunteer Programs*. Downers.

Misener, L., & Mason, D. S. (2008). Urban regimes and the sporting events agenda: A cross-national comparison of civic development strategies. *Journal of Sport Management, 22*, 603-627.

National Centre for Volunteering (2001). *From Barriers to Bridges: A Guide for Volunteer-involving Organizations*. London.

Noble, Joy, Louise Rogers & Andy Fryar (2003). *Volunteer Management: An Essential Guide*. Adelaide: Volunteering SA.

Pearce, J. L. (1993). *Volunteers: The Organizational Behavior of Unpaid Workers*. London: Routledge.

Peng, Huai-Chen (彭懷真, 2007)。Non-profit organization's new challenge from involuntary clients.發表在中山大學人文社會科學中心「文化記憶與社會革新：亞洲與世界的對話」國際研討會。2007年10月20-21日。

Phillips, Susan, Brian Little & Laura Goodine (2002). *Recruiting, Retaining and Rewarding Volunteers: What Volunteers Have to Say*. Toronto.

Point of Lights Foundation (2004). *Observation from the Volunteering Front Line*. Washington D. C.: Point of Lights Foundation.

Quarter, Jack, Laurie Mook & Betty Jane Richmond (2002). *What Volunteers Contribute: Calculating and Communicating Value Added.* Toronto.

Rino, J. P. (2006). *Handbook of Human Services Management.* California: SAGE Publications.

Safrit, R. D., & Merrill, M. (2000). Personal capacities for volunteer administrators drawing upon the past as we move into the future. *Journal of Volunteer Administration, 17*(4), 28-43.

Safrit, R. D., & Schmiesing, R. J. (2005). Volunteer administrators' perceptions of the importance of and their current levels of competence with selected volunteer management competencies. *Journal of Volunteer Administration, 23*(2), 4-10.

Salamon, L., Sokolowski, S., & List, R. (2003). *Global Civil Society: An Overview.* Baltimore, MD, USA: The Johns Hopkins University, Institute for Policy Studies.

Schalock, R. L., & Thornton, C. V. D. (1988). *Program Evaluation: A Field Guide for Administrators.* New York: Plenum.

Schier, I. (2003). *Buildings Staff/Volunteer Relations.* Philadelphia, PA: Energize, Inc.

Schindler-Rainman, E., & Lippit, R. (1975). *The Volunteer Community: A Creative Use of Human Resources.* Fairfax, VA: NTL Learning Resources.

Seel, K. (1995). Managing corporate and employee volunteer programs. In T. D. Connors (Ed.), *The Volunteer Management Handbook.* John Wiley & Sons.

Seel, K. (Ed.). (2010). *Volunteer Administration: Professional Practice.* Markham, ON: LexisNexis Canada Inc.

Shin, S., & Kleiner, B. H. (2003). How to manage unpaid volunteers in organizations. *Management Research News, 26*(2), 63-71.

Sigmon, R. (1996). The problem of definition in service-learning. In R. Sigmon & Others (Eds), *The Journey to Service-Learning.* Washington, DC: Council of Independent Colleges.

Singh, Har, Dvora Levin & John Forde (2005). *Engaging Retired Leaders as Volunteers.* Toronto.

Slaughter, L., & Home, R. (2005). Motivations of long term volunteers: Human services vs. events. Published : 2005.02.22.2007. 09.12. Retrieved from http://www.yjg-hotel.com/en/NewsInfo.asp?id=48.

Stansfield, S. A. (2006). Social support and social cohesion. In M. G. Marmot & R. G.

Wilkinson (Eds.). *Social Determinants of Health* (2nd ed.), pp. 148-171. Oxford.

Taibbi, R. (2013). *Clinical Social Work Supervision Practice and Process*. New Jersey: Person Education.

Tsui, Ming-sum (2013). *Social Work Supervision: Contexts and Concepts*. Haworth Press.

Veronica Coulshed and Audrey Mullender, with David N. Jones & Neil Thompson (2006). *Management in Social Work*. Oxford University Press.

Volunteer Canada (2011). *Volunteer Connections: The Benefits and Challenges of Employer Supported Volunteerism*. Ottawa.

Weinbach, R. W. (2008). *The Social Worker as Manager*. New Jersey: Pearson Education.

Working Group on the Active Community (1999). *Giving Time, Getting Involved*. London: Active Community Unit.

肆、彭懷真其他著作

《同性戀、自殺、精神病》（1983）

《為什麼要結婚》（合譯）（1983）

《台灣工業化、所得分配與社會福利的發展》（碩士論文，1983）

《白手起家的故事：台灣青年的創業歷程》（合著）（1987）

愛與生活系列1　《選擇你的婚姻方式》（1986）

愛與生活系列2　《同性戀者的愛與性》（1987）

愛與生活系列3　《婚姻之前的愛與性》（1987）

《進入社會學的世界》（1987）

《台灣經驗的難題：工業化、新興問題與福利需求》（1987）

愛與生活系列4　《婚姻的危機與轉機》（1987）

愛與生活系列5　《掌握愛的發展》（1988）

《台灣企業業主的關係及其轉變》（博士論文，1989）

《台灣企業領導人密檔》（1989）

《社會學辭典》（主譯）（1991）

《家庭新包裝》（1994）

《社會學概論》（1995）

《婚姻與家庭》（1996）

《新新人類新話題》（1996）

兩性之間系列1　《十全十美兩性溝通》（1996）

兩性之間系列2　《男人，難人》（1996）

兩性之間系列3　《女人難為》（1996）

《夫妻關係手冊》（合著）（1996）

兩性之間系列4　《婚姻會傷人：真實的婚姻暴力》（1997）

管理規劃師系列1　《上班族EQ與IQ》（1997）

《如何混青春》（1997）

管理規劃師系列2　《溝通無障礙》（1997）

兩性之間系列5　《用真情，救婚姻：27個真實婚姻案》（1997）

兩性之間系列6　《相愛久久：在婚姻中溫習愛情》（1997）

管理規劃師系列3　《領導有策略》（1997）

管理規劃師系列4　《時間好經營》（1998）

管理規劃師系列5　《自我能超越》（1998）

兩性之間系列7　《About愛情學問》（1998）

《You Don't Tiger Me!：Y世代性心事》（1998）

管理規劃師系列6　《團隊高績效》（1999）

《誰轉動生命齒輪》（1999）

管理規劃師系列7　《職涯新抉擇》（1999）

兩性之間系列8　《愛情下課了》（1999）

《對面的朋友看過來》（合著）（1999）

管理規劃師系列8　《激勵與輔導》（2000）

兩性之間系列9　《愛情Manager》（2000）

管理規劃師系列9　《談自在成功》（2000）

《About男人心事》（2001）

管理規劃師系列10　《就業不愁，成長有望》（2001）

《婚姻與家庭》（高職版）（2001）

《社會學概論》（高職版）（2001）

《教育真心話》（2003）

《拼戰權力職場》（2003）

《賣力別賣命》（2004）

《打開大門，讓世界進來》（合著）（2006）

《21世紀社會學》（2007）

《給大學新鮮人的一封信》（合著）（2008）

《公民與社會》（主編、高職版）（2008）

《社會學概論》（2009）

《婚姻與家庭》（2010）

《工作與組織行為》（2012）

《老年學概論》（合著）（2012）

《老人心理學》（合著）（2013）

《社會問題》（2013）

《老年社會學》（2014）

《社會心理學》（2015）

《家庭與家人關係》（2015）

《比人生更真實的是電影》（2015）

志願服務與志工管理

作　　　者／彭懷真

出　版　者／揚智文化事業股份有限公司

發　行　人／葉忠賢

總　編　輯／閻富萍

特約執編／鄭美珠

地　　　址／新北市深坑區北深路三段 260 號 8 樓

電　　　話／(02)8662-6826

傳　　　真／(02)2664-7633

網　　　址／http://www.ycrc.com.tw

　E-mail ／ service@ycrc.com.tw

印　　　刷／鼎易印刷事業股份有限公司

ISBN ／ 978-986-298-213-6

初版一刷／2016 年 1 月

定　　　價／新台幣 400 元

國家圖書館出版品預行編目（CIP）資料

志願服務與志工管理 / 彭懷真著. -- 初版. --
新北市：揚智文化, 2016.01
面；　公分

ISBN 978-986-298-213-6 (平裝)

1.志工

547.16   104028549